# 新訳 更級日記

島内景二

花鳥社

# 新訳更級日記

# 目次

## Ⅱ

# 広壮な屋敷で紡がれる夢……物語愛《め》づる少女

十三歳から十七歳

## Ⅲ　東山での日々……淡い恋の記憶

十八歳から二十四歳

56 宮仕えの誘い 244
57 初めての出仕 248
58 師走《しわす》の里下がり 251
59 前世の夢 256
60 御仏名《ごぶつみょう》 260

# VI 結婚と貴公子……世俗的な夫と、物語的な男

三十三歳から三十七歳

61 結婚 264
62 物語への疑い 268
63 内侍所《ないしどころ》で天照御神を拝む 271
64 冬の女房生活日誌・その一 278
65 冬の女房生活日誌・その二 282
66 冬の女房生活日誌・その三 285
67 宮廷の風雅、殿上人との季節の語らい 287
68 時雨《しぐれ》の夜のなごり 304

## Ⅶ 物詣の旅……宗教的な旅の思い出

三十八歳から四十九歳

## Ⅷ 姨捨山の月……物語を求め続けて、今
五十歳から五十二歳

# はじめに

『更級日記《さらしな》』は、平安時代の女性が書いた日記である。この『更級日記』には、他の日記文学群とは部分的には似ている側面もあるが、全体としてはまったく似ていない、という大きな特徴がある。

まず、書かれている時間が、長い。「日記文学の祖」とされる紀貫之《きのつらゆき》の『土佐日記』は、土佐の国の守《かみ》だった紀貫之一行が、任期を終えて帰京するまでの五十五日間の船旅を描いている。『和泉式部日記《いずみしきぶ》』には、約十か月間の恋愛が記してある。『紫式部日記』は、約一年半の出来事が記されている。

それに対して、『更級日記』には、菅原孝標女《すがわらのたかすえのむすめ》の十三歳から五十二歳までの、四十年近い歳月が書き綴られている。菅原孝標女の母方の伯母《おば》に当たる藤原倫寧女《ともやすのむすめ》（藤原道綱《みちつな》の母）

には、『蜻蛉《かげろう》日記』という名作があり、これには約二十年の歳月が描かれている。ただし、四十年の歳月を描いた『更級日記』は、二十年の歳月を描いた『蜻蛉日記』よりも格段に短い分量で、コンパクトに収まっている。なおかつ、『蜻蛉日記』にはほとんど書かれていない「少女時代」のことが詳しく書かれているのが、『更級日記』の大きな魅力になっている。このような凝縮力と集約力が、『更級日記』の特徴だと言える。

集約力と言えば、『更級日記』の冒頭の「Ⅰ　東海道紀行」の部分は、『土佐日記』の旅の記録と似ている。「Ⅴ　祐子《ゆうし》内親王家への宮仕《みやづか》え」の部分は、『紫式部日記』の宮仕えの記録と似ている。「Ⅵ　結婚と貴公子」と「Ⅶ　物詣《ものもうで》の旅」の部分には、家庭生活の悩みも語られ、『蜻蛉日記』と似ている。つまり、『更級日記』の短い分量の中には、平安時代に書かれた優れた日記文学のほとんどすべてが「集約」されているのである。

だが、四十年に及ぶ自分の人生を語るには、集約力だけでは足りない。卓越した「構想力」もまた、必要となる。何を書くか、そして、何を書かないかという選択力が問われることになる。『更級日記』の作者は、「物語」と「夢」の二つのトピックに絞って、四十年の人生を総括した。「夢」は神社仏閣に「物詣」した時に授かることが多いので、「物語」と「物詣」の二つを描いた、とも言える。

これまで、『更級日記』は、少女時代に抱いた「物語への憧れ」が、その後の大人の人生で裏切られ、晩年の作者は物語に幻滅した、という理解が多かった。ただし、「物語」と共に語られるもう一つのトピックである「夢」というものほど、物語的なモチーフはない。「物語への幻滅」もまた、究極の「物語性」であったのではないだろうか。

そう思って『更級日記』を読み進めると、短い分量の中に、『源氏物語』五十四帖の膨大な世界を見事に集約している事実に気づかされる。鎌倉時代の初期に、「青表紙本《あおびょうしぼん》」という『源氏物語』の信頼すべき本文校訂を行った藤原定家《ていか》は、『更級日記』も書写している。その写本は、幸運にも現存している。現在、私たちが読んでいる『更級日記』は、定家が書き写した本文である。定家にとっての『更級日記』は、「コンパクトな源氏物語」だったのかもしれない。日記というスタイルを採用した、新しいタイプの物語。それが、『更級日記』だった。

本書は、藤原定家が書き写した『更級日記』の本文を深く読み込み、この作品にどういう文学の可能性が秘められているのかを探りたい。訳文は、いわゆる「直訳」や「逐語訳」ではない。なぜならば、『更級日記』は、作者の高度な集約力と凝縮力によって、ここまで短くなった高密度の文体で書かれているからである。

『更級日記』の一文一文には、無限とも言える情報量が込められ、それが極限まで圧縮されている。だから、『更級日記』の現代語訳は、言葉の背後に隠された「情報」を拾い上げるものでなければならない、と私は考えてきた。その試みを、本書では思い切って前面に押し出してみた。

『更級日記』という作品が持っている可能性は、中世文化の開幕を告げた藤原定家の予感を大きく超えて、二十一世紀の現代にこそ発芽し、開花・結実できると信じている。本書の訳文は、『更級日記』の眠れる可能性を目覚めさせ、現代世界の大空に羽ばたかせる方法を模索したものである。新しい文化の種となりうる現代語訳によって、古典は最高の現代文学として蘇えることだろう。古典は、未来の扉を開くために読まれるものである。

## 【凡例】

一、『更級日記』の本文は、藤原定家《ていか》が書写した「御物本《ぎょぶつぼん》」（宮内庁三の丸尚蔵館蔵）を用いる。この写本には、綴じ違えによる錯簡があるが、玉井幸助・佐佐木信綱の研究で明らかになった本来の本文を用いる。

一、藤原定家筆「御物本」は、『更級日記　藤原定家筆』（二玄社・日本名筆選）、橋本不美男『御物更級日記　藤原定家筆』（笠間書院）の書影や影印によった。

一、本文には、漢字を多く宛《あ》てた。

一、本文を、八つの章に分け、それぞれの章を適宜区切って、通し番号と小題を付けた。

一、本文の仮名づかいは、藤原定家が用いた「定家仮名づかい」ではなく、通行の「歴史的仮名づかい」とした。本文中のルビも「歴史的仮名づかい」とした。

例　かほる　→　かをる　　おとこ　→　をとこ
つゐに　→　つひに　　すへ（末）→　するゑ

一、〔訳〕と〔評〕のルビは「現代仮名づかい」としたが、古文の引用部分については「歴史的仮名づかい」とした。

一、本文で、撥音《はつおん》の「ん」は、「ン」と表記した。

例　なめり・なんめり　→　なンめり

一、〔注〕は設けず、〔訳〕や〔評〕の中に盛り込むことを原則とした。

一、〔訳〕は、逐語訳ではなく、大胆な意訳も含まれる。『更級日記』の魅力を、過不足なく現代日本語に置き換えたかったからである。

一、〔評〕は、〔訳〕に盛り込めなかった作者の執筆心理を明らかにすると同時に、日本文学史の中に占める『更級日記』の位置を解説した。

一、作者名は「菅原孝標女」「孝標女」と表記するのを原則としたが、本文と訳中では「孝標の女」と表記した。

一、本文は総ルビとし、読みが確定できない「御」や数字にも、仮のルビを振った。

# 新訳更級日記

# I

十三歳

## 東海道紀行……憧れは西へ

### 1　物語の待つ都へ

東路《あづまぢ》の道《みち》の果《は》てよりも、猶《なほ》、奥《おく》つ方《かた》に、生《お》ひ出《い》でたる人《ひと》、如何《いか》ばかりかは奇《あや》しかりけむを、如何《いか》に思《おも》ひ始《はじ》めける事《こと》にか、（孝標の女）「世《よ》の中《なか》に、物語《ものがたり》と言《い》ふ物《もの》の有《あ》ンなるを、如《い》何《か》で見《み》ばや」と思《おも》ひつつ、徒然《つれづれ》なる昼間《ひるま》・宵居《よひゐ》などに、姉《あね》・継母《ままはは》など様《やう》の人々《ひとびと》の、其《そ》の物《もの》語《がたり》、彼《か》の物語《ものがたり》、光源氏《ひかるげんじ》の有《あ》る様《やう》など、所々《ところどころ》語《かた》るを聞《き》くに、いとど床《ゆか》しさ増《ま》されど、我《わ》が思《おも》ふままに、空《そら》に、如何《いか》でか覚《おぼ》え語《かた》らむ。

いみじく心許無《こころもとな》きままに、等身《とうしん》に薬師仏《やくしぼとけ》を造《つく》りて、手洗《てあら》ひなどして、人間《ひとま》に密《みそ》かに入《い》りつつ、（孝標の女）「京《きやう》に、疾《と》く上《あ》げ給《たま》ひて、物語《ものがたり》の多《おほ》く候《さぶら》ふなる、有《あ》る限《かぎ》り見《み》せ給《たま》へ」と、身《み》を捨《す》てて、額《ぬか》を衝《つ》き、祈《いの》り申《まう》す程《ほど》に、十三《とをあまりみつ》に成《な》る年《とし》、上《のぼ》らむとて、九月《ながつき》三日《みか》、門出《かどで》して、

「いまたち」と言《い》ふ所《ところ》に移《うつ》る。

［訳］　この日記を書き始めようとしている今、思い返せば、私の人生は十三歳から始まったと言ってよいだろう。その時の私は、文化の華《はな》が咲き誇る平安の都から遠く離れた、上総《かずさ》の国（千葉県中部）にいた。というのも、父親（菅原孝標《すがわらのたかすえ》）が上総の介《すけ》となって赴任するのに、私が付き添ってきていたからである。東海道の「さいはて」とされるのは、常陸《ひたち》の国（茨城県）。でも、常陸の国は、あの『源氏物語』で、「薫《かおる》の大将《だいしょう》」に愛された「浮舟《うきふね》の君」が生《お》い育った国であるので、私の心の中では特別の地位を占《し》めている。常陸の手前にあるとはいえ、上総の国は、私にとっては常陸よりも都からもっと遠い「みちのく」のように思われたのだった。父親の任期が終わるまでの四年間が、どんなに待ち遠しかったことか。十歳から十三歳までの四年間、私は「夢」の種を蒔《ま》き、「夢」の苗を育て、「夢」の花を咲かせ、「夢」の実を食べて、物心《ものごころ》のつく「人」となった。こうして私は、自分を「生《お》ひ出《い》でたる人《ひと》」と呼べるまでに、精神的に成長したのだった。私を成長させたのは、「物語への夢」だった。文化から最も遠い上総の国で物心がついた私など、都の人たちから見たら、お話にもならない田舎娘だったことだろう。それなのに、都の文化の中でも最も繊細で、

最も美しい物語に憧れていたとは、今思い返しても恥ずかしくなる。

　私の人生は、常に物語と共にあった。だから私の心に、いつ、どのようにして、物語の種が蒔かれたかは、自分でもよく覚えてはいない。気づいた時には、物語という素晴らしいものを、何としても読みたいという思いしか、私の頭の中には存在しなかった。種や苗が水をいくらでも欲《ほ》しがるように、私は「物語」を渇望していた。

　私の母親は、上総の国には下《くだ》って来ずに、都に残っていた。上総にある国司の館《やかた》にある女性たちの部屋で、四年間を共にしたのは、姉と、父と連れ添った若い継母《ままはは》、そして私を幼い頃からかわいがってくれた乳母《めのと》だった。さまざまな行事が次々に催される都とは違って、何もすることのない上総の国では、昼間も夜の時間も、たいそう長く感じられた。そういう時には、一足《ひとあし》先に都で「人」となっていた姉や継母たちが、あの物語のこと、この物語のこと、何と言っても「光る君《ひかるきみ》」が主人公だという『源氏物語』のことを、語り合ったりしているのを傍《かたわ》らで聞いている私は、「ねえ、少しでも覚えていたら、物語の文章を話してちょうだい」などとせがんで、彼女たちを困らせたものだった。私の必死の願いに根《こん》負《ま》けしたのか、彼女たちはかつて都で読んだ物語を、記憶の闇の底から呼び戻そうとするのだけれども、悲しいかな、誰が語るのも断片ばかり。「もっと読みたい、全部読みたい」

という私の気持ちは募《つの》る一方《いっぽう》だった。

何としても、物語を、満足するまで読みたい。そのためには、父の任期が終わって、都に戻る日を待つしかなかった。そこで、私は、「自分の身長に合わせて、薬師如来《やくしにょらい》を作ってもらおう。その仏様にお願いして、物語への夢を叶えてもらおう」と思いついた。国司の館の近くには、国分寺《こくぶんじ》や国分尼寺《こくぶんにじ》があり、そこには薬師如来像があったので、それとそっくりに仏様を作ってもらって、心を込めてお願いしよう、と思ったのである。それが出来上がった時は、うれしかった。

さっそく、周《まわ》りに誰もいない時をねらって、手をきれいに洗ってお清めをして、「私を早く都に上らせてください。都には、私の憧れる物語が、たくさんあると聞いています。それを、全部、私に読ませてください」と、大人たちがするように、体を床《ゆか》に投げ出し、額《ひたい》を床にこすりつけて、お祈りしたものだった。その効果があったのか、永遠に続くかとも思われた父の任期が、終わる時がやってきた。いよいよ、物語の待つ都へと、上《のぼ》ることができるのだ。その時、私は十三歳になっていた。ここから、物語を求める私の人生、そして物語と共に生きる私の人生が、ついに、あるいは、やっと始まったのである。

その年、寛仁《かんにん》四年（一〇二〇）の九月三日、私たちは、国司の館を後《あと》にして、「いまたち」

という所に移ることになった。とりあえず、そこに移り、旅立ちに縁起のよい日時や方角を占ってもらい、そこから本当の旅立ちをするのである。

【評】『更級日記』は、作者である菅原孝標女が十三歳の年の旅立ちから書き始められた。この寛仁《かんにん》四年（一〇二〇）は、今からちょうど千年前である。前の年には、空前の栄華を誇った藤原道長が出家し、息子の頼通《よりみち》が関白となっていた。この年には疱瘡《ほうそう》が流行し、作者から見ると、母の異母姉妹の子である藤原道綱《みちつな》が亡くなっている。

作者の父・菅原孝標は、長和《ちょうわ》六年（寛仁《かんにん》元年、一〇一七）、「上総《かずさ》の介《すけ》」に任じられた。本来、「介」は次官で、その上に「守《かみ》」（長官）がいるはずだが、上総の国は、常陸《ひたち》の国や上野《こうずけ》の国と並んで、親王が名誉職として「守」に任じられるが、実際に任国に下って職務を遂行するトップは「介」であった。そのため、「上総の介」が実質的には「上総の守」であったのである。

上総の国の国府《こくふ》の正確な所在地はわからないが、国分寺や国分尼寺の跡がある千葉県市原市にあったことは確かである。「いまたち」は、「うまたて（馬立）」

（千葉県市原市）が正しい地名だと言われるが、人々が「いよいよ出発だ」と大騒ぎしているし、作者にとっても新しい人生の門出なので、「いまたち（今発《いまだ》ち）」と書かれたのだろう。

物語を知りたがる作者が、継母や姉を反面教師として学んだのは、熱中して読まないと、物語を読んだ記憶など、すぐに消えてしまうことだった。

薬師仏に祈る作者には、ほんの少し、心やましいところがあっただろう。大人たちは、「仏様には、あの世で極楽往生できますようにとお願いするのですよ。そのために、生きている間は、悪いことはせず、正しいことをしますと、仏様には約束するのですよ。そうすると、死んだ後《あと》の極楽往生だけでなく、生きているうちも、この世で幸福になれるのですよ」と、口々に言い聞かせてくれる。だが、作者には、あの世での幸せなどは、ぴんとこない。また、この世の幸福も、物語を読むこと以外には思い浮かばない。だから、「この世で、心ゆくばかり物語を読む幸福を満喫させてください」とお祈りするために、薬師仏を作ってもらったのだった。

それにしても、自分の人生を回顧する時に、どの時点から書き始めるかは、人によってさまざまだろう。先祖の事績から書き始める人もいるだろうし、自分の誕生から順を追って書いてゆく人もいるだろう。けれども、作者は、十三歳で田舎から上京する時点を、実質的な「人生の始まり」と見なした。ここは、常陸の国から上京した『源氏物語』の浮舟が念頭にあったかもしれない。『伊勢物語』第十四段では、陸奥《みちのく》の田舎娘が滑稽な笑われ役で登場し、『源氏物語』の末摘花《すえつむはな》や近江《おうみ》の君《きみ》などの「笑われる女」の造型に影響を与えている。「如何《いか》ばかりかは奇《あや》しかりけむを」という回顧表現は、そのような東国の女の物語を意識しているのだろう。

## 2　取り残された薬師仏

年頃《としごろ》、遊《あそ》び馴《な》れつる所《ところ》を、露《あら》はに毀《こほ》ち散《ち》らして、立《た》ち騒《さわ》ぎて、日《ひ》の入《い》り際《ぎは》の、いと凄《すご》く霧《き》り渡《わた》りたるに、車《くるま》に乗《の》るとて、打《う》ち見遣《みや》りたれば、人間《ひとま》には参《まゐ》りつつ、額《ぬか》を衝《つ》きし薬師《やくし》仏《ほとけ》の立《た》ち給《たま》へるを、見捨《みす》て奉《たてまつ》る、悲《かな》しくて、人知《ひとし》れず、打《う》ち泣《な》かれぬ。

［訳］　私は、今まさに去ろうとしている、この国司の館で、姉や継母たちと、たくさんのことを話し、さまざまな遊びをして、暮らしてきた。それなのに、家財道具いっさいを取りはずして都まで持ち帰るので、男の人たちは、大声で話しながら、あちこちを行ったり来たりして、旅立ちの準備に余念がない。

私が四年間を過ごした建物が、今はがらんとなった。本当に、この空間で昨日まで暮らしていたということが信じられない。夕日が西に沈む頃、あたり一帯は濃い霧に包まれた。いよいよ車に乗り込んで、館とお別れをする段になって、「もう二度と、この場所に、自分が戻って来ることはないのだ」と、万感《ばんかん》の思いで、私の過ごした館のあちこちを振り返っていると、私が願い事をかけていた仏様が、霧の向こう側にぽつんと立っておられるのが、目に入った。大人たちがいない時に、そのお姿の前にかしこまって、「都に帰りたいです。物語を読みたいです」と、額《ぬか》ずいて心から訴え続けた、あの仏様である。

この仏様を、都に持ち帰ることはできなかった。私は、自分の願いを叶えてくださった仏様を見捨てるのだ。そう思った瞬間に、私の心には、熱くこみ上げるものがあった。仏様、ごめんなさい。そう思うと、目から涙があふれてくる。でも、旅立ちに、不吉な涙はふさわしくない。私は必死に、自分が泣いていることを、周りの人たちに気づかれぬように隠した。

［評］　この仏は、幾重《いくえ》にも立ちこめる霧の中から、光でも発したかのように、作者の目に姿を現した。何事かを、告げたかったのである。けれども、十三歳の作者には、仏の言葉が聞こえなかった。だが、『更級日記』を書き始めた晩年の作者の耳には、はっきりと聞き取れたであろう。「物語だけでは、あなたは幸福になれませんよ。もう一つ、しっかりと現実を見つめなさい。そのためにも、仏の教えを信じなさい」。

十三歳の頃の自分に生まれ変わって、自分の人生を振り返る日記を書き始めた作者の心には、申しわけないという気持ちが、これまた霧のように噴出してきた。それが、「見捨《みす》て奉《たてまつ》る、悲《かな》しくて」（お見捨て申し上げるのが悲しくて）という言葉となった。私は、あの時、仏様を見捨てたのだ。それが、作者の心の原風景、あるいは原罪となった。物語への夢（正確には夢の端緒）を得た代償に、作者は何か大切な物を失った。

ただ、留意しておきたいことがある。『更級日記』の作者にとって、「神仏」が必ずしも来世での「魂の救済」をもたらす宗教的な法悦《ほうえつ》ではなかった、ということだ。この日記を読み進めれば、少しずつ明らかになってゆくことだが、作者にとっての「神仏」は、この世における作者とその家族たちの生活基盤や経済的基盤を、拡大させるための手段でもあった。物語（文学）と仏教（宗教）が対立しているのではない。神仏のお告げが加わることで、物語が空想的なものから現実的なものへと変質してゆくのである。

## 3 雨の日の旅立ち

門出《かどで》したる所《ところ》は、回《めぐ》りなども無《な》くて、仮初《かりそめ》の茅屋《かやや》の、蔀《しとみ》なども無《な》し。簾掛《すだれか》け、幕《まく》など引《ひ》きたり。南《みなみ》は、遥《はる》かに、野《の》の方《かた》、見遣《みや》らる。東《ひむがし》・西《にし》は、海近《うみちか》くて、いと面白《おもしろ》し。夕霧《ゆふぎり》、立《た》ち渡《わた》りて、いみじうをかしければ、朝寝《あさい》などもせず、方々見《かたがたみ》つつ、此処《ここ》を立《た》ちなむ事《こと》も、哀《あは》れに、悲《かな》しきに、同《おな》じ月《つき》の十五日《もちのひ》、雨《あめ》、掻《か》き暗《くら》し降《ふ》るに、境《さかひ》を出《い》でて、下総《しもつさ》の国《くに》の「いかだ」と言ふ所《ところ》に、泊《と》まりぬ。庵《いほ》なども浮《う》きぬばかりに、雨降《あめふ》りなどすれば、恐《おそ》ろしくて、寝《い》も寝《ね》られず。

野中《のなか》に、岡《おか》だちたる所《ところ》に、唯《ただ》、木《き》ぞ三《み》つ、立《た》てる。

其《そ》の日《ひ》は、雨《あめ》に濡《ぬ》れたる物《もの》ども、乾《ほ》し、国《くに》に、立《た》ち遅《おく》れたる人々《ひとびと》待《ま》つとて、其処《そこ》に、日《ひ》を暮《く》らしつ。

［訳］　国司の館を後《あと》にした私たちは、「いまたち」という所に移った。そこは、一時的な仮住《かりず》まいなので、建物の周《まわ》りには、塀《へい》とか垣根のようなものもない。簡単な普請《ふしん》で、屋根には茅《かや》しか葺《ふ》いていない。建物には、蔀《しとみ》（雨戸）さえもなかった。簾《すだれ》を掛《か》け、幕などを引き回して、女たちの姿が外からは見えないようにしてある。

私は、ほかにすることとてないので、建物から外《そと》の景色を眺めては、気晴らしにしていた。南側は、ずっと遠くまで、晩秋の野原が広がっている。

建物の東と西は、すぐそこまで海岸線が迫っているので、浜辺の景色が新鮮で、心ひかれるものがあった。夕方になると、一帯には霧が立ちこめるので、霧越《ご》しに見渡す野面《のづら》や海辺の光景には、とても風情がある。

夕暮れからずっと眺めているので、夜は「浅寝《あさい》」（浅い眠り）しかできず、朝は、これまた「朝寝《あさい》」（朝になってもまだ寝ていること）もできない。

そのように、ずっと家の周りのあちこちの風情を楽しんで過ごした。ここは仮の住まいであり、早く都に上《のぼ》りたいという気持ちが強いものの、このような仮の宿りでさえ立ち離れることは、しみじみと惜しまれ、それなりに胸に迫って感じられるのだった。

「いまたち」を立って、西へ向かうのは、九月十五日と決まった。この日は、あいにくの大雨が降り始め、空が真っ暗な中での旅立ちとなった。上総の国の境を越えて、下総《しもつさ》の国に入った。その日は、「いかだ」という所で一泊した。本当の地名は「池田《いけだ》」というらしいのだが、その日の夜に宿泊するために急ごしらえで設置した小屋までが、雨水《あまみず》に浮いて、筏《いかだ》のように流れてゆきそうに思えたので、私の耳には「いかだ」と聞こえて、それが記憶に残っているのだろう。その夜は、雨が恐ろしくて、一睡もできなかった。

やっと朝になり、雨も止《や》んだ。おそるおそる外を見ると、岡のように盛り上がって高くなっている場所があった。そこには、草は全く生《は》えておらず、三本の木だけが、突っ立っているのだった。

その日、つまり九月十六日は、前の日の豪雨でびしょ濡れになった物を、お日様に当てて乾《かわ》かす時間も必要だし、上総の国からの出発が遅れていた人たちを、ここで待とうということになって、一日をそこで過ごした。

【評】「いまたち」では、十日間ほど、日を過ごしたことになる。「いまたち」での霧の情景の美しさと、「いかだ」での雨の恐怖のコントラストが、鮮やかである。

「岡の上に立つ三本の木」は、『更級日記』の自然描写のリアリズムを象徴する名文として知られる。だが、客観的な自然描写だけではないように感じられる。昨日の豪雨にも負けず、うなだれることもなく、この岡の上で昂然《こうぜん》と頭を上げて直立し続けている三本の木は、擬人化された描写のように思えるからだ。しかも、これから読み進めると明らかになるのだが、作者は「三」という数字に象徴的な意味を持たせている。

## 4　水底《みなそこ》の門

十七日《とをかあまりなぬか》の早朝《つとめて》、立《た》つ。

昔《むかし》、下総《しもつさ》の国《くに》に、「まのしてら」と言《い》ふ人《ひと》、住《す》みけり。疋布《ひきぬの》を、千匹《ちむら》・万匹《よろづむら》、織《お》らせ、晒《さら》させけるが家《いへ》の跡《あと》とて、深《ふか》き川《かは》を、舟《ふね》にて渡《わた》る。昔《むかし》の門《かど》の柱《はしら》の、未《ま》だ残《のこ》りたるとて、大《おほ》きなる柱《はしら》、川《かは》の中《なか》に、四《よ》つ、立《た》てり。人々《ひとびと》、歌詠《うたよ》むを、聞《き》きて、心《こころ》の中《うち》に、

（孝標の女）朽《く》ちもせぬ此《こ》の川柱《かはばしら》残《のこ》らずは昔《むかし》の跡《あと》を如何《いか》で知《し》らまし

[訳]　九月十七日の朝早く、「いかだ」を発《た》った。

私たち一行が足を踏み入れた下総の国には、何でも、昔、「まのしてら」という人が住んでいたそうだ。「まのしてら」は、「まののてう」のことで、「浜野《はまの》の長者《ちょうじゃ》」のことだとも、「万《まん》の長者《ちょうじゃ》」（巨万の富を築いた長者）のことだとも言われているらしい。

さて、その「まのしてら」という長者だが、一疋《いっぴき》（およそ二十二メートル）の布を、千も万も、無数に織らせて、川の水に晒《さら》して彩色を落ちつかせたと伝わっている。その大邸宅の跡地が、今は、かつて布を晒《さら》させたという川の底に沈んでいる。

その真上《まうえ》を、私たちは舟に乗って渡ってゆく。水深は、かなり深い。「ほら、あそこに、昔の長者の大豪邸の門の跡《あと》が残っているでしょう。見えますか」と言うので、恐る恐る舷《ふなばた》から身を乗り出して覗いてみたところ、なるほど、大きな柱が、川の中に四本、立っているのが見えた。都で貴顕の方々が住まわれるというお屋敷には、「四脚《よつあし》の門」があると聞いている。それは、二本の親柱の前後に、それぞれ二本の柱を添えた作りだから、全部で六本の柱から作られている。今、私が見ている「まのしてら」の屋敷跡の門は、その「四脚の門」ではないのだけれども、それに匹敵する豪邸の門構えだったことが想像できた。

だが、それも、今は、夢の跡《あと》。一行の人々が、この場所で、歌を詠《よ》もうとして、できあがった人から順番に朗唱している。そこで、私も、作ってみた。ただし、声に出して皆に披露する勇気はなかったので、心の中で口ずさんだだけだった。けれども、今、自分の人生を回顧する日記を書き始めたので、記念すべき最初の和歌と言うことで、ここに書き記しておきたい。

（孝標の女）朽《く》ちもせぬ此《こ》の川柱《かはばしらのこ》残らずは昔《むかし》の跡《あと》を如何《いか》で知《し》らまし

（今でも、川の中に、柱が朽ちることなく残っている。これが、「まのしてら」の栄華を、今に語り伝えている唯一の証拠なのだ。もしも、この柱が残っていなかったとしたら、人々がどんなに声高に、昔は「まのしてら」という長者がいたのだと言い張ったとしても、誰も信じる人はいないだろう。）

［評］　作者の父親は、作者が「物語」を求めていることを知っているからだろうか、それとも、これからの作者が文章に携わることに期待しているのだろうか、都に到着するまでの行く先々で、面白い言い伝えがあれば、その昔語りを今に伝える古老を呼んで、彼らの口から言い伝えを話してもらう機会を作ってくれたようにも思える。

この部分の末尾に置かれた歌は、後に物語を創作することになった作者にとって、記念碑となった。なぜかと言えば、物語というものは、今の世界に残っている痕跡から、かつて存在していたであろう大きな夢を作り上げる、いや、今は失われた世界を復元する行為であるからだ。失われた世界の痕跡は、捜す意欲さえあれば、今でも、この世界のあちこちに残っている。

夢には「夢のかけら」があるように、伝説にはその痕跡が必要なのだ。それさえあれば、夢が真実であると信じることができる。「川柱」とあるので、実際に川底に残っているのは、昔、この川に架かっていた橋の柱の痕跡だろう。それを、かつて、この土地にいたとされる大金持ちの大邸宅の大きな門の跡だと言い伝えているのである。

菅原孝標女は、自分の人生の断片を『更級日記』に書き残すことで、自分が信じ、夢見た「物語」の確かな痕跡を、この世に残そうとしているのではないか。『更級日記』は、物語世界という大宮殿の痕跡（＝夢のかけら）を留《とど》める「川柱」なのだ。

物語は、虚構である。けれども、その「痕跡＝かけら」は、確実にこの世に実在する。「真《まこと》から出た嘘《うそ》」。それが、物語の本質であるならば、十三歳の少女は、渇望している物語が「虚構」であることも、虚構であるがゆえに尊いことも、既に知っている。驚くべき早熟の天才である。

「まのしてら」もそうだが、『更級日記』の紀行文では、固有名詞などに解釈不能の言葉が多い。地元の人から聞いた人名や地名を、十三歳の作者は書き留めていたのだろうが、都の貴族の話す言葉と、東国の庶民が話す言葉は、大きく違っている。地元の人の教えてくれた言葉が、その時から既に聞き取れていなかった可能性がある。藤原定家は、意味不明の箇所を勝手に校訂せず、原本の表現のままで書き写している。立派である。だから、さまざまな解釈が可能になった。もし、定家が、意味がすぐにわかるようにテキスト・クリティークしていたら、かえって解釈が限定されたことだろう。

## 5　くろとの浜

其《そ》の夜《よ》は、「くろとの浜」と言《い》ふ所《ところ》に、泊《と》まる。片《かた》つ方《かた》は、広山《ひろやま》なる所《ところ》の、砂子《すなこ》、遥々《はるばる》と白《しろ》きに、松原《まつばら》、茂《しげ》りて、月、いみじう明《あ》かきに、風《かぜ》の音《おと》も、いみじう心細《こころぼそ》し。人々《ひとびと》、をかしがりて、歌詠《うたよ》みなどするに、

（孝標の女）微睡《まどろ》まじ今宵《こよひ》ならでは何時《いつ》か見むくろとの浜《はま》の秋《あき》の夜《よ》の月《つき》

[訳]「まのしてら」の長者の伝説を聞いたのは、九月十七日だった。その日の夜は、

「くろとの浜」という所に泊まった。これから進む方向に向かって左側は海で、昼間は青く見えていた。その反対側には、広々とした丘陵が続いていた。砂山《すなやま》が、ずっと遠くまで白々《しろじろ》と繋《つな》がっている。その砂山の外側には、青い松原が続いている。空には、月が、赤赤《あかあか》と（明明《あかあか》と）照り渡っている。その月光は、海の面《おもて》まで輝かせている。風が松を鳴らす「松籟《しょうらい》」（松風）は、ひどく心を寂しくさせる。

目に入る白・青・赤と、耳に入る松風とが一つに融け合って心を突き動かすので、まことに忘れがたい一夜となった。一行の人々は、このことを和歌に詠んで記憶に遺《のこ》そうとして、歌作に励んでいる。私も、心の中で一首詠んでみた。

（孝標の女）微睡《まどろ》まじ今宵《こよひ》ならでは何時《いつ》か見むくろとの浜《はま》の秋《あき》の夜《よ》の月《つき》

（今夜は一睡もしないで、この美しい夜景を眺めていよう。永い人生の中で、今日一日だけしか、私はこの「くろとの浜」の美しい秋の月を体験することができないのだから。）

［評］「今、ここ」で生きることの、かけがえのなさ。それを永遠のものとするためには、散文の力だけでは足りない。和歌があって、初めて、人間の記憶は美しく昇華し、永遠に近づくことができる。『伊勢物語』にも、『源氏物語』

にも、たくさんの歌が詠まれている。歌は、「今、ここ」を、永遠化する大切な手段なのだ。

ただし、『更級日記』の「旅の歌」は、ここからしばらく見られなくなる。

「くろと（黒戸）の浜」は、千葉市、あるいは木更津市の地名とされる。

## 6　月光哀歌

其《そ》の翌朝《つとめて》、其処《そこ》を立《た》ちて、下総《しもつさ》の国《くに》と、武蔵《むさし》との境《さかひ》にてある「ふとゐ川《がは》」と言《い》ふが、上《かみ》の瀬《せ》、「まつさと」の渡《わた》りの津《つ》に泊《と》まりて、夜一夜《よひとよ》、舟《ふね》にて、且《か》つ且《が》つ、物《もの》など渡《わた》す。乳母《めのと》なる人《ひと》は、夫《をとこ》なども亡《な》くなして、境《さかひ》にて、子《こ》、産《う》みたりしかば、離《はな》れて、別《べち》に上《のぼ》る。いと恋《こひ》しければ、行《い》かまほしく思《おも》ふに、兄人《せうと》なる人《ひと》、抱《いだ》きて、率《ゐ》て行《い》きたり。

皆人《みなひと》は、仮初《かりそめ》の仮屋《かりや》など言《い》へど、風《かぜ》、隙《す》くまじく、引《ひ》き渡《わた》しなどしたるに、此《これ》は、夫《をとこ》なども添《そ》はねば、いと手放《てはな》ちに、荒々《あらあら》し気《げ》にて、苫《とま》と言《い》ふ物《もの》を、一重《ひとへ》、打《う》ち葺《ふ》きたれば、月《つき》、残《のこ》り無《な》く差《さ》し入《い》りたるに、紅《くれなゐ》の衣《きぬ》、上《うへ》に着《き》て、打《う》ち悩《なや》みて臥《ふ》したる月影《つきかげ》、然様《さやう》の人《ひと》には、こよなく過《す》ぎて、いと白《しろ》く、清気《きよげ》にて、（乳母）「珍《めづら》し」と思《おも》ひて、掻《か》き撫《な》でつつ打《う》ち泣《な》くを、いと哀《あは》れに、見捨《みす》て難《がた》く思《おも》へど、急《いそ》ぎ、率《ゐ》て行《い》かるる心地《ここち》、いと飽《あ》かず、理無《わりな》し。面影《おもかげ》に覚《おぼ》えて、悲《かな》しければ、月《つき》の興《きよう》も覚《おぼ》えず、屈《くん》じ臥《ふ》しぬ。

翌朝《つとめて》、舟《ふね》に、車《くるま》、舁《か》き据《す》ゑて、渡《わた》して、彼方《あなた》の岸《きし》に、車《くるま》、引《ひ》き立《た》てて、送《おく》りに来《き》つる人々《ひとびと》、此処《これ》より、皆《みな》、帰《かへ》りぬ。上《のぼ》るは、留《と》まりなどして、行《い》き別《わか》るる程《ほど》、行《ゆ》くも留《と》まるも、皆《みな》、泣《な》きなどす。幼心地《をさなごこち》にも、哀《あは》れに見《み》ゆ。

［訳］ 太井川《ふといがわ》では、忘れがたい思い出がある。

九月十八日の朝早く、私たちは「くろとの浜」を発《た》った。「太井川」という大きな川が、目の前を流れている。この川が、下総の国と武蔵《むさし》の国との国境《くにざかい》になっているらしかった。「ふといがわ」ではなく、「ふとひがわ」と発音している人もいた。川幅が大きいので、そこからは向こう岸には渡れず、この川の上流までさかのぼって行き、「まつさと」という所まで来た。ここに、渡し場があるので、そこから向こう岸に渡るのだという。

私たちは、明日の朝に渡ることにして、今日の夜のうちに、少しずつ荷物を舟に載せて、何度も行き来して、向こう岸に渡してしまうことになった。

私が心配なのは、一行と別れて旅をすることになった乳母《めのと》のことだ。私が生まれた時に、お乳を飲ませてくれた乳母は、上総の国にも付いてきて、何かと世話を焼いてくれた。彼女は上総で新たな子どもをお腹《なか》に宿したのだが、不運なことに夫は亡くなってしまった。この国境《くにざかい》の近くで産気づいて、赤ちゃんを産《う》んだのである。命がけでお産《さん》したのに、大人たちは「穢《けが》れている」と言って、乳母に一行とは別行動で都に戻るように計らったのだ。私は乳母が恋しくて、一目《ひとめ》見たい気持ちを抑えきれない。彼女が今、どんなようすで横になっているのか、自分の目で見てみたいし、励ましもしたい。必死の訴えが通じたのか、兄（定家の考証では「定義《さだよし》」）が私を抱いて、馬に乗せ、「ほんのちょっとの間《あいだ》だけだよ。穢れが移ったら大変だからね」と念を押して、乳母の臥している小屋まで連れて行ってくれた。

私たち一行は、行く先々で、夜になると急ごしらえの仮屋を作って一夜を明かすのだが、それでも、すきま風がびゅうびゅう吹き込んでくるようなことはなくて、簾や幕などですきまを塞《ふさ》いである。でも、乳母のいる所は、夫はいないし、男手《おとこで》がないためか、まったく手間を掛けずに、粗末に作ってある。屋根も「苫《とま》」とかいう草を、ほんの軽く葺《ふ》いただけなので、そのすきまから月の光が遠慮なく差し込んでくる。

屋根から漏れてくる月影に照らされて、乳母のようすがはっきり見えた。鮮やかな紅《くれない》の打衣《うちぎぬ》をかずいて、具合が悪そうに横になっている。乳母などという身分の人にありがちな賤《いや》しさは微塵《みじん》もなく、むしろ品があって、色も白く、見た目もさっぱりしている。彼女は、私が見舞いに来たのを、「本当に、よく来てくださった。これが、この世で会える最後の機会かもしれない」とでも思っているのか、私の頭を撫でながら、泣きじゃくる。私ももらい泣きをしてしまった。もう少し乳母と一緒にいたかったのだが、兄が、「ほんのちょっとと言ったでしょう」と、また抱きかかえて、馬に乗せられた。戻る時の気持ちといったら、たとえようもなく悲しかった。戻る途中も、戻ってからも、目をつぶると、乳母が苦しそうに横になっているようすや、私が来たのを喜んで目を輝かせた顔が、面影に浮かんできて、悲しみが募《つの》った。空には明るい月が照っているのだが、美しいとも趣深いとも感じる余裕もない。しょんぼりとして横になった。

翌朝、九月十九日、荷物を渡し終えたので、いよいよ私たちが川を渡ることになった。渡し舟に車を運び上げ、川の中に落ちないようにしっかり安定させ、向こう岸に渡した。着いたら、車を舟から降ろして、また人が乗れるように整える。その車に、私たちが乗り込んで、いよいよ出発という段取りとなった。上総の国からここまで、私たちを見送りに来てくれた人たちも、この川渡りを最後のお手伝いとして、国に引き返すのだ。都に上《のぼ》る人は、ここを立ち去りがたくて、永いこと留《とど》まって泣いているし、上総へ帰る人たちも、やはり立ち去りがたくて、留まって泣いている。私は幼い子どもなので、大人たちの心の動きはよく理解できないのだけれども、それでも胸にこみあげてくるものがあった。

［評］「まつさと」（松里）は、松戸のあたりとされる。「太井川」は、現在の江戸川。下総と武蔵の国境というのは、作者の誤解である。この部分の末尾の別離の場面は、『小倉百人一首』で有名な蟬丸《せみまる》の「これやこの行くも帰るも別れては知るも知らぬも逢坂の関」という和歌をかすめているのだろう。『更級日記』には、和歌に由来する散文表現が多いので、その点に注意してこれから読み進めたい。

いつの時代もそうだが、特に平安時代において、出産は命がけだった。作者の乳母も、子どもの誕生とひきかえに、母体の死を覚悟していたことだろう。神道では、死の穢れ（黒不浄《くろふじょう》）と、血の穢れ（赤不浄《あか》）を忌《い》む。出産は赤不浄だが、「白不浄《しろ》」と言われることもある。

乳母が「紅」の衣を着ていたという描写は、『源氏物語』の読者に、夕顔の亡《なき》骸《がら》に光源氏の赤い衣がからまっていた凄愴《せいそう》な場面を連想させるだろう。光源氏と夕顔の出会いは、光源氏が自分の「乳母」が病に伏しているのを見舞ったのがきっかけだった。

それはそうと、作者にお乳を飲ませてくれた乳母は、作者が生まれたのと同じ頃に子どもを生んでいたから、お乳が出ていたのである。作者には、自分と同じ年齢の「乳母子《めのとご》」がいたのだろうが、日記の中にははっきりと書かれていない。作者は、自分に仕える親しい女房のことは書き留めていないのである。

## 7　東国に下《くだ》り住んだ皇女様

今《いま》は、武蔵《むさし》の国《くに》に成《な》りぬ。殊《こと》に、をかしき所《ところ》も見《み》えず。浜《はま》も、砂子《すなご》白《しろ》くなども無《な》く、泥《こひち》の様《やう》にて、「紫草《むらさき》、生《お》ふ」と聞《き》く野《の》も、蘆《あし》・荻《をぎ》のみ高《たか》く生《お》ひて、馬《むま》に乗《の》りて、弓持《ゆみも》たる末見《すゑみ》えぬまで、高《たか》く生《お》ひ茂《しげ》りて、中《なか》を分《わ》け行《ゆ》くに、「竹芝《たけしば》」と言《い》ふ寺《てら》あり。遥《はる》かに、「ははさう」など言《い》ふ所《ところ》の、「らう」の跡《あと》の礎《いしずゑ》など有《あ》り。

(孝標の女)「如何《いか》なる所《ところ》ぞ」と問《と》へば、(現地の人)「此《これ》は、古《いにしへ》、『竹芝《たけしば》』と言《い》ふ『さか』なり。国《くに》の人《ひと》の有《あ》りけるを、火焚屋《ひたきや》の、火焚《ひた》く衞士《ゑじ》に、差《さ》し奉《たてまつ》りたりけるに、御前《おまへ》の庭《には》を掃《は》くとて、(武蔵の男)『何《など》や、苦《くる》しき目《め》を見《み》るらむ。我《わ》が国《くに》に、七《なな》つ三《み》つ、造《つく》り据《す》ゑたる酒壺《さかつぼ》に、差《さ》し渡《わた》したる直柄《ひたえ》の瓠《ひさご》の、南風《みなみかぜ》吹《ふ》けば、北《きた》に靡《なび》き、北風《きたかぜ》吹《ふ》けば、南《みなみ》に靡《なび》き、西風《にし》吹《ふ》けば、東《ひがし》に靡《なび》き、東風《ひがし》吹《ふ》けば、西《にし》に靡《なび》くを見《み》で、斯《か》くて有《あ》るよ』と、独《ひと》り言《ご》ち、呟《つぶや》きけるを、其《そ》の時《とき》、帝《みかど》の御娘《みむすめ》、いみじう傅《かしづ》かれ給《たま》ふ、唯一人《ただひとり》、御簾《みす》の際《きは》に立《た》ち出《い》で給《たま》ひて、柱《はしら》に寄《よ》り掛《か》かりて、御覧《ごらん》ずるに、此《こ》の男《をのこ》の、斯《か》く独《ひと》り言《ご》つを、いと哀《あは》れに、(皇女)『如何《いか》なる瓠《ひさご》の、如何《いか》に靡《なび》くならむ』と、いみじう床《ゆか》しく思《おぼ》されければ、御簾《みす》を押《お》し上《あ》げて、(皇女)『彼《あ》の男《をのこ》、此方《こち》、寄《よ》れ』と召《め》しければ、畏《かしこ》まりて、高欄《かうらん》の面《つら》に参《まゐ》りたりければ、(皇女)『言《い》ひつる事《こと》、今一返《いまひとかへ》り、我《われ》に、言《い》ひて聞《き》かせよ』と仰《おほ》せられければ、酒壺《さかつぼ》の事を、今一返《いまひとかへ》り、申《まう》しければ、(皇女)『我《われ》率《ゐ》て行《い》きて、見《み》せよ。然《さ》、言《い》ふ様《やう》、有《あ》り』と仰《おほ》せられければ、(武蔵の男)『畏《かしこ》く、恐ろし』と思《おも》ひけれど、然《さ》るべきにや有《あ》りけむ、負《お》ひ奉《たてまつ》りて下《くだ》るに、(武蔵の男)『論無《ろんな》く、人《ひと》、追《お》ひて来《く》らむ』と思《おも》ひて、その夜《よ》、瀬田《せた》の橋《はし》の許《もと》に、此《こ》の宮《みや》を据《す》ゑ奉《たてまつ》りて、瀬田《せた》の橋《はし》を一間《ひとま》ばかり毀《こほ》ちて、其《そ》れを飛《と》び越《こ》えて、此《こ》の宮《みや》を舁《か》き負《お》ひ奉《たてまつ》りて、七日七夜《なぬかななよ》と言《い》ふに、武蔵《むさし》の国《くに》に、行《い》き着《つ》きにけり。

帝《みかど》・后《きさき》、『皇女《みこ》、失《う》せ給《たま》ひぬ』と思《おぼ》し惑《まど》ひ、求《もと》め給《たま》ふに、（目撃者）『武蔵《むさし》の国《くに》の衛士《ゑじ》の男《をのこ》なむ、いと香《かう》ばしき物《もの》を、首《くび》に引《ひ》き掛《か》けて、飛《と》ぶ様《やう》に逃《に》げける』と申《まう》し出《い》でて、此《こ》の男《をのこ》を尋《たづ》ぬるに、無《な》かりけり。（朝廷の役人）『論無《ろんな》く、元《もと》の国《くに》にこそ行《ゆ》くらめ』と、朝廷《おほやけ》より、使《つか》ひ、下《くだ》りて追《お》ふに、瀬田《せた》の橋《はし》、毀《こほ》れて、え行《ゆ》き遣《や》らず。三月《みつき》と言《い》ふに、武蔵《むさし》の国《くに》に行《い》き着《つ》きて、此《こ》の男《をのこ》を尋《たづ》ぬるに、此《こ》の皇女《みこ》、朝廷使《おほやけづか》ひを召《め》して、（皇女）『我《われ》、然《さ》るべきにや有《あ》りけむ、此《こ》の男《をのこ》の家《いへ》、床《ゆか》しくて、「率《ゐ》て行《ゆ》け」と言《い》ひしかば、率《ゐ》て来《き》たり。いみじく、此処《ここ》、有《あ》り良《よ》く覚《おぼ》ゆ。此《こ》の男《をのこ》、罪《つみ》し、掠《りやう》ぜられば、我《われ》は如何《いか》で有《あ》れと。此《これ》も、前《さき》の世《よ》に、此《こ》の国《くに》に、迹《あと》を垂《た》るべき宿世《すくせ》こそ有《あ》りけめ。早《はや》、帰《かへ》りて、朝廷《おほやけ》に、此《こ》の由《よし》を奏《そう》せよ』と仰《おほ》せられければ、言《い》はむ方無《かたな》くて、上《のぼ》りて、帝《みかど》に、（勅使）『斯《か》くなむ有《あ》りつる』と奏《そう》しければ、（帝）『言《い》ふ甲斐無《かひな》し。其《そ》の男《をのこ》を罪《つみ》しても、今《いま》は、此《こ》の宮《みや》を取《と》り返《かへ》し、都《みやこ》に帰《かへ》し奉《たてまつ》るべきにも有《あ》らず。竹芝《たけしば》の男《をのこ》に、生《い》けらむ世《よ》の限《かぎ》り、武蔵《むさし》の国《くに》を預《あづ》け執《と》らせて、公事《おほやけごと》も為《な》させじ。唯《ただ》、宮《みや》に、其《そ》の国《くに》を預《あづ》け奉《たてまつ》らせ給《たま》ふ』由《よし》の宣旨《せんじ》、下《くだ》りにければ、此《こ》の家《いへ》を、内裏《だいり》の如《ごと》く造《つく》りて、住《す》ませ奉《たてまつ》りける家《いへ》を、宮《みや》など、失《う》せ給《たま》ひにければ、寺《てら》に為《な》したるを、『竹芝寺《たけしばでら》』と言《い》ふなり。其《そ》の宮《みや》の産《う》み給《たま》へる子《こ》どもは、やがて『武蔵《むさし》』と言《い》ふ姓《さう》を得《え》てなむ有《あ》りける。

其《そ》れより後《のち》、火焚屋《ひたきや》に、女《をんな》は居《ゐ》るなり」と語《かた》る。

［訳］　太井川を渡って、武蔵《むさし》の国に入った。四年前、都から上総まで下ってきた時の記憶は、ほとんど残っていない。私は、上総の国で物心が付いて、「人」となったからだ。見る物、聞く物のすべてが、新鮮だ。物語の待つ都を目指して、武蔵の国の旅が続いた。

武蔵の国は、『伊勢物語』で、在原業平《ありわらのなりひら》様が「東下り《あずまくだ》」をされた所。どんなに美しい国だろうかと期待していたけれども、見事に裏切られた。武蔵の国が美しいのは、物語の中だけの幻想なのだろうか。これといって、眺めの美しい場所も見当たらない。まず、海だが、浜辺の砂は白くないし、綺麗さは感じられない。陸地も、じめじめとした湿地帯が、どこまでも続いている。『伊勢物語』には、「紫草《むらさき》の一本故《ひともとゆゑ》に武蔵野の草は皆《みな》がら哀れとぞ思ふ」という『古今和歌集』の和歌が引かれている。でも、紫草のような可憐な草は、ここに生《は》えていそうにない。見渡すかぎり、蘆《あし》や荻《おぎ》のように丈《たけ》の高い草しか見えないので、地面近くに生えている紫草などは、もし生《は》えていたとしても目に入らない。

しかも、その蘆や荻の背の高さと言ったら、まったく思いもよらないほどである。馬に乗った男の人が、警備のために背中に背負っている弓の先端が見えないくらい、と言ったらわかってもらえるだろうか。とにかく、信じられない高さにまで伸び茂っている。私たちの車は、その蘆や荻の中を、かき分けかき分け、進んでいった。すると、「竹芝《たけしば》」というお寺があった。

ずっと向こうには、何かの建物の基礎になっていた石のようなものも見える。「あれは何なのでしょうか」と尋ねたところ、父親が呼び寄せた地元の人が、「あれは『ははさう《ソ》』の『らう《ロ》』の跡です」などと答える。

私は、蘆や荻の真っ只中にある竹芝というお寺に心ひかれたので、「ここには、どういう謂《い》われがあるのですか」と、さらに尋ねたところ、思いがけず、長い答えが返ってきた。それが、何とも物語的だったので、十三歳の私の心に強い印象を刻印した。古老が語ってくれた竹芝寺の謂《い》われは、皇女様の不思議な運命の物語だった。

「ここは、今ではお寺になっていますが、昔は、竹芝という『さか』だったのです。（その『さか』の意味が、よくわからなかったけれども、『坂＝傾斜地』のことだろうと思って聞き流した。『荘園《しょうえん》』という意味の『荘《そう》』だったのかもしれない）。この国の、このあたりに住んでいた男が、武蔵の国司から命じられて、都に上《のぼ》らせられ、宮中を警護する衛士《えじ》として、火焚屋《ひたきや》で、日夜、勤めに励んでおりました。故郷を遠く離れての苛酷な仕事は、さぞかし苦役《くえき》だったことと思われます。

その男は、その日も、内裏《だいり》のお庭を、塵《ちり》一つ、落葉一枚落ちていないように、きれいに掃き清めておりましたが、手は掃除していながら、心はふるさとの武蔵に戻っておりました。それで、無意識のうちに、口ずさんでしまったのです。

『俺のふるさとには、民謡が伝わっていて、武蔵の国にいた頃には、両親や親族たちと一緒によく歌ったものだ。ああ、あの頃は、楽しかったなあ。なぜ、今の俺は、奴隷のように、こんなに嫌な思いをさせられているんだろうか。俺は、こんな所にいるべき人間じゃないんだ。

我らがふるさとは　武蔵の国
武蔵の国は　自由の国さ
お祭りの時には　愉快な酒盛り
そのお酒を　たっぷりと湛《たた》えた壺が
ここには七つ　そっちには三つと　置いてある
壺の中には　瓢箪《ひょうたん》を二つに割って作った柄杓《ひしゃく》が一つ
壺のふちに　さしかけられて　浮かんでいる
瓢箪は、風に吹かれて　気ままに動くさ

南風が吹けば　柄杓の先は北へ靡き
北風が吹けば　柄杓の先は南へ靡き
西風が吹けば　東へ
東風が吹けば　西へ
そんな柄杓と同様に　自由気ままに　生きている
それが　武蔵の国の　俺たちさ
ああ、今の俺は、その柄杓を見ることができないんだ。毎日、辛《つら》い勤めにがっちりと縛られて、どこにも行けはしない。西風が吹かないかな。そうしたら、俺も東へ戻れるのになあ』

とまあ、こんなふうに、男が口ずさんでいましたところ、まさにその時、天皇のお姫様、つまり皇女様が、お付《つ》きの女房たちが一人も身の周《まわ》りに侍《はべ》っておらず、たった一人で、庭に面したお部屋の、端《はし》に掛《か》かっている簾のすぐそばまで来て、立ったままで、お庭のようすを、柱に寄りかかって御覧になっておられました。皇女様は、お父君の天皇様から大変なご寵愛《ちょうあい》を受けておられたのです。すると、たまたま、武蔵の国から献上された衛士が、変わった歌を歌っているのが、耳に留《と》まりました。（私は、この日記を書いている今になって思う。これは、『源氏物語』の若菜上《わかなじょう》の巻で、女三《おんなさん》の宮様《みや》が、簾《すだれ》の前まで歩み寄って、立ったままで庭の柏《かしわ》木様《ぎ》を眺めていた場面と、同じではないか。わたしが、この竹芝寺の伝説を聞いて心を時めかせたのは、『源氏物語』に憧れる気持ちと同じだったのだ。)

皇女様は、庭を掃き清めている男が、武蔵の国の生まれであること、彼が自由に生きられる国である武蔵に帰りたいと心から願っていることが、痛いほどに理解できました。というのは、皇女様は、何一つ不自由のない、最上流の暮らしをなさっていても、心の中には満たされない思いを抱えていらっしゃったのです。それで、「面白い民謡であることだ」と興味を持たれた皇女様は、この男が誰に聞かせるともなく口ずさんでいた民謡が本当なのか、瓢簞を二つに割って作った柄杓が、お酒の壺の中に置かれていて、風の向き次第で、あちこちと自由に靡《なび》いているというのはどういうようすなのかを、自分の目で確かめたくなられました。「その柄杓を、この目で見てみたい」と思われた皇女様は、自《みずか》らの手で簾を押し上げて、「そこにおる男よ、ここまで来なさい」とお声をかけられたのです。武蔵の男は、突然のお召しにびっくりして、建物の縁《へり》にある高欄《こうらん》(欄干《らんかん》)の近くにいざりよって、かしこまりました。

皇女様の口から発せられたお言葉は、歌などを歌っていたので、怠けていると思われ、叱られるのだろうと思っていた武蔵の男にとって、予想外のものでした。「お前が先ほど歌っていた民謡を、今一度、歌って、わたしにお聞かせしなさい」。男は、どういうことなのかわかりませんでしたが、もう一度、「我らがふるさとは　武蔵の国」と、望郷の念を込めて、高らかに歌い上げました。

すると、皇女様は、「この私を、そちのふるさとである武蔵の国まで、お連れせよ。そして、酒壺に浮かんでいる柄杓が、風に任せて自由自在に靡いている楽しげなようすを、見せるのじゃ。私がここまで言うには、それなりの深い理由があるのじゃぞ」と仰《おっしゃ》ったのでした。それを聞いた男は、「ああ、もったいない。そして、畏《おそ》れ多い」とは思うものの、「皇女様が仰ったように、何か、深い深い因縁《いんねん》があって、こういう成り行きになったのだろう」と確信しました。そこで、その場で、自分の逞《たくま》しい背中に、小さくて可愛らしい皇女様をお乗せして、背負ったまま、一目散に東国を目指して、宮中を脱出したのでした。（私が今思うと、『伊勢物語』第六段で、在原業平様が二条《にじょう》の后《きさき》様を背負って、宮中を逃れ出て、芥川《あくたがわ》を越えようとした話と、まったく同じではないか。業平様は、追っ手にお后様を取り戻されてしまった。）

武蔵の男には、逞しい肉体と、醇朴《じゅんぼく》な心に加えて、知恵がありました。彼は、「間違いなく、朝廷からは追っ手が遣《つか》わされるに違いない」と考えました。それで、その対策を、その夜のうちに実行したのです。男は健脚だったので、皇女様を背負っているにもかかわらず、その日のうちに、近江の国にある「瀬田《せた》の唐橋《からはし》」まで辿り着いたのです。（武蔵の男にとって、皇女様は空気のように重みを感じさせないお方だったのでしょう。）

男は、夜目《よめ》も利《き》きますから、このまま瀬田の唐橋を駆け抜けることもできました。でも、男は考えることがあったので、皇女様を背中から下ろして、唐橋の都の側のたもとに、そっと置いて、「ここに、しばらく座《すわ》っていてくださいませ」とお願いしました。

瀬田の唐橋は、ご存じの方もおられるでしょうが、横板が何枚も橋桁《はしげた》に渡してある構造をしています。男は、横板を、何枚も取りはずしました。そして、これだと追っ手が橋を越えるのは困難だけれども、武蔵の男の身体能力では飛び越せるという、ぎりぎりの距離になるまで、横板をはずしたのです。この作業を終えた男は、皇女様をもう一度、お負《おぶ》い申し上げて、ぴょ～んと思いっきり跳躍して、自分が壊した所を飛び越えました。そして、一目散に、東国を目指して、疾走し始めたのでした。疲れ知らずの武蔵の男は、七日と七夜、つまり一週間、眠る時間もなしに、走り続けて、武蔵の国に戻り着いたのでした。

視点は変わって、都の天皇様とお后様です。「皇女様のお姿が見えません」という報告をお聞きになって、とてつもない衝撃をお受けになられました。それほど、大切になさっていた掌中の玉だったのです。直ちに、皇女様のお行方《ゆくえ》を探し求められましたところ、『武蔵の国から衛士に上げられた男が、よくは見えなかったのですが、とてもよい匂いをまきちらすものを、首に巻き付けて、東のほうに飛ぶようにして逃げていったそうです』と申し出た者がありました。そこで、武蔵の国から衛士に来ていた男の所在を確認させると、案《あん》の定《じょう》、衛士のたまり場には見当たらなかったのです。『これは、間違いない。男は皇女様をお連れして、ふるさとの武蔵の国に戻ったのであろう』ということになって、朝廷から武蔵の国まで、勅使を立てて追いかけたのです。

ところが、都を出てすぐの瀬田の唐橋で、追っ手はそこから先へは進めなくなりました。横板が何枚も取りはずされていて、とても飛び越えることはできないのです。そこで、大急ぎで、瀬田の唐橋を渡れるように工事をしたのですが、そんなこんなで時間を無駄にしてしまい、勅使が武蔵の国に着いたのは、衛士の男と皇女様が武蔵の国に着いてから、実に三か月が経過した後《あと》だったのです。

私がこの話を聞いた十三歳の時には、わからなかったのですが、三か月というのは、女性の懐妊が明らかになる期間です。男は、女神様のような皇女様と、三か月前に夫婦となっていたのです。

皇女様は、朝廷からの使いを召されて、次のように仰《おっしゃ》いました。『この男には、何の罪もありません。私とこの男の間には、前世からの深い因縁があったのでしょうね。内裏《だいり》で、この男が歌う武蔵の国の民謡を聴いているうちに、私の心は激しく揺さぶられ、人が自由に生きられると歌われている武蔵の国の実際の姿を、この目で確認したくなったのです。それで、男に命じて、ここまで連れてきてもらいました。この男が、私を強引に誘拐したのではありません。武蔵の国は、この男の歌った通りの、自由の国でした。ここにしか、私の本当の居場所はありません。ここに、いつまでも住んでいたいと、心から願っています。もし、天皇様《おとうさま》が、この男をお罰しになられ、折檻《せっかん》されるようなことがあったならば、私はどうなってしまうのでしょうか。私のお腹《なか》には、既に新しい命が宿っているのですよ。すべては、前世からの宿命で、私はこの世には天皇様《おとうさま》の娘として生まれた後で、この武蔵の国に移り住むべく定まっていたのでしょう、私は、この武蔵の国を守り、栄えさせる女神様となって、一生を終えたいと思っています。この旨《むね》を、早く都に戻って、天皇様《おとうさま》にお伝えするがよい』と仰いました。

皇女様からここまで言われますと、勅使は、どうしようもありません。皇女様に何一つ反論もできませんで、空しく都に戻って、天皇様に『こういう次第でありました。武蔵の国に留まりたいという皇女様のご決意には、まことに真実のものがございました』と復命《ふくめい》しました。

天皇様は、『もはや、どうしようもない。その男を罰したとしても、今更、皇女《むすめ》を都に連れ戻し申し上げることはできまい。男との結婚を認めるしかないだろう。そうであるならば、武蔵の竹芝から来たという男に、その男と皇女《むすめ》の命がある間は、武蔵の国の支配権を授けようと思う。取り立てる租税も免除し、衛士などの労役《ろうえき》も免除しよう。今のまま、皇女《むすめ》を武蔵の国にお預け申し上げよう』と思し召《おぼめ》しになり、その旨を書き記した公文書をお作りになられました。

男は、竹芝の家を、皇女様が都でお住まいになっておられた内裏《だいり》のように立派に作らせて、皇女様に住んでいただき、女神様のようにかしずきました。皇女様がお亡《な》くなりになった後で、その大邸宅をお寺に作り替えて、皇女様の菩提《ぼだい》を弔《とむら》いました。それが、この竹芝寺の始まりなのです。その皇女様のお産みになったお子様は、国の名前をそのまま付けて、『武蔵《むさし》』という苗字を得たのです。こういうことがあったので、またこんなことになっては大変だと考えて、宮中の火焚屋には屈強の男ではなく、女性を奉仕させるようにと、規則が革《あらた》まったのです」と、語ってくれた。

私は、都に憧れ、都に向けて、上京する旅の途上であるのに、自らの強い意志で東国に定住された皇女様の話を聞いたのだった。十三歳の時に聞いた、この物語的な話を、私はその後いくたび、心の中で思い返し、心揺さぶられたことだろう。

［評］「竹芝寺」は、港区の済海寺《さいかいじ》とするのが有力であるが、足立区にあったとする説もある。この竹芝寺は、菅原家と深い関わりのあるお寺だとも言われる。だから、父は娘にこの寺の来歴を聞かせたかったのだろう。

ただし、「ははさう」「らう」「さか」など、本文にはたくさんの不審箇所がある。特に、「ははさう」には、定家本人が赤い傍点を打ち、「意味不明」と認定している。おそらく、現地の人の発音が、作者の耳には聞き取れなかった結果ではなかろうか。

『源氏物語』には、光源氏が都を遠く離れて、須磨《すま》や明石《あかし》などの田舎をさすらう場面がある。現地の人たちの話す言葉が、光源氏には聞き取れず、まるで鳥のさえずりのようだった、と書かれている。武蔵の国は、須磨や明石よりも、はるかに都から遠い。彼らの言葉が、作者の耳に聞き取れなくても、しかたがなかろう。十三歳の作者の耳には、「ははさう」の「らう」の跡だと、現地の人が語ったように聞こえたのである。諸説あるが、「宝蔵の楼の跡」なのかもしれない。

衛士の男は、皇女を背中に背負って、橋を渡り、東国へと逃亡することに成功した。『伊勢物語』第六段では、在原業平が二条の后を背負って、宮中を脱出し、芥川のほとりまでくる。ただし、そこで后は連れ戻され、逃亡は失敗する。『源氏物語』で、柏木という若者は、光源氏の正妻である女三の宮を愛してしまう。そして、彼女を連れ出して、どこまでも逃げてゆきたいと思うが、願ったままで終わってしまった。逃亡の挫折を語る『伊勢物語』や『源氏物語』を読んだうえで、竹芝寺の伝説を読むと、読者の心の奥底から人生への希望が湧いてくる。

個人的な思い出で恐縮だが、私は、東京大学文学部の昭和五十一年度の講義で、非常勤講師だった益田勝実から、「古代説話論」を教わった。教室で、益田は竹芝寺の伝説を熱く解説してくれた。

なお、この場面では武蔵野に生《お》い茂る「荻《おぎ》」の丈《たけ》の高さが印象的だが、『源氏物語』では「軒端《のきば》の荻《おぎ》」という源氏名《げんじな》（呼び名）で呼ばれる、背のひょろ長い女性が登場している。

衛士が歌った民謡の中の「七つ三つ」という数字も、面白い。古歌に、「陸奥《みちのく》の十《と》編《ふ》の菅薦《すがごも》七編《ななふ》には君《きみ》を寝《ね》させて三編《みふ》に我寝《われね》む」とあり、ここでも「七と三」という数字が対比されている。「陸奥《みちのく》で菅《すげ》を編んで作られる、十編《とふ》（編み目が十筋ある布）の薦《こも》で、私たちが共寝《ともね》する時には、七編《ななふ》のスペースに身体の大きなあの人に寝てもらい、身体の小さな私は三編《みふ》のスペースで寝ることにしよう」という意味である。

## 8　隅田川を渡る

野《の》・山《やま》・蘆《あし》・荻《をぎ》の中《なか》を分《わ》くるより外《ほか》の事無《ことな》くて、武蔵《むさし》と相模《さがみ》との中《なか》に居《ゐ》て、「あすだ川」と言《い》ふ。在五中将《ざいごちゆうじやう》の「いざ言問《ことと》はむ」と詠《よ》みける渡《わた》りなり。『中将《ちゆうじやう》の集《しふ》』には「隅田川《すみだがは》」と有《あ》り。舟《ふね》にて渡《わた》りぬれば、相模《さがみ》の国《くに》に成《な》りぬ。

[訳] 武蔵の国は、どこまでも野と山、そして、蘆と荻が広がっていた。愛のロマンとは無縁の、殺風景な自然の中を、私たち一行はひたすら都へと旅した。やっとのことで、武蔵の国と相模《さがみ》の国との国境《くにざかい》に、差しかかった。「あすだ川」が、その国境を流れる川である。この川は、在原業平様が、「名《な》にし負《お》はばいざ言問《こと と》はむ都鳥《みやこどり》我《わ》が思ふ人は有《あ》りや無《な》しやと」とお詠《よ》みになった、あの渡し場である。業平様の和歌を集めた家集《かしゅう》には、「あすだ川」ではなく、「すみだ川」と書かれている。この川を舟で渡り終えてみれば、もうそこは武蔵の国ではない。私たち一行は、相模の国に足を踏み入れたのだった。

[評] 竹芝寺の皇女の話は、作者に『伊勢物語』の世界を連想させた。【7】の[評]で述べたように、在原業平は、愛する二条の后（清和天皇の后である藤原《ふじわらの》高子《たかいこ》）を、宮中から連れ出して、天皇の支配権の及ばないはるかな国まで逃亡して、愛の王国を作り上げようとしたが、無惨に失敗した。業平と、竹芝寺の男とは、どこが違っていたのか。作者は、旅を続けながらずっと考えていたの

だろう。ここに「都鳥」が出てくるのも、作者の心に『伊勢物語』が伏流していたからだと思われる。

そのことが、著者に大きな記憶違いをさせた。『伊勢物語』第九段には、隅田川は「武蔵の国と下《しも》つ総《ふさ》の国」との中を流れている、と書かれている。作者が『伊勢物語』について、基本的な理解が不足しているとは、信じられない。武蔵と相模の境界近くに、「あすだ」という川があったのかもしれないが、『伊勢物語』第九段の内容にこだわり続けたがゆえの記憶違いだと考えたい。

## 9 地名のおかしみ

「にしとみ」と言《い》ふ所《ところ》の山《やま》、絵《ゑ》、良《よ》く描《か》きたらむ屏風《びやうぶ》を、立《た》て並《なら》べたらむ様《やう》なり。片《かた》つ方《かた》は、海《うみ》。浜《はま》の様《さま》も、寄《よ》せ返《かへ》る波《なみ》の気色《けしき》も、いみじう面白《おもしろ》し。

「唐土《もろこし》が原《はら》」と言《い》ふ所《しころ》も、砂子《すなご》の、いみじう白《しろ》きを、二日《ふつか》・三日《みか》、行《ゆ》く。(同行の人々)「夏《なつ》は、大和撫子《やまとなでしこ》の、濃《こ》く、薄《うす》く、錦《にしき》を引《ひ》ける様《やう》になむ咲《さ》きたる。此《これ》は、秋《あき》の末《すゑ》なれば見《み》えぬ」と言《い》ふに、猶《なほ》、所々《ところどころ》は打《う》ち零《こぼ》れつつ、哀《あは》れ気《げ》に咲《さ》き渡《わた》れり。（同行の人々）「唐土《もろこし》が原《はら》に、大和撫子《やまとなでしこ》しも咲《さ》きけむこそ」など、人々《ひとびと》、をかしがる。

［訳］　相模の国では、「にしとみ」という所が、記憶に残っている。そこの眺めは、絶景だった。片方の側には高い山が聳《そび》え、その反対側には、海が広がっている。この山の景色の素晴らしさを物に喩《たと》えると、私たちが部屋の中に飾っている屏風《びょうぶ》には、変化に富んだ美しい自然が描かれている。それを、いくつもずらっと立て並べてあるような感じである。箱根の山が連《つら》なっている姿そのものも、屏風のように見える。海の姿にも風情《ふぜい》があって、浜辺のようすも、波が寄せては返ってゆく様《さま》も、ずっと見ていて飽きることが無い。

そこを過ぎると、「唐土《もろこし》が原《はら》」という所があった。そこは海辺で、まぶしいくらいの真っ白な砂浜が続いている。私たちが乗った車は、その白い砂を踏んで、二日も三日も通って行くのである。一緒に旅している大人たちが、「この場所は、夏だと、大和撫子《やまとなでしこ》の花がたくさん咲いているのですよ。色の濃《こ》い撫子もあれば、色の薄《うす》い撫子もあり、それが見渡すかぎりずっと遠くまで覆《おお》い尽くしているので、まるで錦《にしき》を引き渡しているかのように見えると言います。今は九月下旬で、秋も終わりですから、大和撫子の花は見えませんね。残念なことです」などと言っている。私が、目を凝《こ》らすと、それでも所々には、枯れ凋《しぼ》んではいるものの、点々と所々に花びらを散らし零《こぼ》しながらも、大和撫子が咲き残っている。見るからに可憐《かれん》で、しみじみする。そのことを私が周《まわ》りの人たちに指摘すると、「まあ、ほんとに。よく気づきましたね。でも、『唐土《もろこし》が原《はら》』という地名と、『大和撫子』は、いかにも取り合わせがおかしいですね」と言って、皆で笑い合う。確かに、「唐土《もろこし》が原《はら》」ならば、大和撫子ではなく、「唐撫子《から》」（石竹《せきちく》）の花が咲いていてもよさそうなものである。

**［評］**「にしとみ」は、藤沢市の遊行寺《ゆぎょうじ》近くとする説と、足柄《あしがら》山中の「西土肥《にしとひ》」とする説がある。「ひ」と「み」は発音が酷似している。「唐土《もろこし》が原《はら》」は、大磯から平塚市あたりにかけてとされる。

作者の注意深い観察眼による残花の発見や、唐・大和の言葉の対比のおかしみに興じることなど、このあたりには、『枕草子』の世界に通じるものが漂う。

## 10 夢幻のクレバス

「足柄山《あしがらやま》」と言《い》ふは、四日《よか》・五日《いつか》兼《か》ねて、恐《おそ》ろし気《げ》に、暗《くら》がり渡《わた》れり。漸《やうや》う入《い》り立《た》つ麓《ふもと》の程《ほど》だに、空《そら》の気色《けしき》、捗々《はかばか》しくも見《み》えず。えも言《い》はず、茂《しげ》り渡《わた》りて、いと恐《おそ》ろし気《げ》なり。

麓《ふもと》に宿《やど》りたるに、月《つき》も無《な》く、暗《くら》き夜《よ》の、闇《やみ》に惑《まど》ふ様《やう》なるに、遊女《あそび》、三人《みたり》、何処《いづく》よりとも無《な》く、出《い》で来《き》たり。五十許《いそぢばか》りなる一人《ひとり》、二十許《はたちばか》りなる、十四《とをあまりよつ》・五《いつつ》なると、有《あ》り。

庵《いほ》の前《まへ》に、柄傘《からかさ》を差《さ》させて、据《す》ゑたり。男《をのこ》ども、火《ひ》を燈《とも》して、見《み》れば、（遊女）「昔《むかし》、『こはた』と言《い》ひけむが孫《まご》」と言《い》ふ。髪《かみ》、いと長《なが》く、額髪《ひたひ》、いと良《よ》く掛《か》かりて、色《いろ》、白《しろ》く、汚《きたな》気無《げな》くて、（人々）「然《さ》ても有《あ》りぬべき下仕《しもづか》へなどにても有《あ》りぬべし」など、人々《ひとびと》、哀《あは》れがるに、声《こゑ》、すべて似《に》る物無《ものな》く、空《そら》に澄《す》み上《のぼ》りて、めでたく歌謡《うた》を歌《うた》ふ。人々《ひとびと》、いみじう哀《あは》れがりて、気近《けぢか》くて、人々《ひとびと》、持《も》て興《きよう》ずるに、（人々）「西国《にしくに》の遊女《あそび》は、え斯《か》からじ」など言《い》ふを聞《き》きて、（遊女）「難波辺《なにはわた》りに比《くら》ぶれば」と、めでたく歌《うた》ひたり。

見《み》る目《め》の、いと汚気無《きたなげな》きに、声《こゑ》さへ、似《に》る物無《ものな》く歌《うた》ひて、然《さ》ばかり恐《おそ》ろし気《げ》なる山中《やまなか》に、立《た》ちて行《ゆ》くを、人々《ひとびと》、飽《あ》かず思《おも》ひて、皆《みな》、泣《な》くを、幼《をさな》き心地《ここち》には、増《ま》して、此《こ》の宿《やど》りを立《た》たむ事《こと》さへ、飽《あ》かず覚《おぼ》ゆ。

未《ま》だ暁《あかつき》より、足柄《あしがら》を越《こ》ゆ。増《ま》いて、山《やま》の中《なか》の恐《おそ》ろし気《げ》なる事《こと》、言《い》はむ方無《かたな》し。雲《くも》は、足《あし》の下《した》に踏《ふ》まる。山《やま》の中腹《なから》許《ばか》りの、木《こ》の下《した》の、僅《わづ》かなるに、葵《あふひ》の、唯《ただ》、三筋《みすぢ》許《ばか》り有《あ》るを、（人々）「世離《よばな》れて、斯《か》かる山中《やまなか》にしも生《お》ひけむよ」と、人々《ひとびと》、哀《あは》れがる。水《みづ》は、其《そ》の山《やま》に、三所《みところ》ぞ流《なが》れたる。

［訳］いよいよ、東海道の難所として知られる「足柄山《あしがらやま》」に差しかかった。実は、足柄山に辿《たど》り着く四日も五日も前からずっと、道の両側の木が鬱蒼《うっそう》と生《お》い茂っていて、恐ろしくなるくらいの暗さが続いていたのである。やっとのことで辿り着いた足柄山の、まだ麓《ふもと》でさえも、木々の枝や葉に遮《さえぎ》られて、頭の上にあるはずの空がほとんど見えない。信じられないほどの密度で、木々が生《お》い茂り、そそり立っている。まことに生きた心地もしない。その夜は、足柄山の麓で、一夜を明かすことになった。月末のこととて、月明かりもほとんどなくて、真っ暗である。「闇《やみ》に惑う」とは、こういうことだろうと思われた。その黒《こく》洞々《とうとう》たる闇の中から、遊女《あそびめ》が、どこからともなく姿を現したのには、冥界からの使いかもしれないと、総毛立《そうけだ》つほど驚かされた。

彼女たちは三人連れで、五十歳ばかりの老女が一人、二十歳《はたち》ばかりの美しい女が一人、

十四、五歳くらいの若い娘が一人、という組み合わせだった。
都へ戻る、しかるべき身分の旅人が一夜を過ごしていると聞いて、芸を披露しようとして、ここまでやって来たのだろう。老女が柄傘《からかさ》を背負っていたので、私たち一行の従者が、仮の宿りとして組み立てた小屋の前に、その傘を開かせて、三人を座らせた。何でも、遊女には傘が付《つ》き物《もの》なのだと、大人たちが私に教えてくれた。従者たちは、燈火《ともしび》を燃やして、どのような女たちが来たのかと見ている。遊女は、「私は、昔『こはた』と名告《なの》っていた遊女の孫なのです」と自己紹介している。私は、むろん『こはた』という名前を聞いたこともないが、この地では名の知れた遊女だったのだろう。

二十歳くらいの、一番きれいな女は、黒髪もたいそう長く、前髪が額《ひたい》に垂れかかっている感じも見た目がよい。色も白いので上品に見え、まことに小ぎれいである。男たちは、「なかなかの美形じゃないか。今のままで、都のしかるべきお方のお屋敷に宮仕《みやづか》えしても、ちょっとした雑用なら勤まるのではないか」などと、感心し合っている。

いよいよ、遊女が歌を披露する段となった。

その歌声は、秋の夜空に吸い込まれるように、澄み昇ってゆく。彼女の容姿に感心していた男たちが、今度はその芸の見事さに感心するさまといったら、大変なものである。それまで、どちらかと言えば、遠巻きにしていた男たちは、遊女たちの側《そば》までだんだん近づいていって、楽しげな会話を交わしている。「たくさんの遊女がいることで有名な、西国の淀川《よどがわ》下流の江口《えぐち》や神崎《かんざき》、さらには播磨《はりま》の国の室《むろ》の津《つ》のあたりでも、これほど優れた遊女は、いないのではないか」などと、男たちは言っている。それを耳にした遊女は、とっさの機転で、「西国の難波《なにわ》のあたりの遊女さんたちと比べましたら、足柄《あしがら》育ちの私などは」という意味の歌を即興で披露した。その声は、女性である私が聞いても魅力的だった。

この遊女は、見た目がいかにもこざっぱりしていて好感が持てるし、声までもが比較を絶して素晴らしい。けれども、歌謡の芸を披露し終えた彼女たちは、足柄の深い闇の中に帰ってゆかねばならないのだった。それを思うと、あんなに気味の悪い山の中に戻るために、彼女たちが遠ざかってゆくのを、皆は、まだまだもっとここにいてほしかったと名残惜しくて、泣くのである。まだ子どもである私も、幼な心に、彼女たちが立ち去ってゆくのに加えて、自分たちが明日の朝、ここを旅立ってゆくことまでも、名残《なごり》惜しく思われるのだった。

翌朝は、行程が厳しいので、まだあたりが明るくならないうちに出発して、足柄山を越えた。この山に差しかかる以前、四、五日前からずっと恐ろしげで、麓ですらも闇が深かったのだから、足柄山の本体の山中の気味悪さと言ったら、言葉にはならないくらいである。山が高いためか、空高く懸かっているはずの雲が、私たち一行の足の下に見える。雲を踏みながら、進んでいったのである。

山の中腹《ちゅうふく》くらいに聳えている大木の下に、ちょっとした空間があり、可憐な葵《あおい》の葉っぱが、たった三本だけではあるが、生《は》えていた。「葵」は、文字では「あふひ」と書くので、「逢《あ》ふ日《ひ》」に通じていると、和歌を学ぶ時に教えてもらったことがある。人々は、「こんなに人里から遠く離れた山奥に生えていては、たとえ『葵』という名前であったとしても、誰にも『逢ふ日』はないでしょうね。ここで生えているのも、何かの運命なのでしょう」などと、同情している。山の中を通りながら気をつけていると、三箇所の水の流れが目に入った。

［評］【3　雨の日の旅立ち】では、岡の上に立つ木は、三本だった。この場面の遊女も三人、葵も三本、川の流れも三箇所。「三」という数字は、この日記の中では特別の意味を持っているようだ。

「足柄山」の暗闇の恐怖感は、『伊勢物語』第九段「東下り」の「宇《う》津《つ》の山」で、

「我《わ》が入《い》らむとする道《みち》は、いと暗《くら》う細《ほそ》きに、蔦《つた》・楓《かへで》は茂《しげ》り、もの心細《こころぼそ》く、すずろなる目《め》を見《み》る事《こと》と思《おも》ふに」とある一節を連想させるが、その後の遊女たちを描く場面の幻想性は比類がなく、『更級日記』の作者独自の世界だと思われる。

業平は宇津の山で、旧知の修行僧と出会った。『更級日記』では、足柄山で作者たちは遊女と出会った。足柄山という異界の存在を、美しくも妖しい女性が際立たせている。菅原孝標女の作と伝えられる『浜松中納言物語』で、唐土に渡った中納言が契った后が、『源氏物語』の夕顔のような妖女性・娼婦性を帯びていたことも思い合わされる。

## 11　駿河の国に入る

辛《から》うじて、越《こ》え出《い》でて、「関山《せきやま》」に留《とど》まりぬ。此《これ》よりは、駿河《するが》なり。「横走《よこはし》りの関《せき》」の傍《かたは》らに、「岩壺《いはつぼ》」と言《い》ふ所《ところ》あり。えも言《い》はず大《おほ》きなる石《いし》の、四方《よはう》なる中《なか》に、穴《あな》の開《あ》きたる中《なか》より出《い》づる水《みづ》の、清《きよ》く、冷《つめ》たき事《こと》、限《かぎ》り無《な》し。

［訳］　私たち一行は、やっとのことで足柄山を越えた。「遂に山から脱けだせた」という感じがするほどの、深い闇だった。その日は、「関山《せきやま》」という所に泊まった。「関山」の「関」というのは、「横走《よこはし》りの関」のことである。ここから、駿河《するが》の国になる。

この関の近くに、「岩壺《いわつぼ》」という所がある。この岩壺には、途方もなく大きな、四角形の石がある。その石には、穴が開いていて、そこから清冽《せいれつ》な水が流れ出していた。その透明さと言い、冷たさと言い、びっくりするほどだった。

［評］　直前の闇の世界で難渋した行路から一転して、「横に走り出す」という運動性を示す地名や、湧き出る水の清涼感が対照的である。

「横走り」は、現在の駿東郡にあった関所。時代は菅原孝標女よりも後《あと》だが、大江匡房《まさふさ》（一〇四一～一一一一）に、「堰《せ》きも敢《あ》へぬ袖の雫《しづく》は横走《よこはし》り清見《きよみ》が関《せき》の波《なみ》かとぞ思《おも》ふ」という歌がある。この歌では、「横走りの関」と「清見が関」が、横に並んでいる。

# 12 神々が集《つど》う富士の山

「富士《ふじ》の山《やま》」は、此《こ》の国《くに》なり。我《わ》が生《お》ひ出《い》でし国《くに》にては、西面《にしおもて》に見《み》えし山《やま》なり。其《そ》の山《やま》の様《さま》、いと世《よ》に見《み》えぬ様《さま》なり。様異《さまこと》なる山《やま》の姿《すがた》の、紺青《こんじやう》を塗《ぬ》りたる様《やう》なるに、雪《ゆき》の、消《き》ゆる世《よ》も無《な》く、積《つ》もりたれば、色濃《いろこ》き衣《きぬ》に、白《しろ》き袙《あこめ》、着《き》たらむ様《やう》に見《み》えて、山《やま》の頂《いただき》の、少《すこ》し平《たひ》らぎたるより、煙《けぶり》は、立《た》ち上《のぼ》る。夕暮《ゆふぐ》れは、火《ひ》の燃《も》え立《た》つも、見《み》ゆ。

「清見《きよみ》が関《せき》」は、片《かた》つ方《かた》は、海《うみ》なるに、関屋《せきや》ども、数多《あまた》有《あ》りて、海《うみ》まで、釘貫《くぎぬき》したり。煙《けぶ》り合《あ》ふにや有《あ》らむ、「清見《きよみ》が関《せき》」の波《なみ》も、高《たか》く成《な》りぬべし。面白《おもしろ》き事《こと》、限《かぎ》り無《な》し。

「田子《たご》の浦《うら》」は、波高《なみたか》くて、舟《ふね》にて、漕《こ》ぎ巡《めぐ》る。

「大井川《おほゐがは》」と言《い》ふ渡《わた》り、有《あ》り。水《みづ》の、世《よ》の常《つね》ならず、摺粉《すりこ》などを、濃《こ》くて流《なが》したらむ様《やう》に、白《しろ》き水《みづ》、速《はや》く流《なが》れたり。

「富士川《ふじがは》」と言《い》ふは、「富士《ふじ》の山《やま》」より落《お》ちたる水《みづ》なり。其《そ》の国《くに》の人《ひと》の、出《い》でて、語《かた》る様《やう》、(現地の人)「一年頃《ひととせごろ》、物《もの》に、罷《まか》りたりしに、いと暑《あつ》かりしかば、此《こ》の水《みづ》の面《つら》に休《やす》みつつ、見《み》れば、川上《かはかみ》の方《かた》より、黄《き》なる物《もの》、流《なが》れ来《き》て、物《もの》に付《つ》きて、留《とど》まりたるを、見《み》れば、反故《ほぐ》なり。取《と》り上《あ》げて、見《み》れば、黄《き》なる紙《かみ》に、丹《に》して、濃《こ》く、美《うるは》しく、書《か》かれたり。奇《あや》しくて、見《み》れば、来年《らいねん》、為《な》るべき国《くに》どもを、除目《ちもく》の如《ごと》、皆《みな》、書《か》きて、此《こ》の国《くに》、来年空《らいねんあ》くべきにも、守《かみ》、為《な》して、又《また》、添《そ》へて、二人《ふたり》を為《な》したり。『奇《あや》し、あさまし』と思《おも》ひて、取《と》り上《あ》げて、乾《ほ》して、納《をさ》めたりしを、返《かへ》る年《とし》の司召《つかさめし》に、此《こ》の文《ふみ》に書《か》かれたりし、一《ひと》つ違《たが》はず。此《こ》の国《くに》の守《かみ》と有《あ》りし儘《まま》なるを、三月《みつき》の内《うち》に亡《な》くなりて、又《また》、為《な》り変《か》はりたるも、此《こ》の傍《かたは》らに書《か》き付《つ》けられたりし人《ひと》なり。斯《か》かる事《こと》なむ有《あ》りし。『来年《らいねん》の司召《つかさめし》などは、今年《ことし》、此《こ》の山《やま》に、幾許《そこばく》の神々集《かみがみあつ》まりて、為《な》い給《たま》ふなりけり』と、見《み》給《たま》へし。珍《めづら》かなる事《こと》に候《さぶらふ》」と、語《かた》る。

［訳］　霊峰・富士山は、この駿河の国にある。私が物心がついて成長した上総の国からは、西の方角に小さく見えていた。すぐ近くで見ると、まことに比類のない美しい形をしている。珍しい円錐形の形をしており、紺青色《こんじょういろ》で色を塗ったかのように、美しい色をしている。しかも、その山の頂には、真夏でも、永遠に消えることのない、白い雪が、降り積もっている。濃い紫色の衣《きぬ》の上に、白い衵《あこめ》を着ている少女のようにも見える。山の頂の、少し平らになっている所から、噴煙が空に立ち昇っている。昼間は、白い煙だけしか見えないけれども、夕方になって暗くなると、赤い火が燃えているのが見分けられる。

一方、富士山の麓の海側には、「清見が関《きよみがせき》」という大きな関所がある。この関所の片側は陸地なのだが、もう片側は海である。「関屋《せきや》」と言って、関所の番人が詰めている建物が、たくさん並んでいる。海の中までにも、「釘貫《くぎぬき》」という簡単な柵《さく》が作られていて、旅人が海岸線を勝手に通行できないようにしてある。清見が関に寄せてくる波は、海岸線に打ち当たって、高く舞い上がり、白い煙のように見える。まるで、日本一の富士山の噴煙と「煙比べ《けぶりくらべ》」をするかのように、清見が関の潮煙《しおけぶり》も、負けじと空高く昇っているのだろう。こうして富士山と清見が関を同時に視界に収めてみると、まことに、雄大この上《うえ》もない光景である。

「田子の浦」は、波が高くて、海岸線に沿って陸地を通ることは、とてもできないというので、舟に乗って、沖まで漕ぎ出して、通り抜けた。

「大井川《おおいがわ》」という川には、渡し場があった。この川を流れている水は、神秘的なまでに真っ白で、まるでお米の「とぎ汁」をさらに濃くして流したような色をしている。しかも、その流れる速さといったら無い。

少し東に戻るけれども、「富士川」という川があった。この川は、富士山から流れ落ちる川だと言われている。ここでも、現地の古老が、富士川の伝説について語るのを聞く機会を、父親が作ってくれた。

老人は、次のように語ってくれた。

「もう何年前になりますでしょうか、正確な記憶はないのですが、ちょっと出かけたことがありました。その日は、とても暑かったので、涼もうと思いまして、この富士川の川辺で休憩しておりました。すると、川の上流から、何か黄色い物が流れてまいりまして、川の中にあった草か柵《さく》かに引っかかって、止《と》まったのです。何だろうかと好奇心に駆られましたので、黄色い物を取り上げますと、それは文字が書いてある紙でした。誰かが、川の上流で捨てたのでしょうか。黄ばんだ紙に、赤い色で濃《こ》く、きちんとした文字で、書かれていました。『不思議なことがあるものだ。何が書いてあるのだろう』と思って、読んでみましたら、来年に行われる予定の人事異動で、各国の国司に任命される人物が誰であるかが、列挙されていたのです。前任者の任期が終わるので、国司が交替するであろう国の名前と、新しく任命されるであろう国司の名前が、まるで「除目《じもく》」(「春の県召《あがためし》」)の公文書のように、すべて書き出されておりました。この駿河の国は、来年に新しい国司が着任するはずだったので、その人の名前が書かれていました。けれども、不思議なことには、その人の名前の横に、別の人物の名前も添えて書かれていたのです。結局、二人の人物が、来年、駿河の国司に任命されることになります。

私は、『それにしても、変なことがあるものだ。驚いたな』と思いまして、その紙を家に持ち帰りまして、濡れていたのを乾燥させて、大切に保管していました。すると、翌年一月の人事異動では、私が富士川で拾い上げた紙に書いてあった通りの国名と国司名が、何一つ異なることなく、実現したのです。二人の国司の名前が書いてあった、この駿河の国ですが、最初に書いてあった人物が国司に任じられたのですが、それから三か月も経《た》たないうちに、突然に亡《な》くなってしまいました。それで、新たな国司が任命されたのですが、その人物は、この紙に添え書きしてあった名前の人に他《ほか》ならなかったのです。この富士川では、こういう不思議なことが起きるのです。私は、その時になって、『翌年に都の朝廷で行われる人事異動は、その前の年に、あらかじめ、ここから見える、あの富士山の頂上に、たくさんの神々がお集まりになって話し合われ、決定しておかれるのだろう』、と気づいたのです。まことに不忠議なこともあることでございます」

古老は、このように語った。

［評］　ここには清見が関の「関屋」が出てくるが、『源氏物語』の関屋巻では、

逢坂《おうさか》の関の「関屋」が描かれている。

本文の「煙《けぶ》り合《あ》ふ」は、定家の自筆では「けふりあふにやあらむ」とあり、「あふに」の部分に朱色で傍点がうたれている。定家にとって、意味が通らない文脈だったのである。諸説がある中で、ここでは富士山の煙と清見が関の潮煙が競い合っているという、「煙比《けぶりくら》べ」の意味であると解釈した。

それは、『源氏物語』柏木《かしわぎ》巻で、「立《た》ち添《そ》ひて消《き》えやしなまし憂《う》き事《こと》を思《おも》ひ乱《みだ》るる煙比《けぶりくら》べに」という、女三《おんなさん》の宮《みや》の歌があるからである。「あなたの私を慕う情念は、あなたを死へと追いやり、死後には火葬の煙が空に昇るでしょう。私もまた、あなたとの愛によって苦悩し、死して火葬の煙となって空に昇るでしょう。それでは、あなたの煙と、私の煙とでは、どちらが激しいでしょうか」と、歌っている。この「煙比べ」を、山の煙と、海の潮煙の「煙比べ」に移しかえて、『更級日記』の作者は興じているのかもしれない。

なお、地理的に言えば、「富士川」の上流は、富士山ではない。また、「大井川」と「富士川」の順序も逆である。それにしても、富士の神々の予言の不思議さは、ここだけ独立させても、見事な小品として読める記述であり、竹芝寺の伝説と双璧を成す。

人間の運命があらかじめ「神」によって決定しているとするならば、人生にはどのような意味があるのか。そして、人間の運命とは、変えられないものなのか。この問いかけから、夢と予言を重要なモチーフとする『浜松中納言物語』などの物語が書かれたのだろう。

国司任命の話題は、上総の介の任期を終えたばかりで、次の任国を求めている作者の父親にとってばかりでなく、その父親と共に地方へ下る作者自身にとっても、人生を左右する出来事である。戦後の王朝文学の研究は、国司を意味する「受領《ずりょう》」という階級に着目し、紫式部・清少納言・和泉式部たちが「受領の娘」である点に注目することから出発した。菅原孝標女もまた「受領の娘」であった。そして、先取りして言えば、『更級日記』の作者の夫は、国司の任期中に死去している。この部分は、その悲劇のはるかな伏線なのでもある。

## 13 浜名の橋

「ぬまじり」と言《い》ふ所《ところ》も、清々《すがすが》と過《す》ぎて、いみじく患《わづら》ひ出《い》でて、遠江《とほたうみ》に掛《か》かる。「小夜《さや》の中山《なかやま》」など、越《こ》えけむ程《ほど》も覚《おぼ》えず。いみじく苦《くる》しければ、「天《てん》ちう」と言《い》ふ川《かは》の面《つら》に、仮屋《かりや》、造《つく》り設《まう》けたりければ、其処《そこ》にて、日頃《ひごろ》過《す》ぐる程《ほど》にぞ、漸《やうや》う怠《おこた》る。冬深《ふゆふか》く成《な》りたれば、川風《かはかぜ》、険《けは》しく吹《ふ》き上《あ》げつつ、耐《た》へ難《がた》く覚《おぼ》えけり。

其《そ》の渡《わた》りして、「浜名《はまな》の橋《はし》」に着《つ》いたり。浜名《はまな》の橋《はし》、下《くだ》りし時《とき》は、黒木《くろき》を渡《わた》したりし、此《こ》の度《たび》は、跡《あと》だに見《み》えねば、舟《ふね》にて渡《わた》る。入江《いりえ》に渡《わた》りし橋《はし》なり。外《と》の海《うみ》は、いといみじく悪《あ》しく、波高《なみたか》くて、入江《いりえ》の、徒《いたづ》らなる州《す》どもに、異物《こともの》も無《な》く、松原《まつばら》の茂《しげ》れる中《なか》より、波《なみ》の寄《よ》せ返《かへ》るも、色々《いろいろ》の玉《たま》の様《やう》に見《み》え、真《まこと》に、松《まつ》の末《すゑ》より波《なみ》は越《こ》ゆる様《やう》に見《み》えて、いみじく面《おも》白《しろ》し。

【訳】駿河の国では、「ぬまじり」という所もあった。地名から受ける印象は、じめじめとしているので、いかにも通行が難儀《なんぎ》そうに聞こえるが、そこは何の障害もなく、さっさと通り抜けた。ところが、難儀なのは、その直後からだった。九月に上総の国を発《た》ってからずっと、窮屈な車の中に閉じこもって旅をしてきたので、疲れが溜まっていたのだろうか、私は体調を崩してしまい、ひどく具合が悪くなった。そんな最悪の状態で、遠江《とおとうみ》の国（静岡県西部）に差しかかった。

歌枕として有名な「小夜の中山《さやのなかやま》」なども、越えることは越えたのだろうが、何分《なにぶん》にも気分が悪くてずっと車の中で臥《ふ》せっていたので、そこを越えた記憶は残っていない。ちなみに、「甲斐《かひ》が嶺《ね》をさやにも見《み》しかけけれなく横《よこ》ほり臥《ふ》せる小夜《さや》の中山《なかやま》」という『古今和歌集』の東歌《あずまうた》がある。甲斐の国の山をこの目で見たいのだが、「けけれなく」つまり「心なく」も小夜の中山が横たわって、視界を遮っていることだ、という意味である。私は、「けけれなく」（正気もなく）車の中で横たわっていたので、目の前の小夜の中山ですらも見届けられなかった次第である。

「天ちう《てんちゅう》」という川（天中川、天龍川）があった。私がひどく苦しがるので、その川のほとりに、父親は仮の小屋を作ってくれ、そこに何日か滞在して、移動するのを中断してくれた。その小屋で養生《ようじょう》しているうちに、やっとのことで私の体調も快方に向かった。気分がよくなって感覚が戻ってみると、川風が肌を刺すように激しく、吹き付けてきた。季節は既に、冬の深まる頃となっていたのである。これ以上ここに留まり、いたずらに時間を過ごすのは、耐えがたく感じられた。

私の病気のために時間を無駄にしたけれども、やっとのことで「天ちう」の川の渡し場を渡り、「浜名《はまな》の橋」に着いた。この橋は、浜名湖の南の入江を流れる浜名川に架《か》かっている橋である。いや、浜名川に架かっている橋のはずだった。というのは、名前は「浜名の橋」ではあるが、実際には、「橋」の痕跡すら残っていなかったのである。一行の人たちは、橋が消え失《う》せたことに驚いている。私自身、四年前に都から上総の国に下《くだ》って来た時に、一度、ここを通ったに違いないのだが、なにぶん物心のつく以前のことゆえ、ほとんど記憶に残っていない。だが、皆が口々に昔の事を思い出しているのを聞いていて、おぼろに思い出したのだが、四年前には、木の皮を剝《は》いできれいに製材した木ではなく、山から切りだしてきたままの木の皮が付《つ》いた丸太で「浜名の橋」は作られ、架かっていた。一行は、舟に乗って、もとは浜名の橋のあった場所を渡った。

舟の右側は、内海《うちうみ》(浜名湖)。左側には、広い海が見える。遠州灘《えんしゅうなだ》である。「外海《そとうみ》」という言葉通りに、人を寄せ付けない感じで、荒々しい。波も高い。入江の中の州《す》は、高く茂った松原以外には、これと言って取り立てて目に入る物もない。その松原越《ご》しに、沖から波が寄せてきては、また沖へ戻ってゆくのが見えた。波が立てる飛沫は、日の光を反射して色とりどりの玉のように見える。

『古今和歌集』の東歌には、「君《きみ》を置《お》きて徒《あだ》し心《ごころ》を我《わ》が持たば末《すゑ》の松山《まつやま》波《なみ》も越《こ》えなむ」という歌もある。「末の松山」は陸奥《みちのく》の歌枕ではあるが、この浜名の光景はその歌を思い出させた。そう思うと、むしょうに感興が湧いてきて楽しかった。

［評］「ぬまじり」（沼尻）は、所在地が不明である。「小夜の中山」は、「佐夜の中山」とも書き、静岡県掛川市にある峠。

「浜名の橋」は、浜名湖が海に通じる浜名川に架かっていた。現在の浜名湖は、直接に海に通じているが、かつては浜名湖は海とはつながっておらず、浜名湖の南側から流れ出した浜名川が、海に繋がっていたとされる。その浜名川に架かるのが、浜名の橋である。有名な歌枕で、和歌にたくさん詠まれている。『枕草子』の「橋は」の段にも、四つ目に「浜名の橋」が挙がっている。

作者の観察眼の鋭さは、松原越しに砕け散る波を見て、「末の松山を波が越える」というのは、こういう光景を喩えたものだろうと気づいた点にある。

## 14 三河の国の旅

其《そ》れより上《かみ》は、「ゐのはな」と言《い》ふ坂《さか》の、えも言《い》はず侘《わ》びしきを、上《のぼ》りぬれば、三河《みかは》の国《くに》の「高師《たかし》の浜《はま》」と言《い》ふ。「八橋《やつはし》」は、名のみして、橋《はし》の形《かた》も無《な》く、何《なに》の見所《みどころ》も無《な》し。

「二村《ふたむら》の山《やま》」の中《なか》に泊《と》まりたる夜《よ》、大《おほ》きなる柿《かき》の木《き》の下《した》に、庵《いほ》を造《つく》りたれば、夜一夜《よひとよ》、庵《いほ》の上《うへ》に、柿《かき》の落《お》ち掛《か》かりたるを、人々《ひとびと》、拾《ひろ》ひなどす。

「宮路《みやぢ》の山《やま》」と言《い》ふ所《ところ》、越《こ》ゆる程《ほど》、十月晦日《かみなづきつごもり》なるに、紅葉《もみぢ》、散《ち》らで、盛《さか》りなり。

（孝標の女）嵐《あらし》こそ吹《ふ》き来《こ》ざりけれ宮路山《みやぢやま》未だ紅葉葉《もみぢば》の散《ち》らで残《のこ》れる

三河《みかは》と尾張《をはり》となる「しかすがの渡《わた》り」、実《げ》に、思《おも》ひ煩《わづら》ひぬべく、をかし。

【訳】　浜名を越えた西側は、上《のぼ》り坂《ざか》となるが、これが実際に上った者でなければわからないだろうと思えるほどに、辛《つら》かった。ここは「ゐのはな」と言う坂で、車の中の私たちは、ずり落ちないように、ひたすら我慢して、急な坂を上り切った。すると、ここからは、三河《みかわ》の国（愛知県東部）で、「高師《たかし》の浜《はま》」だった。

「三河の国」と聞けば、多くの人は「八橋《やつはし》」を真っ先に思い浮かべるだろう。『伊勢物語』

で、東下りをしている在原業平様が、美しい燕子花《かきつばた》の花に、都に残してきた妻を懐かしく思うという名場面は、あまりにも有名である。今は冬だから、燕子花の花は咲いていないとしても、せめて「蜘蛛手《くもで》」に、八つ架かっているという橋を見届けることはできるだろうと期待していたが、橋らしい物の痕跡は一つもなく、「八橋」とはまさに名ばかりで、名前倒れだった。期待はずれもはなはだしく、面白くないこと、この上もなかった。

「二村《ふたむら》の山《やま》」には、楽しい思い出がある。二村の山の中で夜を明かすことになって、いつものように、仮の小屋を組み立てた。平坦《へいたん》な場所を選んだところ、そこにたまたま大きな柿の木が枝を広げていた。夜《よ》もすがら、小屋の屋根に、どすんどすんと大きな音がするので、そのつど、びっくりして目を覚ます。何の音だろうと不安になったが、外までようすを見に行った者の報告では、何と、柿の実が落ちて屋根に当たっているのだと言う。驚くやら、拍子抜けするやらで、笑いが止まらなかった。朝になると、皆で柿の実を拾い集めて興じたことだった。

「宮路《みやじ》の山《やま》」という所を越えたのは、十月の下旬で、冬も深まりつつあった。ここは紅葉《もみじ》の名所なのだが、時期的にどうだろうかと心配していたが、うれしいことに、紅葉はまだ盛りだった。そこで、久しぶりに和歌を詠んでみた。

（孝標の女）嵐《あらし》こそ吹《ふ》き来《こ》ざりけれ宮路山《みやちやま》未だ紅葉葉《もみちば》の散《ち》らで残《のこ》れる

（冬になってもまだ、この宮路山には見事な紅葉《もみじ》が残っている。ここだけは、美しい紅葉の葉を吹き散らしてしまう無情な嵐が吹き入《い》ってこなかったと見える。美を守り通す大きな袖が、このあたり一帯を包んでくれているのだろう。）

旅を続けて、三河の国と尾張《おわり》の国の国境《くにざかい》に到達した。それが、「しかすがの渡り」である。「しかすが」には、「そうは言うものの」という意味もある。渡らなければならないことは、理屈ではわかっている。「そうは言っても」、人間の心は、理屈だけでは動かない。渡ろうか渡るまいか、このまま行こうか行くまいかで思案し、心を決めかねて悩むのである。私も、本当に、渡るべきかどうかで迷ってしまいそうな気持ちになって、面白かった。

【評】「ゐのはな」（猪の鼻）は、湖西《こさい》市新居《あらい》近辺。三河の国の「高師の浜」は、現在の豊橋市の東部である。ちなみに、『小倉百人一首』の「音に聞く高師の浜のあだ波はかけじや袖の濡れもこそすれ」は、和泉《いずみ》の国の「高師の浜」である。「八橋」で、作者は物語への幻想を打ち砕かれた。こんなことでは、都に上ってからも、作者の物語探求は難航しそうな予感が漂う。

「二村の山」は、岡崎市とも豊明《とよあけ》市ともされる。それにしても、ここで「柿」に触れているのは、珍しい。『枕草子』の「木は」の段にも触れられているが、『更級日記』の記述は詳細であり、どことなく近世文学にも通じる俳味が感じられる。

「宮路の山」は、豊川市の山。作者がこの時に詠んだ歌は、十四番目の勅撰和歌集である『玉葉《ぎょくよう》和歌集』にも選ばれている。鎌倉時代に書かれた阿仏尼《あぶつに》の『十六夜《いざよい》日記』にも、宮路山の紅葉が詠まれているが、朽葉色《くちばいろ》の紅葉を「青地《あおじ》の錦《にしき》」に喩えているのが個性的である。

「しかすがの渡り」の叙述は、「行《ゆ》けば有《あ》り行《ゆ》かねば苦《くる》ししかすがの渡《わた》りに来《き》てぞ思《おも》ひ煩《わづら》ふ」（中務《なかつかさ》）という歌を踏まえている。「ここから先へ行けば、心は平静でいられる。行かなければ、心は苦しむ。そうはわかっていても、このしかすがの渡りを渡るのには躊躇《ちゅうちょ》してしまう」という意味である。

## 15　恐るべき満ち潮と、足柄幻影

尾張《をはり》の国《くに》、「鳴海《なるみ》の浦《うら》」を過《す》ぐるに、夕潮《ゆふしほ》、唯満《ただみ》ちに満《み》ちて、今宵《こよひ》、宿《やど》らむも、中間《ちゆうげん》に、（同行の人々）「潮《しほ》、満《み》ち来《き》なば、此処《ここ》をも過《す》ぎじ」と、有《あ》る限《かぎ》り、走《はし》り惑《まど》ひ過《す》ぎぬ。

美濃《みの》の国《くに》に成《な》る境《さかひ》に、「墨俣《すのまた》」と言《い》ふ渡《わた》りして、「野上《のがみ》」と言《い》ふ所《ところ》に着《つ》きぬ。其処《そこ》に、遊女《あそび》ども、出《い》で来《き》て、夜一夜《よひとよ》、歌謡《うた》、歌《うた》ふにも、「足柄《あしがら》」なりし、思《おも》ひ出《い》でられて、哀《あは》れに、恋《こひ》しき事《こと》、限《かぎ》り無《な》し。

［訳］「しかすがの渡り」を渡って、尾張《おわり》の国（愛知県西部）に入った。「鳴海《なるみ》の浦」は、潮の満干《みちひ》の落差が大きい難所である。私たち一行が、「鳴海の浦」に差しかかったのは、夕方だった。折《おり》しも、夕潮がひたひたと押し寄せてきた。すると、それまでは浜辺であった所が、あっという間に、海の水の下に隠れてしまう。そろそろ、今晩の宿泊地を決めなければならない時間帯なのだが、今いる場所はあまりにも中途半端である。人々は、「急げ、急げ。今我々が進んでいる速さのままだと、潮に道をふさがれてしまって、この浦を通り抜けることさえ、できなくなるぞ」と大騒ぎして、全員が大急ぎで、押し寄せる潮に

追いつかれないように慌《あわ》てて、ここを走り抜けた。

尾張の国と美濃《みの》の国（岐阜県南部）との境には、「墨俣《すのまた》」（岐阜県大垣市）という渡し場があり、そこを渡って「野上《のがみ》」（岐阜県関ヶ原町）という所に着いた。ここには、遊女《あそびめ》がたくさんいるらしい。一行の男たちが宿っている所にも、遊女たちがやって来て、夜通《よどお》し、歌を歌ったりしている。その声を聞いていると、あの足柄山の闇から現れて、闇の中に消えていった三人の遊女のことが思い出されてならない。ああ、それにしてもきれいな女性だったな、空に澄み上るような見事な歌声だったな、などと懐旧にひたっているうちに、もう一度彼女たちと会いたくなって、困った。もう私たちの旅は、東国までは戻れないのだ。


［評］　鎌倉時代の『東関紀行《とうかんきこう》』に、鳴海潟を潮が満ちてこないうちに急いで通る、という意味の歌が載っている。

「野上」は、謡曲『班女《はんじょ》』で名高い。遊女の「花子《はなご》」が、「吉田の少将」からもらった形見の「扇」に、重要な役割を持たせている。

それにしても、『更級日記』を読みながら痛感するのは、「地方から都へと向かう旅」を描いた面白さである。むろん、これは、紀貫之《きのつらゆき》の『土佐日記』に先例があるので、それに倣《なら》ったのかもしれない。しかも、『土佐日記』は、国司の任期を終えての旅であった。ただし、東海道の旅は、『伊勢物語』の「東下り」以来、中世の日記紀行文学も含めて、ほとんどは「都から関東へ」という旅を描いている。その中で、『更級日記』は「物語を求める旅」というテーマを鮮明にすべく、関東から都へという「上京の旅」を描き切った。そこに、『更級日記』の新鮮さがある。

## 16 晴れやらぬ雪の逗留《とうりゆう》

雪《ゆき》、降《ふ》り、荒《あ》れ惑《まど》ふに、物《もの》の興《きよう》も無《な》くて、「不破《ふは》の関《せき》」、「あつみの山」など越《こ》えて、近江《あふみ》の国《くに》、「息長《おきなが》」と言《い》ふ人《ひと》の家《いへ》に宿《やど》りて、四日《よか》・五日《いつか》、有《あ》り。「みつさかの山《やま》」の麓《ふもと》に、夜《よる》・昼《ひる》、時雨《しぐれ》・霰《あられ》、降《ふ》り乱《みだ》れて、日《ひ》の光《ひかり》も、明《さや》かならず、いみじう物難《ものむつか》し。

其処《そこ》を立《た》ちて、「犬上《いぬかみ》」・「神崎《かんざき》」・「野洲《やす》」・「栗太《くるもと》」など言《い》ふ所々《ところどころ》、何《なに》と無《な》く、過《す》ぎぬ。湖《みづうみ》の面《おもて》、遥々《はるばる》として、「なで島《しま》」・「竹生島《ちくぶしま》」など言《い》ふ所《ところ》の見《み》えたる、いと面白《おもしろ》し。瀬田《せた》の橋《はし》、皆《みな》、崩《くづ》れて、渡《わた》り煩《わづら》ふ。

［訳］　美濃の国を旅した頃には、十一月に入っていた。雪が降る。それも、ただ「降る」というよりは、「降り乱れる」と形容したほうがよいくらいの激しい降り方である。風が激しく吹くので、雪も降り乱れるのだろう。私たちは、名所を味わう心のゆとりなど、とうに消え失せている。歌枕として有名な「不破《ふわ》の関《せき》」（岐阜県関ヶ原町）も、ただ、越えたという記憶しか残っていない。また、美濃の国では、確か「あつみの山」という山も越えたはずである。

近江の国（滋賀県）に入ると、父と親しい「息長《おきなが》」という人のお屋敷に招かれ、そこで四、五日を過ごした。これまでは、仮の小屋で泊まっていたので、お屋敷で心身《しんしん》共にくつろぐことができたのはありがたかった。

「息長《おきなが》」と言えば、有名な古歌がある。「鳰鳥《にほどり》の息長川《おきながかは》は絶《た》えぬとも君《きみ》に語《かた》らむ言尽《ことつ》きめやも」という歌である。確かに、お屋敷の中では、私たちは語り尽くせぬほどの楽しい滞在をすることができた。

ただし、そのお屋敷は、「みつさかの山」の麓にあったので、夜となく昼となく降り続く時雨《しぐれ》や霰《あられ》が、山から吹き下ろす激しい風にあおられて、降り乱れている。昼間でも、お日様の光がみえないほどの暗さだったので、それを息長家《おきながけ》の部屋から見ている私たちの心は、はなはだうっとうしかった。

そこを出発して、「犬上《いぬかみ》」（犬上郡）・「神崎《かんざき》」（東近江市）・「野洲《やす》」（野洲市）・「栗太《くるもと》」（大津市）などの所々を過ぎた。それらの場所については、これと言って、書き記すような思い出はない。早く都に着きたいという気持ちが、皆の先に立っていた。

琵琶湖の水面が、はるばると遠くまで広がっていた。その中に、いくつか島が見えた。名前を聞くと、「あれが、なで島《しま》」「あそこが、竹生島《ちくぶしま》」などと教えてくれた。この光景には、心ひかれるものがあった。

ところが、瀬田の唐橋に差しかかると、完全に朽ち果てていたので、一行が渡りきるのに、はなはだ難渋した。

［評］「瀬田の唐橋」が出てきた。「竹芝寺」の伝説では、武蔵の男はいともやすやすと飛び越えたけれども、作者たち一行はとてもそんなことはできなかった。伝説の中で、追っ手の人たちが、瀬田の唐橋を改修して渡るのに三か月を

要したとされていたのも、納得できたことだろう。

「不破《ふは》の関《せき》」と「あつみの山」は、実際に通過した順序は、逆である。これは、「不破」（やぶれない）という言葉から、既に通過していた「あつみの山」を連想したからだろう。「破れない」のは「厚み」のある紙だから、という言葉遊びである。

「息長《おきなが》」氏は、作者の父親と親しかったのだろう。歓待《かんたい》してくれた。息長一族は、近江の国の坂田郡を本拠としていた。そのあたりから見える山と言えば、「伊吹山《いぶきやま》」だろう。「伊吹」は「息吹《いぶき》」にも通じるから、「息長」という苗字とよく似合う。ただし、『更級日記』では「みつさかの山」とある。この「みつさかの山」は、所在地が未詳である。ここまで都が近くなって、所在地不明の山があるのだろうか。

それで、推測をたくましくしたい。もう少し都に近づくと、「近江富士《おうみふじ》」と呼ばれる「三上山《みかみやま》」がある。「みかみの」という四文字を、「みつさか」と写し間違える可能性は皆無ではないだろう。このあたり、作者の記憶は混乱している。「いぶきの山」と書こうとして、「みかみの山」となり、それが藤原定家以前の段階で「あつみの山」となっていた可能性も、絶無ではない。

琵琶湖に浮かぶ「竹生島」は有名だが、「なで島」は未詳である。現在の「多景島」（たけしま・たけいしま）とする説が有力である。

## 17 来迎《らいごう》の神秘

「粟津《あはづ》」に留《とど》まりて、師走《しはす》の二日《ふつか》、京《きやう》に入《い》る。暗《くら》く行《い》き着《つ》くべくと、申《さる》の時許《ときばか》りに、立《た》ちて行《ゆ》けば、「関《せき》」近《ちか》く成《な》りて、山面《やまづら》に、仮初《かりそめ》なる切懸《きりかけ》と言《い》ふ物《もの》、為《し》たる上《かみ》より、丈六《ちやうろく》の仏《ほとけ》の、未《いま》だ粗造《あらづく》りに御座《おは》するが、顔《かほ》ばかり、見遣《みや》られたり。（孝標の女）「哀《あは》れに、人離《ひとはな》れて、何処《いづこ》とも無《な》くて御座《おは》する仏《ほとけ》かな」と、打《う》ち見遣《みや》りて、過《す》ぎぬ。

幾許《ここら》の国々《くにぐに》を過《す》ぎぬるに、駿河《するが》の「清見《きよみ》が関《せき》」と、「逢坂《あふさか》の関《せき》」とばかりは、無《な》かりけり。

いと暗《くら》く成《な》りて、三条《さんでう》の宮《みや》の西《にし》なる所《ところ》に、着《つ》きぬ。

［訳］　瀬田の唐橋を、やっとのことで渡り終えて、「粟津《あわづ》」（大津市）に留《とど》まり、そこで

都に入るのにふさわしい吉日を待った。そして、いよいよ、長かった旅も、最後の日となった。十二月二日、私は夢にまで見た京の都に入ったのである。

「都に入るのは、夜がよい」と言われているようなので、私たちも、暗くなってから到着するように、出発時間を遅らせて、「申《さる》の時《とき》」（午後四時頃）くらいに、粟津を後《あと》にした。まもなく、山城《やましろ》の国（京都府）との境である「逢坂《おうさか》の関《せき》」に差しかかるというあたりで、まことに思いがけない光景を見た。逢坂山のそばに、簡単な作りの板塀《いたべい》が作られており、一《いち》丈六尺《じょうろくしゃく》（約五メートル）の大きさの仏様が、まだ完成しておられないのだが、お顔の部分だけははっきりと拝み申し上げることができた。

父親たちから、「あれは、関寺《せきでら》の弥勒菩薩様《みろくぼさつさま》だ。二年前から作られているが、できあがるまで、あと二年くらいはかかるそうだ」と教わった。私は、「何だか、人のいないところにぽつねんと、所在なさそうに立っていらっしゃる仏様であること。誰も、お参りに来る人がいないのだろうか」などという思いが、ちらっと心を掠《かす》めただけで、そこを過ぎてしまった。

こうして、今、十三歳の私の三か月の旅が終わろうとしている。上総《かずさ》の国から都まで、たくさんの国々を通ってきた。下総《しもつさ》、武蔵《むさし》、相模《さがみ》、駿河《するが》、遠江《とおとうみ》、三河《みかわ》、尾張《おわり》、美濃《みの》、近江《おうみ》・山城《やましろ》。本当に、「東路《あずまじ》の道の果《は》て」のさらに奥から、私は都までやってきたのだ。その途中で見てきた名所の数々、耳にしてきた伝承を思い出していた。すると、二つの場所が、都を直前にした私の心の中に浮かび上がってきた。

一つは、駿河の国の「清見《きよみ》が関《せき》」の雄大な景色。神様たちが集《つど》う富士山の頂から立ち上る噴煙と、海から寄せてくる潮煙《しおけぶり》とが、「煙比《けぶりくら》べ」をしていた。お父様たちのような「国司」の運命を決定する大きな力を、神様はお持ちなのだ。神様たちの伝説は、物語のようで、私の心を強く捉えた。

そして、もう一つ。逢坂の関の近くで拝見した、作りかけの仏様のお顔。拝見した瞬間には、深く考えもせずに通り過ぎたが、都が間近になった今、唐突に、旅立ちの時の記憶が蘇ってきた。私は上総の国で、薬師の仏様をお見捨て申し上げたのだった。そのことが悲しくて、泣き崩れたのだが、この三か月の苦しい旅で、その悲しさをすっかり忘れていた。仏様は、私たちの先回りをして、都までお出《い》でになって、待ち受けていてくださっていたのに、逢坂山では、そのことに気づかなかった。まことに申しわけないことだった。

神様と仏様。この二つを胸に、私は「都の人」となった。これから、どんな人生が、私の前に開けるのだろうか。夢にまで見た物語は、いつ、読めるのだろうか。物語と、神様・仏様とを結び合わせるのは、どのような「糸」なのだろうか。

さまざまな思いに没頭しているうちに、日はすっかり落ちて、あたりは暗くなった。都は三条、修子《しゅうし》内親王様（一条天皇様の第一皇女）のお屋敷の西隣に、私たちの住まいはあった。

【評】　十三歳の少女の「大いなる旅」は、かくて終わった。『源氏物語』では、紫の上が光源氏と「新枕《にいまくら》」で結ばれたのが、十四歳。明石の姫君（後の「明石の中《ちゅう》宮《ぐう》」）が入内《じゅだい》したのが、十一歳。女三の宮が光源氏の正妻となったのが、推定で十四、五歳。藤壺が桐壺帝に入内したのが、十六歳。

菅原孝標女には、これから、どんな「大人の人生」が待ち受けているのだろうか。

なお、「修子内親王」は、「脩子」とも表記する。藤原定家の考証には、作者の着いたのは「一品脩子内親王」の屋敷の西隣であった、とある。また、定家筆の『更級日記』では、「京」は「亰」と書かれている。

# II

## 広壮な屋敷で紡がれる夢……物語愛《め》づる少女

十三歳から十七歳

### 18 物語への飢渇感と、焼け石に水

広々《ひろびろ》と荒《あ》れたる所《ところ》の、過《す》ぎ来《き》つる山々《やまやま》にも劣《おと》らず、大《おほ》きに、恐《おそ》ろし気《げ》なる深山木《みやまぎ》どもの様《やう》にて、都《みやこ》の内《うち》とも見《み》えぬ、所《ところ》の様《さま》なり。有《あ》りも付《つ》かず、いみじう物騒《ものさわ》がしけれども、（孝標の女）「何時《いつ》しか」と思《おも》ひし事《こと》なれば、（孝標の女）「物語《ものがたり》、求《もと》めて、見《み》せよ。物語《ものがたり》、求《もと》めて、見《み》せよ」と、母《はは》を責《せ》むれば、三条《さんでう》の宮《みや》に、親族《しぞく》なる人《ひと》の、「衛門《ゑもん》の命婦《みやうぶ》」とて候《さぶら》ひける、尋《たづ》ねて、文《ふみ》、遣《や》りたれば、珍《めづら》しがりて、喜《よろこ》びて、（衛門の命婦）「御前《おまへ》のを、下《お》ろしたる」とて、態《わざ》と、めでたき草子《さうし》ども、硯《すずり》の箱《はこ》の蓋《ふた》に入《い》れて、遣《おこ》せたり。嬉《うれ》しく、いみじくて、夜《よる》・昼《ひる》、此《これ》を見《み》るより、打《う》ち始《はじ》め、又々《またまた》も、見《み》まほしきに、有《あ》りも付《つ》かぬ都《みやこ》の辺《ほと》りに、誰《たれ》かは、物語《ものがたり》、求《もと》め見《み》する人《ひと》の、有《あ》らむ。

［訳］ 私たちが三か月の旅の末に到着した都の家は、たいそう敷地が広いのだが、ほとんど手入れをしていないので、庭に植えてあるたくさんの木々が伸び放題だった。「前栽《せんざい》」などという優美な生え方《はかた》ではない。第一印象は、ひどく荒れ果てているな、というものだった。旅の途中では、大木が鬱蒼《うっそう》と生《お》い茂り、光が遮《さえぎ》られて暗く、恐ろしく感じられる足柄山《あしがらやま》などの山々を越えてきた。そのような光景を思い出させる雰囲気なのである。「これでは、深山幽谷《しんざんゆうこく》ではないか。花の都の中に、どうしてこのような場所があるのだろうか」と不思議に思うほどのありさまだった。

この家に荷物を下ろしたものの、まだ片づけも終わらず、日常生活が本格的に開始するには、かなりの時間と手間が必要なようだった。人々も、慌《あわ》ただしく右往左往《うおうさおう》している。だからといって、私が手をこまねいていたわけではない。この日をどれほど待っていたことか。都への旅は、「物語を読みたい」という私の心からの願いを、仏様が叶えてくださった結果だった。上総の国で物心がついた時から、私の心の中には、物語への激しい渇きがあった。喉の渇いた人がしきりに水を飲みたがるように、私の心は物語を渇望していたのである。私が都に着いた寛仁《かんにん》四年（一〇二〇）には、十二月の次に「閏十二月《うるう》」があったので、できることならば年内にも物語を目にしたかった。

京都の屋敷では、上総の国には同行しなかった母親が、留守を守りながら、私たちの帰りを待っていた。四年ぶりの再会ではあったが、挨拶もそこそこに、「お母様、どこかから物語を借りてきて。読みたいの。本当に読みたいのよ。とにかく物語を持っている人を見つけて、その人から、借りてきてちょうだい」とせびって、母親を困らせた。

と言うのは、私にも私なりの「あて」はあったからだ。私の母親には、男兄弟も、女姉妹もたくさんいて、その中には有名な歌人もいる。中でも、母の異母姉は、私にとっては伯母《おば》様になるわけで、藤原氏の第一人者（「氏《うじ》の長者《ちょうじゃ》」）である藤原兼家《かねいえ》様の側室となられて、『蜻蛉日記《かげろうにっき》』という素晴らしい日記をお書きになった方である。母には物語を借りてくる「つて」は、たくさんあるはずなのだ。もっとも、そことの往来は不首尾だったようなのだが。

私たちの家の東隣《ひがしどなり》は、「三条の宮」と言って、修子《しゅうし》（脩子とも）内親王様のお屋敷だった。内親王様のお父様は一条天皇様で、中宮から皇后におなりになった定子《ていし》様がお母様である。定子様にお仕えした清少納言という人は、『枕草子』という斬新な散文集を書いたそうだ。お母様の定子様は早くにお亡《な》くなりになったけれども、修子内親王様は朝廷から重きを置かれていらっしゃるということである。長和《ちょうわ》二年（一〇一三）から、「一品《いっぽん》の宮《みや》」という皇族でも最高の位階を授かって、この三条の宮に移られた。

この三条の宮に、私たちの親類に当たる女性が、「衛門《えもん》の命婦《みょうぶ》」という女房名《にょうぼうめい》で、宮仕《みやづか》えをしている。その人に、狙いを付けた母親が、「物語を読みたがっている娘がおりますのですが」という手紙を出したところ、「珍しい便りだこと」と大喜びして、機敏に動いてくれた。そして、（衛門の命婦）「よくお願いしましたら、修子内親王様が、お手持ちの貴重な物語をわざわざ分けてくださったのですよ。お受けなさい」と言って、きれいな硯箱《すずりばこ》の蓋《ふた》に入れて、贈ってくれた。その中には、紙を綴《と》じた美しい草子類《そうしるい》が、入っているではないか。それを目にした時の嬉しさと言ったら、言葉にならないほどだった。

夜も、昼も、私は、三条の宮様から拝領《はいりょう》した物語を、むさぼるように読んだ。物語を読みたいという熱を鎮《しず》めてくれる水であるかのように、物語の文章は私の心に沁《し》み入《い》った。繰り返し繰り返し、何度も読んだ。すると、またまた、別の物語が読みたくなった。衛門の命婦がもたらした幾つかの物語は、私の物語熱を冷ますどころか、むしろ物語熱をいやがうえにも高めるきっかけとなったのだ。

それで、母親に、「物語を見せてくれる、別の人を捜してよ」とせびるのだが、母親を除く一家の者たちが上京してまもなくの混乱期でもあり、愛蔵する物語をわざわざ見せてあげようという奇特な人が、どうしてそう簡単に、しかも相次いで、高貴なお方の周辺から見つかることがあろうか。私の物語への渇きは、都へ着いてからも、ずっと続いたのだった。

［評］「物語」は、高貴な女性の文化サロンで愛読され、秘蔵されたものだった。そこにしか、「物語」はない。だから、物語の探求は、困難を極める。

作者が落ちついた邸宅は、東隣も西隣も、内親王のお屋敷だった。作者の（というよりは父親である菅原孝標の）邸宅は、「竹三条《たけさんじょう》」と呼ばれた、由緒ある居宅だったとする説がある。竹三条は、『枕草子』で、定子が出産のために滞在した「大進生昌《だいじんなりまさ》」（平生昌）の家でもあった。この竹三条を、定子の娘である修子内親王の住まい（三条の宮）とする説もある。『更級日記』と『枕草子』には、近接性が高い。

## 19　継母との別れ

継母《ままはは》なりし人《ひと》は、宮仕《みやづか》へせしが、下《くだ》りしなれば、思《おも》ひしにあらぬ事《こと》どもなど有《あ》りて、世《よ》の中《なか》、恨《うら》めし気《げ》にて、外《ほか》に渡《わた》るとて、五《いつ》つばかりなる児《ちご》どもなどして、（継母）「哀《あは》れなりつる心《こころ》の程《ほど》なむ、忘《わす》れむ世《よ》、有《あ》るまじき」など言《い》ひて、梅《むめ》の木《き》の、端近《つまちか》くて、いと大《おほ》きなるを、（継母）「此《これ》が花《はな》の咲《さ》かむ折《をり》は、来《こ》むよ」と言《い》ひ置《お》きて、渡《わた》りぬるを、心《こころ》の中《うち》に、（孝標の女）「恋《こひ》しく、哀《あは》れなり」と思《おも》ひつつ、忍《しの》び音《ね》をのみ泣《な》きて、其《そ》の年《とし》も、返《かへ》りぬ。（孝標の女）「何時《いつ》しか、梅《むめ》咲《さ》かなむ。（継母）『来《こ》む』と有《あ》りしを。然《さ》や、有《あ》る」と、目《め》を掛《か》けて、待《ま》ち渡《わた》るに、花《はな》も、皆《みな》、咲《さ》きぬれど、音《おと》もせず。思《おも》ひ侘《わ》びて、花《はな》を折《を》りて、遣《や》る。

（孝標の女）頼《たの》めしを猶《なほ》や待《ま》つべき霜枯《しもが》れし梅《むめ》をも春《はる》は忘《わす》れざりけり

と、言《い》ひ遣《や》りたれば、哀《あは》れなる事《こと》ども、書《か》きて、

（継母）猶頼《なほたの》め梅《むめ》の立《た》ち枝《え》は契《ちぎ》り置《お》かぬ思《おも》ひの外《ほか》の人《ひと》も訪《と》ふなり

［訳］　私が上総の国から上京してきた十三歳の年の暮れには、悲しい出来事があった。
四年前に父親が上総の国に赴任する際に、私の母親は都で家を守るために残り、はるかな

東国までは、継母《ままはは》が着いてきてくれた。その継母が、どうにも父親と夫婦仲がうまくゆかなくなったとかで、都に戻ってきてすぐに、家を出てゆくことになったのだ。

この継母は、和歌が上手《じょうず》だったし、私の憧れの『源氏物語』とも深い結びつきがあった。継母は高階《たかしな》家の生まれなのだが、彼女の父親の弟に当たる高階成章《たかしなのしげあきら》様は、何と『源氏物語』を書き上げた紫式部の娘「大弐《だいに》の三位《さんみ》」様を妻としておられたのである。だから、上総での四年間、物語への憧れを育んでいた私にとって、継母との語らいは格別に大切なものだった。

継母は、上総の国に下る以前は、さる高貴なお屋敷で宮仕えをしていた。華やかな世界から、突然に鄙《ひな》びた辺境へと移り住んだので、いろいろと悩みもあったのだろう。帰京した後も、私の父親との夫婦生活の未来に、悲観的な思いを強くしたのだと思われる。ともかく、夫婦関係の内実は、私のような子どもには理解できないのだが、結局、継母は幼い五歳くらいの子どもや、自分付きの女房などを連れて、家を出ることになったのである。

家を去る際に、継母は私に向かって、「あなたと暮らした日々は、楽しかったですよ。生《な》さぬ仲《なか》である私とも、親身に接してくれて、心から感謝しています。あなたの優しいお心は、これからもずっと、一生忘れることはないでしょう」と言ってくれた。

その時、別れの挨拶を交《か》わしている部屋近くの軒先に、大きな梅の木があった。その木に、継母は目を止《と》めた。そして、「この梅の木は、あなたたち菅原家《すがわらけ》の方々《かたがた》にとっては、道真公《みちざねこう》以来、特別に大切なものですよね。今は冬なので、枯木《かれき》のようになっているこの梅の木にも、春が来たら厳しい寒さに負けずに、きれいな花が咲くことでしょう。あなたの私に寄せてくれた好意は、辛《つら》いことの多かったこの家での暮らしの中で、ただ一つの温《あたた》かい思い出でしたよ。この梅の花が咲く頃に、花を拝見させてもらえませんかという口実で、あなたに会いに来ることにしましょう」と言い残して、新しい家へと移っていった。

私は、父親や母親に遠慮して、言葉には出さなかったけれども、この継母が好きだったので、これからも同じ家で暮らして、物語や和歌や、華やかな宮仕えの話をしてほしかった。それで、心の中では、「ああ、何とも悲しいし、懐かしい。こちらから会いに行きたいくらいだ」と思いながらも、そうはできないので、母親たちの目を盗んで、一人でいる時には涙を流したりして、梅の花が咲く日をひたすら待った。

そうこうするうちに、その年が暮れ、新しい年が始まった。十四歳となった私が考えていたのは、「早く、梅の花が咲かないかな。花が咲いたら会いに来てくれる、と継母は確かに私と約束した。その約束を守ってくれるのかどうか、知りたい」ということばかりだった。軒近くの梅の花には、「早く蕾《つぼみ》をふくらませて、咲いてほしい」と願いを掛けつつ、何度も梅の花の状況を確認するのだった。私の願いに応《こた》えて、梅の花は開き、馥郁《ふくいく》と香《かお》った。この香りは、遠くにある継母の新しい家にまで漂うのではないか、と思われた。

一輪が開き、二輪・三輪と開き、とうとうすべての蕾が花開いた。それなのに、継母からは、何の連絡もない。「いったい、どうしたのだろう。我《わ》が家《や》の梅の花が咲いたことを知らないのだろうか。ならば、こちらから教えてあげよう」と思いあぐねて、便りを出した。見事な梅の枝を一つ、折り取って、そこに和歌を書き記した手紙を結びつけた。継母は、歌人としても知られていたので、歌の力で訴えようと思ったのである。

（孝標の女）頼《たの》めしを猶《なほ》や待《ま》つべき霜枯《しもが》れし梅《むめ》をも春《はる》は忘《わす》れざりけり

（あなたは、この梅の花が咲く季節になったら、必ず会いに来ますと約束してくれました。私は、その言葉を信じて、楽しみに待っていたのです。枯木だった梅の枝は、今ではこんなに見事な花を咲かせてくれました。春は、訪れてくれたのに、あなたの訪れはないのですか。枯木のような私の心に、喜びの花を咲かせてくださいな。）

継母からの手紙には、歌の返しだけでなく、こまごまと文章で、会いに来られない詫《わ》び言《ごと》が綴られていた。文面からは、私と会いたいという気持ちが感じられて、胸を打たれた。

それでも来られないからには、よほどの大人の事情があるのだろう。継母からの返歌は、次のように凝《こ》った歌だった。

（継母）猶頼《なほたの》め梅《むめ》の立《た》ち枝《え》は契《ちぎ》り置《お》かぬ思《おも》ひの外《ほか》の人《ひと》も訪《と》ふなり

（今はまだ、会いたくても会えません。でも、もう少し、私の言葉を信じて待っていてください。あなたから贈っていただいた梅の立《た》ち枝《え》は、えも言われぬ良い匂いがします。この匂いに引き寄せられて、私ではなくて、予想もしなかった人が、立派に成長したあなたに引き寄せられて、会いに来てくださるかもしれませんよ。）

継母の歌は、さすがに歌人だけのことはあって、『拾遺和歌集』の「我《わ》が宿《やど》の梅《むめ》の立《た》ち枝《え》や見《み》えつらむ思《おも》ひの外《ほか》に君《きみ》が来《き》ませる」（平兼盛《たいらのかねもり》）という古歌を踏まえていると、年輩の者が教えてくれた。第五句の「人《ひと》も訪《と》ふなり」の「訪《と》ふ」には、道真公をめぐる伝説で有名な「飛《と》び梅《うめ》」の「飛《と》ぶ」も懸詞《かけことば》になっている。和歌についての私の教養が験《ため》されているかのようだった。

継母は、「自分は行けませんが、替わりに、とても良い人があなたを訪れますよ」と言ってきた。それが、男の人からの求婚を仄《ほの》めかしているのだろうとは、何となく理解できた。継母は、私が物語に憧れていることを知っているから、物語から脱けだしてきたような貴公子が現れますよ、と言ってくれているのだろう。

ところが、実際には、悲しい報《しら》せが二つ、それも連続して、私の前に訪れたのだった。

［評］　作者は、十四歳。寛仁五年（治安《じあん》元年、一〇二一）も、悪疫《あくえき》が流行していた。

「継母」について、定家の考証では、菅原孝標が上総の国を拝命した時に結婚したことと、『後拾遺和歌集《ごしゅういわかしゅう》』以下に和歌が選ばれた「勅撰歌人《ちょくせんかじん》」であることが記されている。この「継母」が菅原孝標の正妻だったとする説もある。彼女は、後に、後一条天皇《ごいちじょうてんのう》の中宮である威子《いし》（藤原道長の娘）に、宮仕えした。

『枕草子』の「虫は」の段には、蓑虫《みのむし》をめぐる哀切なエピソードがある。親は、子どもの蓑虫を捨てたのだが、去り際《ぎわ》に「秋風が吹く頃に来るよ」と嘘を言った。蓑虫は、親の言葉を信じて待ち続け、秋風が吹くと「父よ、父よ」と鳴く、という話である。『更級日記』では、作者が「蓑虫」の立場で、「継母《はは》よ、継母《はは》よ」と泣いている。

『源氏物語』末摘花《すえつむはな》巻には、「紅《くれなゐ》の花《はな》ぞあやなく疎《うと》まるる梅《むめ》の立《た》ち枝《え》は懐《なつ》かしけれど」という光源氏の和歌がある。ここに、「梅の立ち枝」という言葉が見られる。光源氏は、「梅の木のきれいな立ち枝に咲いている花には、心ひかれるけれども、人間の赤い鼻は、どうにも好きになれないな」と、鼻の赤い末摘花の容貌をからかっている。菅原孝標女は、『源氏物語』全巻を通読した時、この歌と出会ったことだろう。そして、自分に好意を寄せてくれていると信じていた継母が、自分を末摘花のように軽視していたことに気づいたかもしれない。

## 20　相次いだ春の訃報《ふほう》

其《そ》の春《はる》、世《よ》の中《なか》、いみじう騒《さわ》がしうて、「まつさと」の渡《わた》りの月影《つきかげ》、哀《あは》れに見《み》し乳母《めのと》も、三月朔日《やよひついたち》に亡《な》くなりぬ。為《せ》む方無《かたな》く思《おも》ひ嘆《なげ》くに、物語《ものがたり》の床《ゆか》しさも、覚《おぼ》えず成《な》りぬ。いみじく泣《な》き暮《く》らして、見出《みい》だしたれば、夕日《ゆふひ》の、いと華《はな》やかに差《さ》したるに、桜《さくら》の花《はな》、残《のこ》り無《な》く、散《ち》り乱《みだ》る。

（孝標の女）散《ち》る花《はな》も又来《またこ》む春《はる》は見《み》もや為《せ》むやがて別《わか》れし人《ひと》ぞ恋《こひ》しき

又《また》、聞《き》けば、侍従《じじゅう》の大納言《だいなごん》の御娘《みむすめ》、亡《な》くなり給《たま》ひぬなり。殿《との》の中将《ちゅうじゃう》の思《おぼ》し嘆《なげ》くなる様《さま》、我《わ》が、物《もの》の悲《かな》しき折《をり》なれば、いみじく哀《あは》れなりと聞《き》く。上《のぼ》り着《つ》きたりし時《とき》、（姫君）「此《これ》、手本《てほん》にせよ」とて、此《こ》の姫君《ひめぎみ》の御手《おんて》跡《と》を取らせたりしを、（姫君）「小夜更《さよふ》けて寝覚《ねざ》めざりせば」など書《か》きて、（姫君）「鳥辺山谷《とりべやまたに》に煙《けぶり》の燃《も》え立《た》たば儚《はかな》く見《み》えし我《われ》と知《し》らなむ」と、言《い》ひ知らず、をかし気《げ》に、めでたく書《か》き給《たま》へるを見《み》て、いとど涙《なみだ》を添《そ》へ増《ま》さる。

［訳］予想もしなかった「春の訪れ」は、二人の女性との死別だった。

その年の春は、恐ろしい疫病《えきびょう》が大流行して、都の人々を震え上がらせていた。三月の上旬には、乳母《めのと》が亡くなった。去年の九月、上総の国を発《た》つ頃に子を宿していて、旅の途中で出産したので、私たち一行とは別の行動を余儀なくされ、「まつさと」の渡りで月の光に照らされて臥せっていたのを見舞った、あの乳母である。見舞った私も、見舞われた乳母も、一つ涙にくれたあの夜から、まだ半年しか経《た》っていない。乳母は、産後の肥立《ひだ》ちが悪くて、流行病に勝てなかったのだろう。身近な人の死に接すると、物語への憧れさえも薄れてしまい、一日中、泣き通しだった。泣き疲れて、ふと部屋の外に目を転じると、夕日が、ぱあーっと明るく差している。赤い光を浴びながら、桜の花びらという花びらが枝から離れ落ちて、風にもまれて飛び交《か》っている。乳母の命も、この世という木の枝から落ちて、どこかへと飛んでいったのである。私は次のような歌を詠んで、乳母に手向《たむ》けた。

（孝標の女）散《ち》る花《はな》も又来《またこ》む春《はる》は見《み》もや為《せ》むやがて別《わか》れし人《ひと》ぞ恋《こひ》しき

（桜の花は、あっけなく散ってしまう。けれども、このはかない花も、来年の春には再び咲いている姿を、人間に見せてくれる。ただし、それを見ている人間は、一度死んだら蘇ることはない。あの「まつさと」の渡りで生き別れて、そのまま死に別れてしまった乳母のことが悲しく偲《しの》ばれてならない。）

さらにまた、家族から聞いた話では、藤原行成《ゆきなり》大納言様のお姫様も、お亡くなりになったそうである。お姫様は、藤原道長様のお子様である長家《ながいえ》様と結婚しておられた。十五歳の新郎と十二歳の新婦は、まるで「雛遊《ひなあそ》び」のようだと、ほほえましく噂されていた。その妻が、急に亡くなったものだから、長家様は傍《はた》の者が見てはいられないほどに嘆き悲しんでおられるそうだ。私自身が、乳母と死別して悲しみにくれていた時期と重なっていたので、長家様のお悲しみも、我が身の苦しみに引きつけて、道理もっとも、と共感できたのだった。

私の父親は、かつて宮中で、天皇様の身の周《まわ》りのお手伝いをする蔵人《くろうど》の職を務めたことがあったのだが、その時の上司に当たる「蔵人の頭《とう》」が、行成様だった。行成様は、小野道風《とうふう》、藤原佐理《すけまさ》と共に「三蹟《さんせき》」と称えられている書道の名人である。そのお姫様も、達筆でいらした。私たち家族が、昨年の暮れに上京して、父親が行成様へ御挨拶にうかがった折に、行成様のお姫様が、「これを、あなたのお嬢様の書道のお手本にしてください」と言って、私にくださった書き物があった。

それを今、開いてみると、お姫様のきれいな文字で、『拾遺和歌集』の「小夜更《さよふ》けて寝覚《ねざ》めざりせば時鳥《ほととぎす》人伝《ひとづて》にこそ聞くべかりけれ」（壬生忠見《みぶのただみ》）という歌が書いてあるのが、目に飛び込んできた。お姫様は、この歌のように、夜なかに何度も目覚めて、物思いに耽《ふけ》っておられたのだろうか。また、お姫様から頂戴した書道のお手本には、

鳥辺《とりべ》山谷《やまたに》に煙《けぶり》の燃《も》え立《た》たば儚《はかな》く見《み》えし我《われ》と知《し》らなむ

（火葬場として知られる鳥辺山に、白い煙が棚引《たなび》いているのを見たならば、生きるのがむずかしそうに見えた私の命がとうとう尽きて、火葬の煙となって空に昇ってゆくのだと思ってください。）

という歌も書いてあった。『拾遺和歌集』の「読み人知らず」の歌である。この歌をお手本帖の中に見出した時、私はあまりにもびっくりして、全身が震えるのをこらえきれなかっ

た。お姫様は自分の死期を悟っておられたのだろうか。人間が、自分の死ぬ時期を、あらかじめ予知することは、できるのだろうか。あまりにも悲しい歌が、お姫様のあまりにも美しい筆跡で記されている。そのうちに、私の目からあふれでてくる涙で、お姫様が書かれた美しい文字が滲《にじ》みだして、とうとう読めなくなってしまった。

［評］乳母とは、「まつさと」以来、会っていなかったのではなかろうか。「やがて別《わか》れし」という「やがて」が、あの夜別れて、そのまま永遠の別れになってしまった、というニュアンスを感じさせる。

人間は、一度死んだら、蘇ることはない。菅原孝標女は、現実世界の厳しさを痛感する。だからこそ、彼女が創作したと伝えられる『浜松中納言物語』では、死者が新たな生を得る「輪廻転生《りんねてんしょう》」というモチーフが主眼となっている。

藤原行成の娘の死去したのは、定家の考証によれば、三月十九日の「卯《う》の刻《こく》」（午前六時頃）であり、四月九日に、北山にあったとされる観隆寺《かんりゅうじ》の北に葬られたという。

藤原行成の娘と結婚していた藤原長家は、和歌の名門「御子左家《みこひだりけ》」の祖であり、藤原俊成・定家の先祖に当たる。つまり、御物本『更級日記』を筆写した定家にとっても、祖先に当たっている。

## 21 『源氏物語』を読む夢を叶える

斯《か》くのみ思《おも》ひ屈《くん》じたるを、心《こころ》も慰《なぐさ》めむと、心苦《こころぐる》しがりて、母《はは》、物語《ものがたり》など求《もと》めて、見《み》せ給《たま》ふに、実《げ》に、自《おの》づから慰《なぐさ》み行《ゆ》く。『紫《むらさき》の縁《ゆかり》』を見《み》て、続《つづ》きの見《み》まほしく覚《おぼ》ゆれど、人語《ひとかた》らひなども、え為《せ》ず。誰《たれ》も、未《いま》だ都馴《みやこな》れぬ程《ほど》にて、え見付《みつ》けず。いみじく心許無《こころもとな》く、床《ゆか》しく覚《おぼ》ゆる儘《まま》に、「此《こ》の『源氏《げんじ》の物語《ものがたり》』、一《いち》の巻《まき》よりして、皆《みな》、見《み》せ給《たま》へ」と、心の中《うち》に祈《いの》る。親《おや》の、太秦《うづまさ》に籠《こ》もり給《たま》へるにも、異事無《ことごとな》く、此《こ》の事《こと》を申《まう》して、（孝標の女）「出《い》でむ儘《まま》に、此《こ》の物語《ものがたり》、見果《みは》てむ」と思《おも》へど、見《み》えず。

いと口惜《くちを》しく、思《おも》ひ嘆《なげ》かるるに、叔母《をば》なる人《ひと》の、田舎《ゐなか》より上《のぼ》りたる所《ところ》に、渡《わた》いたれば、（叔母）「いと美《うつく》しう、生《お》ひ成《な》りにけり」など、哀《あは》れがり、珍《めづら》しがりて、帰《かへ》るに、（叔母）「何《なに》をか奉《たてまつ》らむ。忠実忠実《まめまめ》しき物《もの》は、正無《まさな》かりなむ。床《ゆか》しく、し給《たま》ふなる物《もの》を奉《たてまつ》らむ」とて、

『源氏《げんじ》』の五十余巻《ごじふよまき》、櫃《ひつ》に入《い》りながら、『在中将《ざいちゆうじやう》』・『とほぎみ』・『芹川《せりかは》』・『しらら』・『あさうづ』など言《い》ふ物語《ものがたり》ども、一袋《ひとふくろ》、取《と》り入《い》れて、得《え》て帰《かへ》る心地《ここち》の嬉《うれ》しさぞ、いみじきや。

走《はし》る走《はし》る、僅《わづ》かに見《み》つつ、心《こころ》も得《え》ず、心許無《こころもとな》く思《おも》ふ『源氏《げんじ》』を、一《いち》の巻《まき》よりして、人《ひと》も交《ま》じらず、几帳《きちやう》の中《うち》に打《う》ち臥《ふ》して、引《ひ》き出《い》でつつ見《み》る心地《ここち》、后《きさき》の位《くらゐ》も、何《なに》にかは為《せ》む。昼《ひる》は、日暮《ひぐ》らし、夜《よる》は、目《め》の覚《さ》めたる限《かぎ》り、燈《ひ》を近《ちか》く燈《とも》して、此《これ》を見《み》るより外《ほか》の事《こと》、無《な》ければ、自《おの》づからなどは、空《そら》に覚《おぼ》え浮《う》かぶを、いみじき事《こと》に思《おも》ふに、夢《ゆめ》に、いと清気《きよげ》なる僧《そう》の、黄《き》なる地《ち》の袈裟《けさ》、着《き》たるが、来《き》て、（夢の中の僧）「『法華経《ほけきやう》』五《ご》の巻《まき》を、疾《と》く習《なら》へ」と言《い》ふと見《み》れど、人《ひと》にも語《かた》らず、習《なら》はむとも思《おも》ひ掛《か》けず、物語《ものがたり》の事《こと》をのみ心《こころ》に占《し》めて、（孝標の女）「我《われ》は、此《こ》の頃《ごろ》、悪《わ》ろきぞかし。盛《さか》りに成《な》らば、容貌《かたち》も、限《かぎ》り無《な》く良《よ》く、髪《かみ》も、いみじく長《なが》く成《な》りなむ。光《ひかる》の源氏《げんじ》の夕顔《ゆふがほ》、宇治《うじ》の大将《だいしやう》の浮舟《うきふね》の女君《をんなぎみ》の様《やう》にこそ有《あ》らめ」と思《おも》ひける心《こころ》、先《ま》づ、いと儚《はかな》く、あさまし。

[訳]　乳母の死と、行成様のお姫様の死。二つの大きな悲しみが、思いもかけない人生を、私の前に切り開いた。それはあたかも、死が、物語の季節の華やかな開幕を告げたかのようだった。この間の事情を、詳しく説明しよう。

私が十四歳の春に体験した二つの死別は、私の心をいたく傷つけ、ふさぎ込ませた。その姿が、人生に対する希望を失いかけているように見えたものか、母親は、私の心を少しでも前向きにさせようとして、娘を思う一心から、猛然と動き始めた。あれほど娘が口にしている物語とやらを、本気で探し求めてあげよう、という気が、やっと湧き起こってきたのである。母親の行動は、それなりの成果を上げた。「ほら、あなたが読みたがっていた物語を、お母さんが八方手を尽くして、やっと手に入れてあげたのよ。これを読んで、少しは元気を出しなさい」と、私がまだ読んだことのない物語を持ってきてくれたのである。すると、不思議なことに、物語を読んだら、良薬を飲んだかのように、本当に私は気力を恢復《かいふく》して元気になっていったのである。

母が手に入れてくれた物語の中には、「紫のゆかり」と呼ばれることのある、あの『源氏物語』の断片もあった。全部で、五十巻以上もあり、五十四巻・五十四帖から成ると言われている一大長篇である。その中の一巻・一帖があったのには、飛び上がるほどうれしかった。読みながら、心がどきどきわくわくした。それは、「若紫《わかむらさき》」と呼ばれる巻で、どうも『源氏物語』の始めの方にあるらしかった。

この若紫巻の前には、どういうことが書いてあったのだろうか。そして、この若紫巻の後では、どういう展開になるのだろうか。知りたくて知りたくて、読みたくて読みたくて、たまらない。母親も、娘かわいさの一心から、ふだんならできない行動を取ってくれたのだが、それにも限界というものがある。父親をはじめ、皆が都に戻ってきて日が浅いので、人間関係をうまく活用する力がない。私は、『源氏物語』を読みたい、このままでは済まされないという一心から、「この『源氏物語』を、第一巻の桐壺《きりつぼ》巻から、第五十四巻の夢浮橋《ゆめのうきはし》巻まで、全部、一巻残らず、私に読ませてください」と、心の中で祈り続けた。

両親が、父親の任官のことなどでお願い事があると言って、太秦《うずまさ》の広隆寺《こうりゅうじ》にお籠《こ》もりすることになった時に、私も殊勝に同行した。いかにも、父親が良い国の国司に任命されますようにと祈っているふりをしながら、心の中では、「『源氏物語』を最初から最後まで、全巻、読ませてくださいませ」と心を込め、額《ぬか》ずいてお祈り申し上げた。この太秦の本尊も、薬師仏でいらっしゃった。「ここまで心を込めてお祈りしたからには、お寺から家に戻ったら、すぐにでも『源氏物語』の実物が現れるのではないか」と期待したけれども、さすがにそんなことはなかった。

「どうして、こんなにも読みたがっているのに、『源氏物語』を読めないのだろうか」と、残念に思っていたところ、私から見て「叔母《おば》」に当たる女性が、彼女の夫の赴任地である地方から、久しぶりに都に上ってきた。母親が、「お前も、叔母様に、久しぶりに顔を見せて、挨拶してきなさい」と、にこにこ顔で言う。「何か、良いことがあるのかな」と思いつつ、叔母様のお屋敷に伺うと、叔母様は私の顔を見るなり、「おやまあ、あなたも十四歳になったのね。可愛らしい娘さんに、成長したこと。この前、あなたと会ったのは、いつだったかしら。私か連れ合いと一緒に地方に向かう四年前には、あなたはお父様と一緒に、上総の国にいましたよね。だから、本当に、久しぶりね。それにしても、大きくなったこと」と、大喜びしてくれた。そして、帰り際《ぎわ》に、叔母様は、「そうそう、あなたにお土産《みやげ》を持たせたいのだけれど、何がよいかしらね。あなたのお母様から聞いているところでは、あなたは、本当に物語を読みたがっているらしいわね。あなたも、もう大人の世界がわかる年頃になったから、いいでしょう。夢を追いかけているあなたには、きれいな着物とか、装飾品などと言った実用物などは、ちっとも喜んでもらえないわよね。私には、とっておきの宝物があるのよ。それは、あなたが、一番ほしがっているものと同じ。ほしいだけ、持ってゆきなさい」と言って、出てくるは、出てくるは、次々に物語を持ってきてくれたのは、夢を見ているかのようだった。

叔母様は、『源氏物語』の五十巻余りを全《すべ》て、専用の櫃《ひつ》に入れたままで、くださった。

「まだまだ、あるのよ」と言って、『在中将《ざいちゅうじょう》』・『とほぎみ』・『芹川《せりかわ》』・『しらら』・『浅津《あさうづ》』などという物語を、これらは長篇ではないので、一つの大きな袋に一括して入れて、「みんな、持っていっていいのよ。大人になったあなたへの、叔母さんからの贈り物よ」と言われて、それらを家に持ち帰る道中のわたしの気持ちと言ったら、言葉には言い表せない。もちろん「うれしい」のだが、「うれしい」という言葉では言い尽くせない。

家に戻るなり、『源氏物語』から読み始めた。これまでは、『源氏物語』と言っても、ごくわずかな巻だけを、しかも始まりのほうの巻だけを、ばらばらに順不同で読んでいただけなので、どういうあらすじで、たくさんの登場人物がどういう関係にあるのか、よく理解できず、全体を知りたくてたまらなかったのだが、その願いがやっと叶《かな》えられたのだ。最初の巻から、順番に、すべての巻を「連続読み」してゆけるこの喜びは、誰にも教えてあげたくない。また、私が『源氏物語』に没入しているようすは、誰にも見せたくはない。それで、誰からも読書の喜びを邪魔されないように、自分の周りに几帳《きちょう》(移動式のカーテン)を引き回して、密閉された私だけの読書空間、つまり、物語世界を作り上げる。そこに閉じこもって、『源氏物語』の世界にひたる喜びは、何物にも替えがたい。そんなことはありえないけれども、天皇様からお后になるようにお召しがあったとしても、今ほどうれしくはないだろう。

夢は、叶えられた。『源氏物語』は、私の夢を裏切らなかった。素晴らしい物語だった。昼は、ありったけの時間を『源氏物語』の読書に費やし、夜も、眠たくなる限界まで、燈《とも し》火《び》を近くに灯《とも》して、その明《あ》かりで読み続けた。むろん、興奮と感動のあまり、眠気を覚えることはまったくなかった。私は、この物語だけを読んで、生きていた。だから、意識して覚えようとしなくても、『源氏物語』のあらすじや、登場人物の名前や、場面設定などを、暗記してしまった。ふとしたはずみで、『源氏物語』の原文の一節が口をついて出てくることもある。我ながら、大したものだと満足していたところ、不思議な夢を見た。

夢の中に、見た目が上品なお坊様が、尊げな黄色い地《じ》の袈裟《けさ》を着て、私の前に立ち、「『法華経』の五の巻を、一刻も早く習いなさい」と言ったと思ったら、目が覚めた。このことは、誰にも語らなかったし、『法華経』の五の巻がどういうものかを大人たちに尋ねることもなかったし、ましてや、『法華経』を習うことはしなかった。

そんなことよりも、私は『源氏物語』に夢中だった。その頃の私の考えていたことを今思い返すと、何とも他愛《たあい》なくて、あきれてしまう。「私はまだ十四歳だから、女性としての盛りを迎えるのは、あと何年か先である。もう少し大人になったら、私の顔立ちはとてもよいものになり、髪もつやつやとしてボリュームたっぷりになり、髪の長さも背丈《せたけ》を超えるに違いない。そして、光る君から愛された夕顔《ゆうがお》の君や、宇治十帖《うじじゅうじょう》の薫大将《かおるだいしょう》から愛された浮舟《うきふね》の君のような美貌になって、貴公子たちから求婚されるだろう」。こんなことを考えながら、十四歳の私は生きていたのだった。なんともはや、地に足が付かぬ、ふわふわした少女時代を過ごしていたことだろう。今思い出すと、自分で自分が忌《い》ま忌《い》ましく、情けない限りではある。

［評］『源氏物語』を全巻、読ませてくださいと、心の中で祈った時、作者の心の中には、上総の国に残してきた等身の薬師仏の姿が浮かんでいたのではなかっただろうか。

なお、『在中将』とした本文は、藤原定家筆の御物本では、「在」のあとに空白部分があり、小さな字で「中将」と傍書してある。続けて読めば「在中将」となり、在原家の五男である中将、すなわち、在原業平の一代記である『伊勢物語』のこととするのが通説である。『在五中将』とありたいところだが、「在」で始まる物語は、ほかに思い浮かばないので、『伊勢物語』のことと考えておく。

なお、了悟《りょうご》という人物が著した『光源氏物語本事《ひかるげんじものがたりほんのこと》』（十三世紀頃成立か）には、『源氏物語』の写本や本文に関することが書かれている。その中に、『更級日記』が引用されており、「光る源氏の物語、五十四帖に、譜《ふ》、具《ぐ》して」という本文である。「譜」は、系図のことかとされる。この『更級日記』の本文は、藤原定家筆の御物本『更級日記』とは違っている。私たちは、いつの頃からか、定家筆『更級日記』の系統しか、読めなくなった。定家が書き写した以外の『更級日記』の写本があったかもしれないと考えるだけでも、ロマンが感じられる。

定家筆本には「五十余巻」とあるが、おそらく五十四帖そろっていたのではないだろうか。

物語名の「あさうづ」に漢字を宛《あ》てるならば「浅津」だろう。

それにしても、菅原孝標女は、『源氏物語』全編を読むのに、どれくらいの時間がかかったのだろうか。現代人ならば、寝食を惜しんで没入しても、三か月はかかるだろう。菅原孝標女は、同時代文学として『源氏物語』を読んでいる。だから、数日のうちに一回目の通読を終え、二度、三度と繰り返し読み、「読書百遍《どくしょひゃっぺん》、義《ぎ》、自《おのずか》ら見《あらわ》る」の境地に達したのだろう。

作者は、『源氏物語』を読みながら、自分自身の隠された本心に目覚めてゆく。「后《きさき》の位《くらゐ》も、何《なに》にかは為《せ》む」とあるからには、桐壺帝の中宮《ちゅうぐう》となった藤壺や、冷泉《れいぜい》帝の中宮となった秋好中宮《あきこのむちゅうぐう》や、宇治十帖の明石《あかし》の中宮など、「后の位」に昇った女性たちへの共感を抱かなかったと解釈するのが、普通であろう。ただし、問題は、そう簡単ではない。

物語には、大別して二つのヒロインのタイプがある。一つは、夕顔や浮舟などの、自分自身は運命に翻弄されつつも、男たちを翻弄するというタイプ。もう一つは、「后の位」と関わるタイプ。藤壺のような「不倫する后」も好まれるが、明石一族のように、低い身分から「天皇の母＝国母《こくも》」へと昇り詰めるタイプも存在する。

菅原孝標女は、明石一族に親近感を抱いていたと思われる。それを証明するのが、繰り返される「夢のお告げ」である。『更級日記』には、神仏の授ける不思議な夢が何度も語られているし、『源氏物語』では「明石の入道」が夢を信じたことが、「国母」を一族から出すことに繋がった。物語と神仏は、大きな糸で結びついている。『更級日記』の神仏は、「天照大神」のように天皇と深く関わっている。すなわち、『更級日記』の神仏の夢は、物語の対極にあるのではなく、物語に内在している世俗的な繁栄に通じているのである。

菅原孝標女が書いたと伝えられる『浜松中納言物語』や『夜の寝覚』でも、天皇と后が重要な役割を果たしている。

なお、『法華経』五の巻（提婆達多品《だいばだったぼん》）は、「女人往生《にょにんおうじょう》」を説いているので、『源氏物語』でも多くの女性たちが熱い気持ちを注いでいる。

## 22　十四歳の夏秋

五月朔日頃《さつきついたちごろ》、端近《つまちか》き花橘《はなたちばな》の、いと白《しろ》く散《ち》りたるを眺《なが》めて、

（孝標の女）時《とき》ならず降《ふ》る雪《ゆき》かとぞ眺《なが》めまし花橘《はなたちばな》の薫《かを》らざりせば

「足柄《あしがら》」と言《い》ひし山《やま》の麓《ふもと》に、暗《くら》がり渡《わた》りたりし木《き》の様《やう》に、茂《しげ》れる所《ところ》なれば、十月許《かみなづきばか》りの紅葉《もみぢ》、四方《よも》の山辺《やまべ》よりも異《け》に、いみじく面白《おもしろ》く、錦《にしき》を引《ひ》ける様《やう》なるに、外《ほか》より来《き》たる人《ひと》の、

（客人）「今《いま》、参《まゐ》りつる道《みち》に、紅葉《もみぢ》のいと面白《おもしろ》き所《ところ》の有《あ》りつる」と言《い》ふに、ふと、

（孝標の女）何処《いづこ》にも劣《おと》らじ物《もの》を我《わ》が宿《やど》の世《よ》を秋果《あきは》つる気色許《けしきばか》りは

［訳］私が『源氏物語』に熱中していた時期の思い出を、いくつか書き記しておこう。

五月上旬の頃、部屋の軒端《のきば》近くに植えられている橘《たちばな》の花が、あたり一面を白く染めて散っていた。橘の花が散る、と言ったら、私は真っ先に、『源氏物語』の「花散里《はなちるさと》」の巻を思い出す。光る君は、華やかだった昔を偲《しの》びつつ、「橘《たちばな》の香《か》を懐《なつ》かしみ時鳥《ほととぎす》花散《はなち》る里《さと》を尋《たづ》ねてぞ訪《と》ふ」というお歌を詠《よ》まれた。花散里という女性は、橘の花の香りのように、懐かしい人柄の女性であり、光る君から大切に思われて、幸福な人生を送った。この時、私が詠んだのは、次のような歌だった。

（孝標の女）時《とき》ならず降《ふ》る雪《ゆき》かとぞ眺《なが》めまし花橘《はなたちばな》の薫《かを》らざりせば

（もし、懐かしい香りが漂っていないのであれば、今の季節が夏であることを忘れて、冬の雪が降っているのかと錯覚してしまいそうだ。香りがあるので、庭に散り敷いているのが、雪ではなく、橘の花であると知られるのだ。）

秋の思い出もある。私の家が、身分不相応に広い敷地であることは、前にも書いた通りである。まるで、「足柄《あしがら》」とか言った山の麓に、鬱蒼《うっそう》と広がっていた木々のように、我が家の庭は木々が茂りほうだいだった。十月くらいになると、都を取り巻いている山々の紅葉《もみじ》の景色が、私の屋敷の中で再現されるのである。きれいな錦《にしき》を引き回したように、美しい。そんな時、我が家に遊びに来た人がいた。「このお屋敷も、紅葉が素晴らしいですけれど、今日、ここへ来る途中で目に入った、さるお屋敷の紅葉は、それはそれは素晴らしかったです」と、なぜか、我が宿の紅葉がそれほどのものではないかのように言うので、私は次のように反論した。

（孝標の女）何処《いづこ》にも劣《おと》らじ物《もの》を我《わ》が宿《やど》の世《よ》を秋果《あきは》つる気色《けしき》許《ばか》りは

（あら、おっしゃることには納得がいきません。我が宿の秋が終わる頃の風情《ふぜい》は、ほかのどこにも負けていないという自信があります。なぜと言って、ここに住んでいる私ほど、世の中を「あきはてた」（絶望し尽くした）人間は、いないでしょうから。）

［評］「花橘」の歌を詠んだ時の作者は、『源氏物語』の中の花散里になったかのような気持ちで、しばらくうっとりとしていたことだろう。光源氏のよう

な男君の訪問を夢見ながら。

「世《よ》を秋果《あきは》つる」の歌が、「秋」と「飽《あ》き」の懸詞《かけことば》であることは、訪問客には理解できただろうが、『源氏物語』との関わりまではわからなかっただろう。つまり、この歌は、作者自身が物語の世界にひたるために詠まれたものなのである。作者の心の中では、『源氏物語』の名場面や名歌が、いくつも湧き上がっていた。葵《あおい》巻で、自分が生霊《いきりょう》となって「葵の上」を死に至らしめたことを知った六条御息所《ろくじょうのみやすどころ》が、「世《よ》を飽《あ》き果《は》てて」、都から伊勢に下ろうと決心する場面。御法《みのり》巻で、光源氏が最愛の紫の上に先立たれて、「昇《のぼ》りにし雲居《くもゐ》ながらも返《かへ》り見《み》よ我《われ》あきはてぬ常《つね》ならぬ世《よ》に」と詠んだ場面。そのほか、「秋果てて」「秋果つる」という言葉を持つ和歌の数々。『源氏物語』の五十四巻をことごとく暗記している作者は、「秋果つ」という言葉に、深い意味を込めることができるようになっていた。

## 23　天照御神

物語《ものがたり》の事《こと》を、昼《ひる》は、日暮《ひぐ》らし、思《おも》ひ続《つづ》け、夜《よる》も、目《め》の覚《さ》めたる限《かぎ》りは、此《これ》をのみ心《こころ》に掛《か》けたるに、夢《ゆめ》に見《み》ゆる様《やう》、（夢の中の人）「此《こ》の頃《ごろ》、皇太后宮《くわうたいこうぐう》の一品《いつぽん》の宮《みや》の御料《ごれう》に、六角堂《ろくかくだう》に遣水《やりみづ》をなむ造《つく》る」と言《い》ふ人《ひと》、有《あ》るを、（夢の中の孝標の女）「其《そ》は、如何《いか》に」と問《と》へば、（夢の中の人）「天照御神《あまてるおほんかみ》を念《ねん》じませ」と言《い》ふと見《み》て、人《ひと》にも語《かた》らず、何《なに》とも思《おも》はで止《や》みぬる、いと、言《い》ふ甲斐《かひ》無《な》し。

春毎《はるごと》に、此《こ》の一品《いつぽん》の宮《みや》を眺《なが》め遣《や》りつつ、

（孝標の女）咲《さ》くと待《ま》ち散《ち》りぬと嘆《なげ》く春《はる》は唯《ただ》我《わ》が宿顔《やどがほ》に花《はな》を見《み》るかな

三月晦日方《やよひつごもりがた》、土忌《つちいみ》に、人《ひと》の許《もと》に渡《わた》りたるに、桜《さくら》、盛《さか》りに面白《おもしろ》く、今《いま》まで散《ち》らぬも有《あ》り。帰《かへ》りて、又《また》の日《ひ》、

（孝標の女）飽《あ》かざりし宿《やど》の桜《さくら》を春暮《はるく》れて散《ち》り方《がた》にしも一目《ひとめ》見《み》しかな

と、言《い》ひに遣《や》る。

【訳】　このように私は、『源氏物語』をはじめとした物語のことばかりを、明るいうちは、朝から夕方まで考え続け、暗くなってからも、目が覚めていられる限界まで、思い続けた。物語しか心の中に存在しない日々が、続いた。そんなある夜のこと、私は不思議な夢を見た。夢の中で、ある人が、「最近、皇太后《こうたいこう》の藤原妍子《けんし》様（道長の二女で、三条天皇の皇后、「枇杷殿《びわどの》」と称された）のお生みになった禎子《ていし》内親王様（後朱雀《ごすざく》天皇の皇后で、後三条天皇の母君。陽明門院《ようめいもんいん》）の御用《ごよう》で、如意輪観音菩薩《にょいりんかんのんぼさつ》を祀《まつ》っている六角堂《ろっかくどう》のお庭に、水を引き入れて遣水《やりみず》をお造りになったそうです」という噂をしていた。私が、「あなたは、なぜ、そのことを私に教えてくれたのですか」と尋ねたところ、その人は、「天照大神《あまてらすおおみかみ》を信じなさいませ」とだけ答えた。ここで、私の夢は覚めた。この夢のことは誰にも語らなかったし、「何の諭《さと》しだろうか」などと深く思索することもなく、そのままで済ませたのは、この日記を書いている今の時点から振り返ると、まったく情け無いことだった。天皇様のお后で、なおかつ、お子様が天皇になられるという最高の女性ですら、観音様を深く信仰しておられるというのに、自分ときたら「物語の世界にひたっていられる幸福感に比べたら、お后の位などは最高の喜びではない」などと考えていたのだから。まことにもって、処置なしである。

前に書いたように、私が住んでいるだだっ広いお屋敷の東隣が、修子内親王様のお屋敷だった。その屋敷に女房として仕えている「衛門の命婦」を通して、内親王様から物語のお裾分けにあずかったこともある。そして、私の屋敷の西隣が、三条院と言って、今、夢の中でお名前が出てきた禎子内親王様のお住まいだったのである。ただし、禎子様は、このお屋敷にはほとんどおられないで、お留守がちだった。

この西隣の禎子内親王様のお屋敷には、見事な桜の木がたくさん植わっているので、春には毎年、境界の壁越しに、素晴らしい花見を楽しむことができた。そんな時に詠んだ歌がある。

（孝標の女）咲《さ》くと待《ま》ち散《ち》りぬと嘆《なげ》く春《はる》は唯我《ただわ》が宿顔《やどがほ》に花《はな》を見《み》るかな

（春という季節は、桜の花が咲く頃だと言っては心をときめかせ、散ってしまったと聞くと心が嘆きでいっぱいになる。桜の花で一喜一憂する季節であるが、お隣の禎子内親王様のお屋敷の桜はあまりにも見事で、しかも内親王様は住んでおられないので、この三条院の見事な桜の花を、私が独《ひと》り占《じ》めでき、もったいなくも、まるで我が家のものであるかのように満喫できている幸せといったらない。）

また、西隣のお屋敷の桜には、こんな思い出もある。治安《じあん》二年（一〇二二）三月の下旬に、

「土忌《つちいみ》」と言って、土を司《つかさど》る「土公《つきぎみ》」（土公神《どくじん》）の障《さわ》りがあって、我が家を離れて「方違《かたたが》え」したことがあった。その時にお邪魔したのが、何と、西隣の禎子内親王様のお屋敷だったのである。春もあと数日で暮れてしまうはずなのに、桜の花は満開で美しく、中にはまったく花びらが散っていない桜の木もあった。我が家に戻ってきてから、内親王様のお屋敷に方違えさせてくれた人に、次のように詠み送った。

（孝標の女）飽《あ》かざりし宿《やど》の桜《さくら》を春暮《はるく》れて散《ち》り方《がた》にしも一目見《ひとめみ》しかな

（これまでずっと、このお屋敷のお隣から、壁越しに眺めてまいりましたが、それでも見飽きることがありませんでした。このたび、初めてお屋敷の中から、お庭の桜を拝見させていただきましたが、春の暮れ方に、ほんの一日だけ拝見したにもかかわらず、見事な桜の花は一生忘れない感動を与えてくれました。）

【評】　六角堂は、頂法寺《ちょうほうじ》。現在は「いけばなの寺」としても知られる。観音は仏教、天照大神は神道ではあるが、「神仏習合」を遂げているので、作者にとっては「仏様＝神様」なのであろう。

物語と神仏が、それぞれ異なる人生を作者に提示している。一見すると、どちらが作者を真の幸福に導くか、という二項対立、あるいは二者択一の図式のようにも見えるが、「夢に現れる神仏」という発想は、いかにも物語的である。「天照大神」は、天皇の先祖である。『更級日記』の作者は、この日記の最後に明かされるように、天皇の血を濃く引いた高貴な人物の「乳母《めのと》」となりたいという、強い願いを持っていた。それを叶えてくれるのが「神仏」に期待されている役割だった。

さて、ここには二首の桜の歌が記されている。「我《わ》が宿顔《やどがほ》」は、珍しい言葉だが、他人様《ひとさま》のお屋敷なのに、自分の屋敷であるかのように思っている、という意味。御物本『更級日記』を筆写した藤原定家に、「時鳥《ほととぎす》鳴くや五月《さつき》の宿顔にかならず匂ふ軒の橘」という歌がある。「咲《さ》くと待《ま》ち散《ち》りぬと嘆《なげ》く」という歌い出しは、時代の下る治承二年（一一七八）に賀茂神社で催された歌合で、「咲くと待ち散るとて歎く春はただ花に心をつくるなりけり」（前斎院《さきのさいいん》の備前《びぜん》）という、よく似た歌が詠まれている。偶然だろうか。

「土忌」の歌は、禎子内親王の三条院ではないとする説が有力ではあるが、ここでは「咲くと待つ」の歌からの連想で、作者が同じ屋敷のことを続けて書いたと判断して、訳してみた。

## 24 猫に生まれ変わった姫君

花《はな》の咲《さ》き散《ち》る折毎《をりごと》に、（孝標の女）「乳母《めのと》、亡《な》くなりし折《をり》ぞかし」とのみ哀《あは》れなるに、同《おな》じ折《をり》、亡《な》くなり給《たま》ひし侍従《じじゅう》の大納言《だいなごん》の御娘《みむすめ》の手跡《て》を見《み》つつ、漫《すず》ろに哀《あは》れなるに、五月許《さつきばか》り、夜更《よふ》くるまで、物語《ものがたり》を読《よ》みて、起《お》き居《ゐ》たれば、来《き》つらむ方《かた》も見《み》えぬに、猫《ねこ》の、いと和《なご》う鳴《な》いたるを、驚《おどろ》きて見《み》れば、いみじうをかし気《げ》なる猫《ねこ》、有《あ》り。（孝標の女）「何処《いづく》より来《き》つる猫《ねこ》ぞ」と見《み》るに、姉《あね》なる人《ひと》、（姉）「あな囂《かま》、人《ひと》に聞《き》かすな。いとをかし気《げ》なる猫《ねこ》なり。飼《か》はむ」と有《あ》るに、いみじう人馴《ひとな》れつつ、傍《かたは》らに打《う》ち臥《ふ》したり。（孝標の女・姉）「尋《たづ》ぬる人《ひと》や有《あ》る」と、此《これ》を隠《かく》して飼《か》ふに、すべて下種《げす》の辺《あた》りにも寄《よ》らず、つと、前《まへ》にのみ有《あ》りて、物も、汚気《きたなげ》なるは、外様《ほかさま》に顔《かほ》を向《む》けて、食《く》はず。

姉《あね》・妹《おとと》の中《なか》に、つと、纏《まと》はれて、をかしがり、労《らう》たがる程《ほど》に、姉《あね》の悩《なや》む事有《ことあ》るに、物騒《ものさわ》がしくて、此《こ》の猫《ねこ》を、北面《きたおもて》にのみ有《あ》らせて、呼《よ》ばねば、囂《かしかま》しく鳴《な》き罵《ののし》れども、（孝標の女）

「猶《なほ》、然《さ》る物《もの》にてこそは」と思《おも》ひて有《あ》るに、患《わづら》ふ姉《あね》、驚《おどろ》きて、「何処《いづ》ら、猫《ねこ》は。此方《こち》、率《ゐ》て来《こ》」と有《あ》るを、「何故《など》」と問《と》へば、（姉）「夢《ゆめ》に、此《こ》の猫《ねこ》の、傍《かたは》らに来《き》て、（夢の中の猫）「己《おの》れは、侍従《じじゆう》の大納言殿《だいなごんどの》の御娘《みむすめ》の、斯《か》く成《な》りたるなり。然《さ》るべき縁《えん》の、些《いささ》か有《あ》りて、此《こ》の中《なか》の君《きみ》の、漫《すず》ろに、（孝標の女）『哀《あは》れ』と思《おも》ひ出《い》で給《たま》へば、唯《ただ》、暫《しば》し、此処《ここ》に有《あ》るを、此《こ》の頃《ごろ》、下種《げす》の中《なか》に有《あ》りて、いみじう侘《わ》びしき事《こと》」と言《い》ひて、いみじう泣《な》く様《さま》は、貴《あて》に、をかし気《げ》なる人《ひと》と見《み》えて、打《う》ち驚《おどろ》きたれば、此《こ》の猫《ねこ》の声《こゑ》にて有《あ》りつるが、いみじく哀《あは》れなるなり」と語《かた》り給《たま》ふを聞《き》くに、いみじく哀《あは》れなり。

其《そ》の後《のち》は、此《こ》の猫《ねこ》を、北面《きたおもて》にも出《い》ださず、思《おも》ひ傅《かしづ》く。唯一人《ただひとり》、居《ゐ》たる所《ところ》に、此《こ》の猫《ねこ》が向《む》かひ居《ゐ》たれば、掻《か》い撫《な》でつつ、（孝標の女）「侍従《じじゆう》の大納言《だいなごん》の姫君《ひめぎみ》の御座《おは》するな。大納言殿《だいなごんどの》に知《し》らせ奉《たてまつ》らばや」と言《い》ひ掛《か》くれば、顔《かほ》を打《う》ち目守《まも》りつつ、和《なご》う鳴《な》くも、心《こころ》の做《な》し、目《め》の打《う》ち付《つ》けに、例《れい》の猫《ねこ》には有《あ》らず、聞《き》き知《し》り顔《がほ》に哀《あは》れなり。

［訳］ 例年のことだが、桜の花が咲いて散る季節になると、「乳母《めのと》が亡くなったのは、今頃だった」と思い出しては、胸が締めつけられるような痛みを感じる。また、乳母と同じ頃にお亡くなりになった藤原行成《ゆきなり》大納言様のお姫様を偲《しの》んでは、御生前に「書道のお手

本にしなさい」と言われて授かった流麗な筆跡を取り出しては、晴れやらぬ悲しみに胸を締めつけられる。

二人の亡くなった翌年（治安二年、一〇二二）は、私は十五歳になっていた。それでも、去年から続く悲しみに捉えられていた。人間の悲しみとは無関係に季節は巡り、初夏にさしかかっていた。その日も、私は昼間からずっと物語の中に入り込んでいて、夜になっても、燈火《ともしび》の下《もと》で物語を読み耽っていた。いつの間《ま》にか、あたりは五月闇《さつきやみ》に包まれていた。はっと気づいてみたら、一匹の猫が、目の前にすわって、私をじっと見つめているではないか。私が物語の世界からいつまでも現実世界に戻ってこないので、猫のほうでしびれを切らせたのか、自分の存在を気づかせようと、「ねぇ〜うぅ〜、ねぇ〜うぅ〜」と、甘えるように鳴いている。それにしても、この猫は、どこから来たのだろうか。見れば見るほど、ひどく可愛らしい猫である。

思わず声を出して、「可愛らしい猫ちゃん、あなたは、どこからやって来たの」と聞いていたら、姉がその声を聞き付けて、猫の存在にも気づいた。「しっ、黙っていなさい。ほかの誰かに聞き付けられたらいけません。とても可愛らしい猫だから、私たちで飼いましょうよ」と言う。猫のほうでも、馴れてすり寄ってきて、私たちのすぐ横でくつろいでいる。「この猫の持ち主が、連れ戻しに来るかもしれない」と心配なので、こっそり私たちで飼い続けることにした。この猫を観察していると、身分の低い者たちの近くには絶対に近づかない。いつまでも、私たち姉妹の目の前にばかりいる。食べ物をあげるときにも、上品な物だけを口にして、下品な物を食べさせようとしても、ぷいとあらぬ方向に顔を向け、見向きもしないほどの気位《きぐらい》の高さである。

猫は私たち姉妹の間に、ぴたっとまつわりつくし、私たちもこの猫を面白がって可愛がっていたのだが、姉が体調を崩して寝込んでしまった。看病の人が出入りして、何かと落ち着かないので、この猫を私たちの部屋から移して、使用人たちが暮らしている寝殿《しんでん》の北側の部屋でしばらく飼わせていた。すると、南側にいる私の耳に、遠くから猫が怒ったように激しく鳴いている声が聞こえてきた。私は、「飼い主の近くに来たいのだろうけれども、猫という生き物は、よく鳴く習性があるらしいから、特に深い意味があって鳴いているのではないだろう。このままにしておこう」と思って、猫が鳴いても放置していた。すると、気分がすぐれずに、横になったままで眠っていた姉が、突然に目を覚まして、「ねえ、おまえ」と私の名前を呼んだ後《あと》で、「猫は今、どこにいるの。すぐに、ここに連れていらっしゃい」と言う。私が、「どうしてなの、お姉様。何か、あったの」と語りかけると、姉は、「つい今しがたの夢の中でね、あの猫が、私の寝ているすぐ枕元までやって来たのよ。そして、人間の言葉で、『私は、昨年の春にこの世を去った藤原行成大納言の姫です。しかるべき訳《わけ》があって、このような猫の身になり果《は》てました。また、このお屋敷の中《なか》の君《きみ》（次女）様とは、生きていました時に、ちょっとした御縁しかありませんでしたが、中の君様のほうでは、信じられないくらいに、心から私を懐かしがっていただいていますので、そのご恩返しのためもあって、もうしばらく、このお屋敷にいようと思っているのですよ。ところが、大君《おおいぎみ》（長女）様のお具合がよろしくないということで、私はあなたがたご姉妹《きょうだい》から遠ざけられて、身分の低い者たちの中に追いやられてしまったので、辛《つら》くてなりませんのよ』と言ったのよ。そして、さめざめと泣き始めたの。その仕種《しぐさ》が猫ではなくて、ほんとに身分が高くてお美しいお姫様の泣き方そのものだわ、と思った途端に目が覚めたの。そうしたら、お姫様の泣き声だと聞こえていたのが、北側の部屋から聞こえてきた猫の鳴き声だった、というわけ。本当に、胸が締めつけられるわ」と、仰《おっしゃ》る。猫が「中の君様」と言ったのが私で、「大君様」と呼んだのが姉である。姉の夢の話を聞いた私までも、姉と同じように胸がいっぱいになった。

この夢の後《あと》では、猫を北向きの部屋で身分の低い者たちと同居させることは、なくなった。ひたすら、行成大納言様のお姫様と思って扱い、大切に傅《かしず》くことにした。私が一人でいる時には、この猫が目の前に座って、私と目を合わせているので、撫でながら、「ここにいらっしゃるのは、大納言様のお姫様なのですね。お姉様から、聞きましたよ。もし、そうであるならば、お姫様のことを慕い続けていらっしゃる、お父様の大納言様に、何とかして、このことをお知らせ申し上げたいものですね」と話しかけると、この猫には人間の言葉が理解できるものと見え、私の顔をじぃっと見守りながら、甘やかな声で、「ねぇ〜うぅ〜、ねぇ〜うぅ〜」と鳴く。姉の夢語りを聞いたためか、ちょっと見にも、この猫は普通の猫とは違っている。しかも、人間の言葉が理解できているのだから、なおさら可愛らしい。

［評］　乳母の亡くなったのは、三月の月初め、行成卿の姫君が亡くなったのは、記録によれば三月十九日である。猫が現れたのは、五月の頃だから、作者は毎年、春から初夏に掛けては、ずっと悲しみにとらわれていたことになる。

猫が出現した時、作者はもしかしたら『源氏物語』の若菜上《わかなじょう》の巻を読んでいたのではないか。ここには、猫がいたずらをして、柏木《かしわぎ》の、女三《おんなさん》の宮《みや》への恋心に火を付ける名場面がある。猫の物語を読んでいたら、目の前に猫がいた。それが、物語に憧れる作者にとっては、神秘的なまでの啓示《けいじ》だったのだろう。それに、闇の中から現れたという点では、足柄山の遊女を思わせる。

『源氏物語』で、桐壺院は、地獄に堕《お》ちている。実在した醍醐天皇にも、そういう説話がある。大納言のお姫様が「畜生道《ちくしょうどう》」に堕ちたのは、どういう因縁なのだろうか、

『浜松中納言物語』には、輪廻転生が繰り返されるが、原則としては、人間から人間への転生であって、人間から動物へという転生は書かれない。

猫が作者の顔を見ながら鳴いたのは、「お父様にお知らせしましょうか」という問いかけに対する同意なのか、反対なのか。いや、「そんなことよりも、私はあなたとの御縁に引かされて、ここまで、猫になってまで会いに来たのですよ。いつまでもは、いられませんから、ここにいられる間は、心ゆくまで黙って向かい合っていましょうよ」という意味だったのか。

## 25　『長恨歌』と七夕

（ある人）「世《よ》の中《なか》に、『長恨歌《ちやうごんか》』と言《い》ふ書《ふみ》を、物語《ものがたり》に書《か》きて有《あ》る所《ところ》、有《あ》ンなり」と聞《き》くに、いみじく床《ゆか》しけれど、え言《い》ひ寄《よ》らぬに、然《さ》るべき便《たよ》りを尋《たづ》ねて、七月七日《ふみづきなぬか》、言《い》ひ遣《や》る。

（孝標の女）契《ちぎ》りけむ昔《むかし》の今日《けふ》の床《ゆか》しさに天《あま》の川波《かはなみ》打《う》ち出《い》でつるかな

返《かへ》し、

（『長恨歌物語』の所有者）立《た》ち出《い》づる天《あま》の川辺《かはべ》の床《ゆか》しさに常《つね》は忌々《ゆゆ》しき事《こと》も忘《わす》れぬ

［訳］　猫の夢のことがあって以来、私は「輪廻転生《りんねてんしょう》」や「死後の世界」についての関心を深めていった。『源氏物語』には、中国の『長恨歌《ちょうごんか》』という漢詩を踏まえた展開が見られる。『長恨歌』には、永遠の愛を誓い合った玄宗皇帝《げんそうこうてい》と楊貴妃《ようきひ》が、人間として生きている間だけでなく、死後の世界で、もしも天上の動物に生まれ変わるのであれば「比翼《ひよく》の鳥《とり》」（雌雄一体の鳥）となりたいし、もしも地上の植物に生まれ変わるのであれば「連理《れんり》の枝《えだ》」（二つの枝が接合している木）となって、一緒に暮らしたいという言葉がある。生まれ変わっても愛を貫きたいという願いの、何と切ないことだろう。

白楽天《はくらくてん》が書いた『長恨歌』は詩である。また、陳鴻《ちんこう》という人物が散文で書いた『長恨歌伝』も広く読まれ、『源氏物語』にも引用がなされている。
漢文で書かれた『長恨歌』と『長恨歌伝』を巧みに繋ぎ合わせて、それを美しい大和言葉に置き換えた物語を所有している人がいるらしい、という耳よりな話を聞いた。読んでみたくてたまらない。でも、頼み事をするには、時期を待たねばならない。
そのうちに、七月七日の七夕が近づいてきた。『長恨歌』には、玄宗皇帝と楊貴妃が、「長生殿《ちょうせいでん》」という建物で、「七月七日」の夜空を見ながら、永遠の愛を誓い合ったと書かれている。その七夕の日にお願いすれば、物語の所有者の心も動くのではないだろうか。そう考えた私は、期待を込めて借用を願い出る和歌を詠んだ。

（孝標の女）契《ちぎ》りけむ昔《むかし》の今日《けふ》の床《ゆか》しさに天《あま》の川波《かはなみ》打《う》ち出《い》でつるかな

（玄宗皇帝と楊貴妃の二人が、永遠の愛を誓い合ったのが、今日、七月七日です。その愛の物語をお持ちであるというあなた様に、どうか拝見させていただきたいというお願いを、天の川の波が激しく打《う》ち出《で》てくるように、私も思いきってあなた様に言葉として口に出しました。）

返事は、次のような歌だった。

（『長恨歌物語』の所有者）立《た》ち出《い》づる天《あま》の川辺《かはべ》の床《ゆか》しさに常《つね》は忌々《ゆゆ》しき事《こと》も忘《わす》れぬ

（今夜は、一年に一度、牽牛《けんぎゅう》と織女《しょくじょ》が天の川のほとりまで出かけて、再会するというおめでたい日です。『長恨歌』は、楊貴妃の死を描いているので、縁起の良くない悲劇的な内容ですので、ふだんの日ならば他人様《ひとさま》にお貸しするのはためらわれますが、わざわざ今日を選んで借用を申し出てこられたあなたのお心に感動しましたので、お貸ししましょう。心ゆくまでお読みください。）

［評］先方からの返事には、『長恨歌物語』が一緒に添えられていた。既に物語に精通し、永遠の愛に憧れる十五歳の作者は、この物語から何を読み取っただろうか。

人間の世界で、愛を誓い合った二人だったが、叛乱が起きて、楊貴妃は死んでしまう。一人生き残った玄宗は、今は仙界に転生した女に、「もう一度会いたい」と心からの願いを伝える。そこで、『長恨歌』は終わるし、それを物語に書き換えた『長恨歌物語』も終わっていただろう。そのあとに、どのような展開があるのか。

男の愛にほだされて、女がもう一度、人間の世界に転生してくるという未来を夢想すれば、そのまま『浜松中納言物語』の世界になる。また、宇治十帖で、尼になって去った浮舟に向かって、薫が、「もう一度、やり直そう」と呼びかけた時に、浮舟にはどういう選択肢があるのか。浮舟が還俗《げんぞく》して、薫と生き直すという選択肢は、絶無なのか。菅原孝標女は、『長恨歌物語』を熱い思いと共に読みながら、考え続けたことだろう。

『長恨歌伝』には、自分の死後も、自分を愛し続けている玄宗皇帝の思いを知った楊貴妃が、自分は皇帝の愛にほだされて、仙界から下界(人間世界)へと戻り、人間関係を復活させるだろうと思う場面で終わっている。これは、『浜松中納言物語』で、天界にある唐后が、中納言の愛にほだされて、懐妊した「吉野の姫君」の子どもとして「転生」してくる、というストーリーと一致している。

## 26　死を思う姉と、荻《おぎ》の葉《は》情歌

其《そ》の十三日《とをかあまりみか》の夜《よ》、月《つき》、いみじく隈《くま》無《な》く明《あ》かきに、皆人《みなひと》も寝《ね》たる夜中《よなか》許《ばか》りに、縁《えん》に出《い》で居《ゐ》て、姉《あね》なる人《ひと》、空《そら》を、つくづくと眺《なが》めて、「唯今《ただいま》、行方《ゆくへ》無《な》く、飛《と》び失《う》せなば、如何《いか》が思《おも》ふべき」と問《と》ふに、（孝標の女）「生恐《なまおそ》ろし」と思《おも》へる気色《けしき》を見《み》て、異事《ことごと》に言《い》ひ成《な》して笑《わら》ひなどして、聞《き》けば、傍《かたは》らなる所《ところ》に、前駆《さき》追《お》ふ車《くるま》、止《と》まりて、（男）「荻《をぎ》の葉《は》、荻《をぎ》の葉《は》」と呼《よ》ばすれど、答《こた》へざンなり。呼《よ》び煩《わづら》ひて、笛《ふえ》を、いとをかしく吹《ふ》き澄《す》まして、過《す》ぎぬなり。

（孝標の女）笛《ふえ》の音《ね》の唯秋風《ただあきかぜ》と聞《き》こゆるに何《な》ど荻《をぎ》の葉《は》のそよと答《こた》へぬ

と言ひたれば、（姉）「実《げ》に」とて、

（姉）荻《をぎ》の葉《は》の答《こた》ふるまでも吹《ふ》き寄《よ》らで唯《ただ》に過《す》ぎぬる笛《ふえ》の音《ね》ぞ憂《う》き

斯様《かやう》に、明《あ》くるまで、眺《なが》め明《あ》かいて、夜《よ》、明《あ》けてぞ、皆人《みなひと》、寝《ね》ぬる。

［訳］　その七月の十三日の夜のことだった。まもなく満月なので、空には皓々《こうこう》とした月がかかっていて、あたりはとても明るかった。母親や、姉の乳母《めのと》たちも眠りにつき、私は姉と二人だけになった。私たちは、こんなに月が美しいのに眠ってしまうのがもったいな

かったので、縁側まで膝行《いざ》り出て行って、お月様を見上げながら、読んだばかりの『長恨歌物語』のことを話題としていた。

少しばかりの間《あいだ》、会話が途切れた。姉は、しみじみと空を見ていた。私は、てっきり月の面《おもて》を眺めているのだろうと思っていたが、どうも姉の目は別の所を見ているようだった。そして、ぽつりと、「ねえ。お前」と、私の名前を口にした。そして、「もしもよ。姉さんが、この瞬間に、どこへともなく、いきなり空に舞い上がって、そのままここから飛び失《う》せるようなことがあれば、お前はどういう気持ちになる?」と聞くではないか。

上総の国から都へ上る旅の途中、「竹芝寺」の伝説を聞いたのは、まだ二年前である。皇女様を、逞しい男が背負って、飛ぶように都から消え失せ、武蔵の国で理想的な愛の暮らしをつかんだ、という話だった。姉は、今、自分も飛ぶように消え失せたいと、と言っている。誰が、姉を背負うのだろうか。『竹取物語』のかぐや姫は、豪華な車に乗って、月の世界へと飛び去った。姉を背負う者がいたとしたら、死の国の使いの者しかいない。姉は、今、自分の死んだ後《あと》のことを思っている……。そう気づいた瞬間に、私はぞっとして、「恐くてたまらない、どうしよう」と思った。

姉は、そういう私の不安を察したのか、「冗談よ。ちょっと聞いてみただけ。あまり気にしないでね」と言って、はにかんだように笑いながら、話題を変えた。

その時、隣のお屋敷の前で、「おし、おし」「しっ、しっ」などと、先払いする声がしていた牛車《ぎっしゃ》の止まる音が、壁越しにこちらまで伝わってきた。よほど身分の高い男の人が、牛車には乗っているのだろう。そして、男の声で、「荻《おぎ》の葉《は》さん、荻の葉さん」と呼ぶ声がする。牛車に乗っている貴人が、家来の者に呼ばせているのだろう。「荻の葉」は、貴人の今夜のお目当ての女性の名前かと思われる。ところが、隣の屋敷からの返事は、なかったようだ。お目当ての女性が男を呼び入れないので、男は呼びかけさせるのを止《や》めた。そして、横笛を吹きながら、牛車は通り過ぎていった。その横笛の音が、まことに素晴らしい。初秋の空に澄み昇ってゆくようだった。私は、歌を詠まずには、いられなかった。

（孝標の女）笛《ふえ》の音《ね》の唯秋風《ただあきかぜ》と聞《き》こゆるに何《な》ど荻《をぎ》の葉《は》のそよと答《こた》へぬ
（男の人の吹く横笛の音は、まるで秋の初めの風を思わせるほどに、爽《さわ》やかです。秋風が吹けば、荻の葉は、そよそよと音を立てて、風に応《こた》えます。それなのに、人間の「荻の葉」さんは、どうして男の人の秋風のような笛の音を聞いても、「そよ（そうです）、私はここにいます」と答えないのでしょうか。）

姉も、「ほんとに、そうね」と言って、歌を唱和した。

（姉）荻《をぎ》の葉《は》の答《こた》ふるまでも吹《ふ》き寄《よ》らで唯《ただ》に過《す》ぎぬる笛《ふえ》の音《ね》ぞ憂《う》き

（でも、私には、男の人の愛情が薄《うす》く感じられるのよ。秋風だって、弱く吹いたら、荻の葉に、葉擦《はず》れの音を立てさせることはできないわ。激しく吹いてこそ、荻の葉は「そよそよ」という音を立てるのよ。あの男の人も、もう少し長くここに留まって、素晴らしい笛を吹き続けたならば、聞いている荻の葉さんだって、必ず返事をして、中に呼び入れたのではないかしら。「秋」が来ると、男の人は恋に「飽きる」と言われるけれど、本当に世の中の定めは、嫌なものね。）

こんなことを姉と語らいながら、月を眺め続け、夜が明けかかってから、私たちはやっと眠りに就《つ》いたのだった。

［評］『長恨歌』は、永遠の愛を誓ったはずなのに、女が突然にいなくなって、残された男が苦しむ、というストーリーである。作者と姉の会話の場に、行成卿の姫君が転生した猫もいたことだろう。姫君は、藤原長家と結婚して幸福に暮らしていた。なのに、病に倒れて死んだ。夫である長家への思いが残って、極楽往生できずに、猫に姿を変えて転生したのだと思われる。人間の言葉を理解できる猫は、どんな思いで、姉妹の語らいを聞いていたのだろうか。

姉は、ふだんから、ぼんやりと空を見上げる習性があったのだろう。「夕暮《ゆふぐ》れは雲《くも》のはたてに物《もの》ぞ思《おも》ふ天《あま》つ空《そら》なる人《ひと》を恋《こ》ふとて」(『古今和歌集』読み人知らず)。この歌は、菅原孝標女の作と伝えられる『浜松中納言物語』とも深い結びつきがある。

「荻の葉」のエピソードも、心に残る。「荻の葉」という言葉は、『源氏物語』蜻蛉《かげろう》巻の和歌に用いられている。ただし、この場面を執筆する作者の脳裏には、季節は異なるけれども、帚木《ははきぎ》巻の「木枯《こがらし》の女」のエピソードが念頭にあったのではなかろうか。

(男)琴《こと》の音《ね》も月《つき》もえならぬ宿《やど》ながらつれなき人《ひと》をひきや留《と》めける

(女)木枯《こがらし》に吹《ふ》き合《あ》はすめる笛《ふえ》の音《ね》をひき留《とど》むべきことの葉《は》ぞ無《な》き

男は笛を吹き、女は琴を弾いている。女の歌をほんの少しばかり書き換えると、

秋風に吹きあはすめる笛の音《ね》をひき留《とど》むべき荻《をぎ》の葉《は》ぞなき

となる。ここから、『更級日記』の「笛《ふえ》の音《ね》の唯秋風《ただあきかぜ》と聞《き》こゆるに何《な》ど荻《をぎ》の葉《は》のそよと答《こた》へぬ」という歌が発想されたのかもしれない、などと、私は推測をた

くましくしている。

## 27 自宅の火災、そして猫の死

其《そ》の返《かへ》る年《とし》、四月《うづき》の夜中許《よなかばか》りに、火《ひ》の事《こと》、有《あ》りて、大納言殿《だいなごんどの》の姫君《ひめぎみ》と思《おも》ひ傅《かしづ》きし猫《ねこ》も、焼《や》けぬ。（孝標の女たち）「大納言殿《だいなごんどの》の姫君《ひめぎみ》」と呼びしかば、聞《き》き知《し》り顔《がほ》に、鳴《な》きて、歩《あゆ》み来《き》など、せしかば、父《てて》なりし人《ひと》も、（父）「珍《めづら》かに、哀《あは》れなる事《こと》なり。大納言《だいなごん》に申《まう》さむ」など、有《あ》りし程《ほど》に、いみじう哀《あは》れに、口惜《くちを》しく覚《おぼ》ゆ。

［訳］ その年が暮れて、新しい年が始まった。私は、十六歳になった。この年（治安三年、一〇二三）には、火事があった。しかも、我が家で。四月の夜中頃《よなかごろ》に火事が起きて、私たちが住んでいた建物が、すべて焼け失《う》せてしまったのである。幸いなことに、人命は無事だったのだけれども、藤原行成大納言様のお姫様が生まれ変わっておられた猫は、焼け死んだ。あれほど可愛がっていたのに、残念なこと

だった。
この猫は、「大納言様のお姫様」と呼びかけられると、その言葉が理解できて、「はい」と返事するかのように鳴いて、こちらに歩み寄ってきたりするので、それを見た私の父親も、「まことに、めったにない、感動的なことだ。このことを、機会があればぜひとも、行成様のお耳にも入れたいなあ」などと言っていた折も折なので、猫が死んだのはひどくかわいそうだし、行成様にお見せする機会がなくなったのは残念なことだった。

［評］ 猫は、死んでしまった。この猫は、大納言の娘だったのが、猫に転生してまで、この世界に留まっていたいという執着心を持っていた。その執着心がなくなったからこそ、猫としての「生」を終え、次なる転生へと進んだのだろう。

【24】で、猫は、作者が自分の筆跡を大切にしてくれたから、しばらく、この屋敷に留まろうと、姉の夢の中で語っていた。これは、真実だろうか。行成の娘は幼くして、これまた幼い藤原長家と夫婦となった。その妻に突然に死去された長家の悲嘆は、見るに忍びなかったと、『栄花《えいが》物語』には書かれている。

死んだ行成の女は、夫の長家のことが心配で、つまり、長家の愛情にほだされて、往生できなかったのではないだろうか。

ところが、長家は、行成の娘が亡くなった同じ年のうちに、藤原斉信《ただのぶ》の娘と結婚している。作者の前に、猫が現れたのは、その翌年の五月である。五月闇《さつきやみ》の中から、この猫は姿を現した。

そして、その翌年、長家の自分への愛情の消滅を見届けたのか、この猫は火事と共に、この世から消えた。その二年後には、長家の二番目の妻となった斉信の娘が病死する。この時の長家の悲嘆ぶりも、『栄花物語』に書かれている。

猫の出現と、作者の屋敷の火事との間には、因果関係はない。また、猫の死と、長家の二番目の妻の死との間にも、因果関係はない。ただし、長家の人生をたどってみると、『更級日記』の猫がロマンチックな存在だけではないように思えてくる。

斉信の娘とも死別した長家は、源高雅《たかまさ》の娘と結婚した。その間に生まれた次男・忠家《ただいえ》が、藤原定家の曾祖父である。定家は、御物本『更級日記』で、この火事について、「治安三年」（一〇二三）のこととし、「此火事《このかじ》、無二所見一《しょけんなし》」と注記している。つまり、ほかの歴史書や記録類などに、この火事の記述は見当たらない、というのである。
作者の家の中だけの火事だったのか、よくわからない。ともかく、この火事で猫は死んだ。

## 28 狭い家に移る

広々《ひろびろ》と、物深《ものふか》き深山《みやま》の様《やう》には有《あ》りながら、花《はな》・紅葉《もみぢ》の折《をり》は、四方《よも》の山辺《やまべ》も何《なに》ならぬを、見馴《みな》らひたるに、譬《たとし》へ無《な》く狭《せば》き所《ところ》の、庭《には》の程《ほど》も無《な》く、木《き》なども無《な》きに、いと心憂《こころう》きに、向《む》かひなる所《ところ》に、梅《むめ》・紅梅《こうばい》など、咲《さ》き乱《みだ》れて、風《かぜ》に付《つ》けて、香《かか》へ来《く》るに付《つ》けても、住《す》み馴《な》れし古里《ふるさと》、限《かぎ》り無《な》く、思《おも》ひ出《い》でらる。

（孝標の女）匂《にほ》ひ来《く》る隣《となり》の風《かぜ》を身《み》に沁《し》めて有《あ》りし軒端《のきば》の梅《むめ》ぞ恋《こひ》しき

［訳］　この家では、十三歳の年の暮れに上京した時から、火事で焼失した十六歳の四月

まで、二年半近くを過ごしたことになる。東隣も西隣も内親王様のお屋敷なので、敷地は広大だった。手入れが行き届かないため、鬱蒼と木々が茂っているさまは、深山幽谷《しんざんゆうこく》の趣があり、恐ろしい感じさえ受けることがあった。それでも、春の桜の季節や、秋の紅葉《もみじ》の季節になると、都の郊外の山で見られる花や紅葉も、我が家のそれと比べたら、我が家のほうが素晴らしいと自慢できるほどだった。

そこでの庭の眺めに馴れてしまっていたので、火事の後《あと》で移り住んだ新しい家は、前の家の敷地の何分の一というレベルではなく、敷地がまことに狭い。だから、庭のスペースも、まったくなく、木もろくに植わっていない。住んでいて面白くない心境である。

この狭い家にも新しい年が来て、私は十七歳になった（治安四年＝万寿元年、一〇二四）。春になって、梅の花が咲く頃となった。新居の庭には、梅の花が開かないのに、向かい側にあるお屋敷では、白梅も紅梅も、見事に咲き乱れている。しかも、春風に乗って、梅の良い香りまでが、こちらに運ばれてくる。「ああ、去年の春までは、見事な梅を自分の家で満喫できたのに」と、火事で焼けた元《もと》の住まいが、ひどく懐かしく思い出される。そんな気持ちを、歌に託してみた。

（孝標の女）匂《にほ》ひ来《く》る隣《となり》の風《かぜ》を身《み》に沁《し》めて有《あ》りし軒端《のきば》の梅《むめ》ぞ恋《こひ》しき

（お隣の屋敷から、かぐわしい梅の匂いを、春風が我が家に運んでくるので、その匂いが私の体に染《し》みつくように感じられる。去年までは、自分の屋敷の梅の良い匂いを体に薫《た》きしめることができたのだと思うと、去年まで暮らしていた屋敷の軒端近くに生えていた梅が、しのばれてならない。）

【評】作者が懐しく思い出している「梅」は、父と離別して去った継母が、「この梅の花が咲く頃に、会いに来ましょう」と約束した梅の木である。その屋敷を焼け出された作者には、もう継母と再会することはないのだろう。約束の存在を証し立てる梅の木が、もはや存在しないのだから。

火事は、『源氏物語』でもしばしば語られている。宇治十帖に登場する「八の宮」は、桐壺帝の息子であるが、政治的能力がなく、経済的にも恵まれず、家庭運にさえ恵まれなかった。都の中にあった自邸が火事で焼けると、再建できずに、宇治の山荘に、幼い二人の娘を連れて引き移るしかなかった。その一方で、光源氏の子どもとされている薫は、母親である女三の宮と一緒に暮らしている家が、火事で焼亡したが、新邸に作り替えている。火事の後の再建は、財力次第なのである。作者の父には、財力がなかった。上総の国から帰任しても、次の任国が発令されないからである。

この頃、父の菅原孝標は、屈辱的な仕打ちを受けている。治安三年(一〇二三)、つまり火事で屋敷が焼亡した年の十月に、藤原道長が、高野山《こうやさん》参詣の帰途、大和の国の龍門寺《りゅうもんじ》を訪れた。龍門寺は由緒あるお寺であり、菅原家の先祖である道真や、都良香《みやこのよしか》の自筆の漢詩が、書き記されていた。ところが、そこに、漢文ではなく仮名《かな》交じりに、菅原孝標の添え書きが記されてあった。それが、皆の嘲笑の的《まと》となり、孝標の書いた文字は塗りつぶされ、抹消されてしまったというのだ。しかし、その娘は、皮肉なことに、仮名散文で見事な日記や物語を書いた。

この孝標が、中央政界で高く評価されたり、大国の国司に任命されたりすることは、ありえなかった。「父の娘」である孝標女の人生も、明るい展望は開けなかった。悲しいことは、なおも続く。

## 29 飛び去りし姉

其《そ》の五月《さつき》の朔日《ついたち》に、姉《あね》なる人《ひと》、子《こ》、産《う》みて、亡《な》くなりぬ。余所《よそ》の事《こと》だに、幼《をさな》くより、(孝標の女)「いみじく哀《あは》れ」と思《おも》ひ渡《わた》るに、増《ま》して、言《い》はむ方無《かたな》く、「哀《あは》れ、悲《かな》し」と思《おも》ひ嘆《なげ》かる。

母《はは》などは皆《みな》、亡《な》くなりたる方《かた》に有《あ》るに、形見《かたみ》に留《と》まりたる幼《をさな》き人々《ひとびと》を、左右《ひだりみぎ》に臥《ふ》せたるに、荒《あ》れたる板屋《いたや》の隙《ひま》より、月《つき》の漏《も》り来《き》て、児《ちご》の顔《かほ》に当《あ》たりたるが、いと忌々《ゆゆ》しく覚《おぼ》ゆれば、袖《そで》を打《う》ち覆《おほ》ひて、今一人《いまひとり》をも掻《か》き寄《よ》せて、思《おも》ふぞ、いみじきや。

[訳] その年の五月上旬、我が家が火事で焼けてしまい、狭苦しい家に移ってから一月《ひとつき》も経《た》たないうちに、姉が亡くなった。子どもを生んで、すぐに亡くなったのだ。私は、幼い頃から「死」という現象に敏感で、誰かが亡くなったという話を聞くと、「悲しくてたまらない」と思い続けてきたのに、その「死」が私の姉の身の上に起きたのだから、言いようもないほど打ちひしがれ、「ああ、悲しい」と嘆かずにはいられない。

姉が亡くなった直後、母たちは姉の部屋にいずっぱりで亡骸《なきがら》を見守っているので、私は姉が「忘れ形見」としてこの世に遺《のこ》した二人の子どもの面倒を見ていた。うち一人は、姉が出産したばかりの赤ちゃんである。もう一人も幼いので、自分たちの母親が死んだという事実を理解できない二人の幼児を、それぞれ私の左と右に寝かしつけた。新しい家は、狭苦しいだけでなく、古びていたので、綻《ほころ》びのある板屋根の隙間《すきま》から、月の光が漏れて差し入《い》ってくる。その光が、二人の遺児の顔を、青白く照らしている。夜なのに白く浮かび上がる幼児の顔が、どうしようもなく不吉に感じられる。「姉の命は守ってあげられなかったけれども、この子どもたちの命だけは、私が守らなければならない」と、必死になって、年長の子の顔を私の袖で覆《おお》い、月の光が照らさないようにした。もう一人の赤子は、胸に掻《か》き抱いて、これも月の光が顔に当たらないように抱きしめた。姉の死のことや、これからの姉の子どもたちの人生などを考えると、悲しくてたまらなかった。

［評］【26】で予感されていた姉の死が現実のものとなり、姉は遠くへ飛び去った。人間をこの世に引き留めて放さない力が、あまりにも弱いことに気づき、作者は悲しむ。

月光と死、出産と死の観念連合については、【6】の「まつさとの渡り」での乳母の描写を思わせる。

姉は二人の子どもを遺して去ったが、その父親（姉の夫）は誰なのだろう。姉は、作者と同様に上総の国で四年間を過ごしている。都に戻ってきてから、亡くなるまでの約三年半で、結婚して二人の子どもを生んだのだろうか。

## 30 死の波紋を描く物語

其《そ》の程《ほど》過《す》ぎて、親族《しぞく》なる人《ひと》の許《もと》より、（親類の人）「昔《むかし》の人《ひと》の、（生前の姉）『必《かなら》ず、求《もと》めて、遣《おこ》せよ』と有《あ》りしかば、求《もと》めしに、其《そ》の折《をり》は、え見《み》出でず成《な》りにしを、今《いま》しも、人《ひと》の遣《おこ》せたるが、哀《あは》れに悲《かな》しき事《こと》」とて、『亡骸尋《かばねたづ》ぬる宮《みや》』と言《い》ふ物語《ものがたり》を、遣《おこ》せたり。真《まこと》にぞ哀《あは》れなるや。返《かへ》り事《ごと》に、

（孝標の女）埋《うづ》もれぬ亡骸《かばね》を何《なに》に尋《たづ》ねけむ苔《こけ》の下《した》には身《み》こそなりけれ

［訳］姉が亡くなってから、あっという間《ま》に時間が経《た》ち、四十九日の法要も終わった。

その頃、親類の人から、便りがあった。「お亡くなりになったお方から、ご生前に、『この物語をどうしても読みたいのです。何としてでも、お持ちの方を捜して借りだしてくださいな』と頼まれていたのです。その時にも、手を尽くして捜したのですが、とうとう見つけることはできませんでした。ところが、依頼されたお方がお亡くなりになった今の今になって、その物語が見つかったのです。物語捜しを仲介してくれる人が、『遅ればせながら、今になって見つかりました』と詫《わ》びながら物語を送ってきたのが、何とも残念で、また悲しくてなりません」と言って、姉が所望《しょもう》していた物語を送ってきた。その物語のタイトルが、何と、『亡骸尋《かばねたづ》ぬる宮《みや》』なのであった。読んでみると、ヒロインが入水《じゅすい》して行方不明になったのを、恋人である宮様が「せめて亡骸《なきがら》だけでも見つけたい」とお求めになるけれども、見つからない、というストーリーであった。

タイトルと言い、内容と言い、姉の死を強く連想させて、胸をつかれた。物語を送ってきてくれた親類には、お礼の歌を詠んだ。

（孝標の女）埋《うづ》もれぬ亡骸《かばね》を何《なに》に尋《たづ》ねけむ苔《こけ》の下《した》には身こそなりけれ

（亡骸《なきがら》を求めたけれども見つからなかったので、きちんとしたお墓に埋葬できなかったというストーリーの『亡骸尋《かばねたづ》ぬる宮《みや》』という物語を、亡き姉は、いったいどういうつもりで読みたかったのでしょうか。姉は今、お墓にきちんと埋葬されて、そのお墓は早くも草が生《は》え、苔生《こけむ》し始めていますのに。）

［評］　とにかく、『亡骸尋ぬる宮《かばねたづぬるみや》』というタイトルには、驚かされる。この作品だけが、例外的に「不吉なタイトルの物語」なのか。それとも、「物語」というジャンル自体が「不吉」なのか。

また、『亡骸尋ぬる宮《かばねたづぬるみや》』という物語は、姉本人が読みたかったのか。それとも、姉は、物語好きな妹に読ませたかったのか。妹が将来、優れた「物語作者」になることを予感し、このような物語を書きなさいと、教えたのか。姉もまた、物語作者への道を歩みつつあったのか。この物語は、物語作者たらんと夢見ている妹に与えられた姉の遺言である。

『亡骸尋ぬる宮《かばねたづぬるみや》』は現存しないが、作中の和歌が二首だけ残っていて（『風葉和歌集《ふうようわかしゅう》』）、それによると、女性が入水《じゅすい》する、という内容であるらしい。「入水する女君」は『源氏物語』の浮舟や、『狭衣物語《さごろもものがたり》』の飛鳥井《あすかい》の姫君などの影響下にある。

# 31　悲しみの連珠

乳母《めのと》なりし人《ひと》、（乳母）「今《いま》は、何《なに》に付《つ》けてか」など、泣《な》く泣《な》く、元《もと》、有《あ》りける所《ところ》に帰《かへ》り渡《わた》るに、

「（孝標の女）古里《ふるさと》に斯《か》くこそ人《ひと》は帰《かへ》りけれ哀《あは》れ如何《いか》なる別《わか》れなりけむ

昔《むかし》の形見《かたみ》には、如何《いか》で、となむ思《おも》ふ」など、書《か》きて、（孝標の女）「硯《すずり》の水《みづ》、凍《こほ》れば、皆《みな》、閉《と》ぢられて、留《とど》めつ」と言《い》ひたるに、

「（孝標の女）書《か》き流《なが》す跡《あと》は氷柱《つらら》に閉《と》ぢてけり何《なに》を忘《わす》れぬ形見《かたみ》とか見《み》む」

と、言《い》ひ遣《や》りたる返《かへ》り事《ごと》に、

（姉の乳母）慰《なぐさ》むる潟《かた》も渚《なぎさ》の浜千鳥《はまちどり》何《なに》か憂《う》き世《よ》に跡《あと》も留《とど》めむ

此《こ》の乳母《めのと》、墓所《はかどころ》、見《み》て、泣《な》く泣《な》く帰《かへ》りたりし、

（孝標の女）昇《のぼ》りけむ野辺《のべ》は煙《けふり》も無《な》かりけむ何処《いづこ》を墓《はか》と尋《たづ》ねてか見《み》し

此《これ》を聞《き》きて、継母《ままはは》なりし人《ひと》、

（継母）そこはかと知《し》りて行《ゆ》かねど先《さき》に立《た》つ涙《なみだ》ぞ道《みち》の標《しるべ》なりける

『亡骸《かばね》尋《たづ》ぬる宮』、遣《おこ》せたりし人《ひと》、

（親類の人）住《す》み馴《な》れぬ野辺《のべ》の笹原《ささはら》あとはかも泣《な》く泣《な》く如何《いか》に尋《たづ》ね侘《わ》びけむ

此《これ》を見《み》て、兄人《せうと》（定家の考証では、定義朝臣）は、其《そ》の夜《よ》、送《おく》りに行《い》きたりしかば、

（兄）見《み》し儘《まま》に燃《も》えし煙《けぶり》は尽《つ》きにしを如何《いか》が尋《たづ》ねし野辺《のべ》の笹原《ささはら》

［訳］　姉の乳母《めのと》だった人は、これまでずっと姉に仕えて、そのお世話をしてきたのだが、「こういうことになりましたからには、このお屋敷に置いていただく理由がなくなりました」と言って、泣きながら、以前に暮らしていた実家に戻ることになった。姉が亡くなったのは五月だったが、乳母が去ったのは、さまざまな後片《あとかた》づけが終わった、その年の冬のことだった。私は心を込めて、彼女に慰留の手紙を書いた。

「（孝標の女）古里《ふるさと》に斯《か》くこそ人《ひと》は帰《かへ》りけれ哀《あは》れ如何《いか》なる別《わか》れなりけむ

（私はこれまで、ずっと姉と一緒でしたが、それはそのまま、姉の乳母であるあなたと一緒にこれまで生きてきた、ということです。そのあなたは、今このように、ご実家に戻ってしまわれます。あなたとの生き別れを招いてしまうなんて、私と姉との死別は、かえすがえすも痛恨の出来事でした。）

亡くなった姉を私が偲《しの》ぶ形見としては、あなたしかいません。できることならば、あな

たには実家に戻らずに、この屋敷に留《とど》まっていてほしいのです」

このように書いているうちに、思いがこみ上げてきたので、私はさらに追伸のようにして、書き加えた。

「もっとたくさん書きたいことはあるのですが、冬の寒さで硯《すずり》の水が凍ってしまい、氷で水面《みなも》が閉じられてしまうように、私の心もあなたとの別離の悲しさのために、ふさぎ込んでしまい、これ以上は文字が書けそうにありません」

さらに思いがあふれてきて、和歌をもう一首、手紙の端《はし》に書き添えた。

「(孝標の女)書《か》き流《なが》す跡《あと》は氷柱《つらら》に閉《と》ぢてけり何《なに》を忘《わす》れぬ形見《かたみ》とか見《み》む」

(水が流れるように私も筆を走らせてきましたが、川の水が氷結して流れなくなるように、私も悲しみで心が閉ざされてしまい、これ以上は文字が書けなくなりました。これから先の人生で、私は何を見ながら、誰と話をしながら、今は亡き姉を偲《しの》べばよいのでしょうか。)

このように姉の乳母に送ったところ、その返事があった。

(姉の乳母)慰《なぐさ》むる潟《かた》も渚《なぎさ》の浜千鳥《はまちどり》何《なに》か憂《う》き世《よ》に跡《あと》も留《とど》めむ
(海の水に浮いている浜千鳥は、干潟《ひがた》が無いと、足跡を浜辺に付けて残すことはできません。私も、これまでお仕えしてきたお方が亡くなってしまわれたので、心を慰めるすべもなく、この

「憂《う》き世《よ》」（生きるのが辛《つら》い世の中）にこれ以上、留まっている必要もなくなりました。）

姉の乳母は、姉の埋葬されているお墓まで訪ねていって拝み、泣く泣く実家に戻っていった。その姿は、まさに「亡骸《かばね》尋《たず》ぬる乳母《めのと》」であった。この話を聞いた私は、彼女に和歌を詠み送った。

（孝標の女）昇《のぼ》りけむ野辺《のべ》は煙《けぶり》も無《な》かりけむ何処《いづこ》を墓《はか》と尋《たづ》ねてか見《み》し

（野辺送りの際に、姉君を火葬して空に立ち昇った煙は、あとかたもなく消えています。あなたは何を「計《はか》」（目当て）にして、姉君の「墓《はか》」を見つけてお参りできたのですか。）

私と、姉の乳母との歌の遣り取りを、どこかから漏れ聞いたのであろう、父親と離縁して家を出ていった継母《ままはは》、正しくはかつて継母だった女性から、追悼の和歌が送られてきた。

彼女は、上総の国でも、姉や、姉の乳母とは一緒だった。

（継母）そこはかと知《し》りて行《ゆ》かねど先《さき》に立《た》つ涙《なみだ》ぞ道《みち》の標《しるべ》なりける

（お姉様の乳母は、そこが「墓《はか》」であるという、確かな「計《はか》」（目当て）はなかったでしょう。けれども、お墓を見つけるのに「先立《さきだ》って」、大量の涙が溢れ出たことでしょうから、お墓を見つけたいという真心からこぼれ出た涙が「先立って」（先導する道案内となって）、お姉様のお墓を見つけられたのだと思いますよ。）

また、姉に『亡骸尋ぬる宮《かばねたづぬるみや》』という物語を送ってくれた親類からも、追悼の和歌が寄せられた。

（親類の人）住《す》み馴《な》れぬ野辺《のべ》の笹原《ささはら》あとはかも泣《な》く泣《な》く如何《いか》に尋《たづ》ね侘《わ》びけむ

（お姉様の乳母は、道を教えてくれる人などどこにも住んでいない寂しい笹原をかき分けながら、どこにも「墓《はか》」を見つける「計《はか》」（目当て）がなくて、泣くしかなく、長い時間、お墓を見つけあぐねたことでしょう。）

継母と親類の人から寄せられた和歌を目にした、私の兄も、姉の乳母を思いやる和歌を詠んでくれた。この兄は、姉の葬送に際して、火葬場まで実際に付いていったのである。

（兄）見《み》し儘《まま》に燃《も》えし煙《けぶり》は尽《つ》きにしを如何《いか》が尋《たづ》ねし野辺《のべ》の笹原《ささはら》

（火葬の時に、私が見ている目の前で、あっという間《ま》に亡骸《なきがら》を荼毘《だび》に付した煙は燃え尽きて、消えてしまった。あれから何か月も経《た》っているので、煙の痕跡もなく、乳母はどうやって野辺の笹原をかき分けて、お墓を見つけられたのだろうか。）

［評］　二首目の和歌が、作者の詠んだものだと理解するには、少し時間がかかる。

三首目の乳母の歌は、ただ屋敷を出るだけではなく、俗世間を去って尼になり、亡き姫君の菩提を弔おうという決意が読み取れる。それが、次の【32】につながってゆく。

親類の人の詠んだ「住《す》み馴《な》れぬ野辺《のべ》の笹原《ささはら》あとはかも泣《な》く泣《な》く如何《いか》に尋《たづ》ね侘《わ》びけむ」という和歌は、『源氏物語』花宴《はなのえん》巻の「憂《う》き身世《みよ》にやがて消《き》えなば尋《たづ》ねても草《くさ》の原《はら》をば訪《と》はじとや思《おも》ふ」（朧月夜《おぼろづきよ》）、「いづれぞと露《つゆ》の宿《やど》りを分《わ》かむ間《ま》に小笹《こざさ》が原《はら》に風《かぜ》もこそ吹《ふ》け」（光源氏）という贈答を強く連想させる。「草の原」は、この場面によって、墓場という意味を獲得した。

## 32　吉野を思う

雪《ゆき》の、日《ひ》を経《へ》て、降《ふ》る頃《ころ》、吉野山《よしのやま》に住《す》む尼君《あまぎみ》を思《おも》ひ遣《や》る。

（孝標の女）雪降《ゆきふ》りて稀《まれ》の人目《ひとめ》も絶《た》えぬらむ吉野《よしの》の山《やま》の峰《みね》の懸道《かけみち》

［訳］ 姉の乳母は、出家して尼となり、吉野山に入ったのだった。いつの年だったか、都でも雪が何日も降り続いて、大雪となったことがあった。都ですらこうなのだから、雪深いことで知られる吉野山に籠《こ》もっている尼君は、どんなに寂しいことだろうかと思いやって、詠んだ歌がある。

（孝標の女）雪降《ゆきふ》りて稀《まれ》の人目《ひとめ》も絶《た》えぬらむ吉野《よしの》の山《やま》の峰《みね》の懸道《かけみち》

（吉野山は、峰を通る道が険阻《けんそ》なので、尼君の庵を訪れる人もめったにいないでしょう。その道さえも、雪で閉ざされるので、尼君はどんなお気持ちで過ごしておられるのだろうか。）

［評］ 「尼君」は、姉の乳母であった人物ではなかろうか。そう考えないと、この歌が、姉の死を語った直後に位置している理由を説明できない。また、【31】で乳母が「何《なに》か憂《う》き世《よ》に跡《あと》も留《とど》めむ」と歌っていたこととも響き合う。

なお、菅原孝標女が書いたとされる『浜松中納言物語』にも、「吉野の尼君」という女性が登場する。

# Ⅲ　東山での日々……淡い恋の記憶
十八歳から二十四歳

## 33　父親の不遇を、恋人と悲しむ

返《かへ》る年《とし》、正月《むつき》の司召《つかさめし》に、親《おや》の、慶《よろこ》びすべき事有《ことあ》りしに、甲斐無《かひな》き早朝《つとめて》、同《おな》じ心《こころ》に思《おも》ふべき人《ひと》の許《もと》より、（親しい人）「『然《さ》りとも』と思《おも》ひつつ、明《あ》くるを待《ま》ちつる心許無《こころもとな》さ」と言《い》ひて、

（親しい人）明《あ》くる待《ま》つ鐘《かね》の声《こゑ》にも夢覚《ゆめさ》めて秋《あき》の百夜《ももよ》の心地《ここち》せしかな

と言《い》ひたる返《かへ》り事《ごと》に、

（孝標の女）暁《あかつき》を何《なに》に待《ま》ちけむ思《おも》ふ事成《ことな》るとも聞《き》かぬ鐘《かね》の音《おと》ゆゑ

［訳］　姉が亡くなった次の年、私は十八歳になった（万寿《まんじゅ》二年、一〇二五）。新年早々の一月十一日から三日間、国司などの新しい任地を決定する「県召《あがためし》の除目《じもく》」が行われる。今年

で五十四歳になった私の父親にも、今年こそは、都から近くて、しかも大きな国の国司に任命されるのではないかという見込みがあったのだが、会議の結果が発表される三日目の早朝に、父親の名前はどこにも見当たらなかった。

その頃の私には、お付き合いをしている男性がいた。その人にとっても、私の父親が任官できるかどうかは重大事なので、このたびの残念な結果を慰める手紙と和歌をよこしてくれた。それには、「なかなかよい報せが来ないのですが、私は『いくら何でも今年こそは、どこかの国にお決まりになるだろう』と思っていました。夜中《よるじゅう》、吉報がもたらされるであろう早朝が待ち遠しくて、たまりませんでしたよ」と書いて、歌が一首、添えてあった。

（親しい人）明《あ》くる待《ま》つ鐘《かね》の声《こゑ》にも夢覚《ゆめさ》めて秋《あき》の百夜《ももよ》の心地《ここち》せしかな

（長いことで知られる秋の夜を、百夜も待ち続けているかと思われましたよ。朝を告げる鐘の音で、はっと目が覚めましたら、それまで見ていた良い夢が、中断してしまいました。お父君の「夢」も破れてしまわれたのでしょうか。まことに惜しまれることです。）

私も今回の結果にひどくがっかりしていたのだが、その人への返事には、同じ気持ちで朝を待ってくれていたことへの感謝をにじませておいた。

（孝標の女）暁《あかつき》を何《なに》に待《ま》ちけむ思《おも》ふ事成《ことな》るとも聞《き》かぬ鐘《かね》の音《おと》ゆゑ

（この朝には、念願が「成《な》る」（成就《じょうじゅ》する）ことを知らせる朝の鐘が「鳴《な》る」ことを、家族の一員として私は待っていました。でも、こういう悲しい結果となったので、自分は何を期待して、夜も眠らずに朝を待っていたのかと、徒労感で一杯です。あなたも、私たちと同じように、願いが叶わなかったことを知らせる朝の鐘を、悲しい心でお聞きになったのですね。ありがとうございました。）

【評】 菅原道真の子孫であり、代々、学問の家柄としての誇りもあった父・菅原孝標の失意の大きさが窺《うかが》われる。菅原家の系図を確認しておけば、「道真」（右大臣）→「高視《たかみ》（長男）」（大学頭《だいがくのかみ》）→「雅規《まさのり》」（文章博士《もんじょうはかせ》、各国の国司）→資忠《すけただ》（文章博士・大学頭）→孝標、となる。孝標は、大学頭にも、文章博士にもならなかった。孝標の子の「定義《さだよし》」（作者の兄）は、大学頭にも、文章博士にもなっている。

【12 神々が集《つど》う富士の山】で、作者は富士山の神々が諸国の国司をあらかじめ決定しているという伝説を書き記していた。父親の孝標は、神々に見放されたのだろうか。

『枕草子』の「凄《すさ》まじき物《もの》」にも、国司に任命されなかった家の失意が、リアルに書かれている。清少納言もまた、受領《ずりょう》（国司階級）を父親に持った娘だった。

《除目《ちもく》に、官得《つかさえ》ぬ人の家《いへ》。「今年《ことし》は、必《かなら》ず」と聞《き》きて、早《はや》う、有《あ》りし者《もの》どもの、外々《ほかほか》なりつる、片田舎《かたゐなか》に住《す》む者《もの》どもなど、皆《みな》、集《あつ》まり来《き》て、出《い》で入《い》る車《くるま》の轅《ながえ》も、暇無《ひまな》く見《み》え、物詣《ものまうで》する供《とも》にも、我《われ》も我《われ》もと、参《まゐ》り仕《つかうまつ》り、物食《ものく》ひ、酒《さけ》飲《の》み、罵《ののし》り合《あ》へるに、果《は》つる暁《あかつき》まで、門叩《かどたた》く音《おと》もせず。「怪《あや》し」など、耳立《みみた》てて聞《き》けば、前駆追《さきお》ふ声々《こゑごゑ》して、上達部《かんだちめ》など、皆《みな》、出《い》で給《たま》ふ。物《もの》聞《き》きに、宵《よひ》より、寒《さむ》がり、戦慄《わなな》き居《を》りつる下種男《げすをのこ》など、いと、物憂《ものう》げに、歩《あゆ》み来《く》るを、居《を》る者《もの》どもは、問《と》ひだにも、え問《と》はず。外《ほか》より来《き》たる者《もの》どもなどぞ、「殿《との》は、何《なに》にか、成《な》らせ給《たま》へる」など、問《と》ふ。答《いら》へには、「何《なに》の前《ぜん》司《じ》にこそは」と、必《かなら》ず、答《いら》ふる。真《まこと》に、頼《たの》みける者《もの》は、「いみじう、嘆《なげ》かし」と、思《おも》ひたり。翌朝《つとめて》に成《な》りて、隙無《ひまな》く居《を》りつる者《もの》も、漸《やうや》う、一人《ひとり》・二人《ふたり》づつ、滑《すべ》り出《い》でぬ。古《ふる》き者《もの》の、然《さ》も、え行《ゆ》き離《はな》るまじきは、来年《らいねん》の国々《くにぐに》を、手《て》を折《を》りて、数《かぞ》へなどして、揺《ゆ》るぎ歩《あり》きたるも、いみじう、いとほしう、凄《すさ》まじげなり。》

（官位昇進で、新たな官位を得られなかった人の家は、まことにがっかりである。「今年こそは、必ず、どこかしらの任国が得られるだろう」などと噂に聞いて、以前はその家に仕えていたものの、今は別の家に仕えている人々や、片田舎に住んでいる親類縁者などが、皆、集まってきて、出たり入ったりする牛車が隙間もないほど並んでいる。その家の主人が、任国にありつくお願いのために神社やお寺に物詣する時には、おこぼれにあずかりたい者たちが大勢でお供をし、前祝いだと言っては、料理などを食べたり、酒を飲んだり、大騒ぎしている。ところが、あにはからんや。翌朝の明け方まで、吉報を待っても、門を叩く音がしない。「いくら何でも、変だなあ」と、門の近くに行って、聞き耳を立てていると、先駆けを伴って道を行き交う声が、あちこちからして、会議に出席していた上達部などは、皆、内裏から退出してくる。宵の頃から、寒さで震えながらも、内裏の近くで主人についての情報を得ようと待っていた下男などが、肩を落とし疲れ切った様子で、家に戻ってくる。永く仕えている者たちは、この様子を見て駄目だったことがわかるので、その男には何も聞けない。察しの悪い、よそからやって来た者に限って、無遠慮に、「こちらのお邸のご主人様は、新しくどの国を得られましたかな」などと問いかける。その答えには、なにしろ官位が得られなかったから、誰に対しても必ず、昔の任国の地名を用いて、「どこそこの『以前の国司』になられました」などと答えるより仕方がない。この度《たび》の任命を、心から頼みにしていた者たちは、「本当に、嘆かわしい」と思っている。翌朝になると、この邸のあちこちに、隙間もないくらい詰めかけていた者たちも、一人二人ずつ、こそこそと帰って行く。古くからの使用人で、この家をどうにも離れられない老いた使用人が、来年、国司の任期が満了して空きが出そうな国々を、あの国がある、この国もある、などと指折り数えて、力なくよろめき歩いているのも、はなはだ同情できるし、よそ目から見ても落胆する。)

なお、「同《おな》じ心《こころ》に思《おも》ふべき人《ひと》」とは、作者の恋人のことだろう。それが、次なる「東山」での日々に繋がってくる。

## 34　東山に移る

四月晦日方《うづきつごもりがた》、然《さ》るべき故有《ゆゑあ》りて、東山《ひがしやま》なる所《ところ》へ移《うつ》ろふ。道《みち》の程《ほど》、田《た》の、苗代水《なはしろみづ》、引《まか》せたるも、植《う》ゑたるも、何《なに》と無《な》く青《あを》み、をかしう見《み》え渡《わた》りたる。山《やま》の陰《かげ》、暗《くら》う、前近《まへちか》う見《み》えて、心細《こころぼそ》く哀《あは》れなる夕暮《ゆふぐ》れ、水鶏《くひな》、いみじく鳴《な》く。

（孝標の女）叩《たた》くとも誰《たれ》か水鶏《くひな》の暮《く》れぬるに山路《やまち》を深《ふか》く訪《たづ》ねては来《こ》む

［訳］　その年の四月の下旬頃、この日記にもはっきりとは書けない事情があって、東山《ひがしやま》にある家に移ることになった。東山までの道中は、都では見慣れない水田風景が、ずっと見渡せるほどに広がっていた。苗代水《なわしろみず》を引いたままの水田もあるが、早くも田植えが終わっている水田では、稲の葉が、心なしか青々《あおあお》と見え、新鮮に感じられた。

私が滞在することになった家は、東山連山《れんざん》の山陰《やまかげ》にあったので、全体的に暗く感じられるし、すぐ目の前に山が迫ってくるような圧迫感があった。寂寥感《せきりょうかん》がこみあげてきて、物悲しい気持ちになっている夕暮れに、鳥が盛んに鳴く声が聞こえてきた。「キョッ、キョッ」と鳴いていて、それが戸口を叩《たた》く音のように聞こえる。水鶏《くいな》の声だ、と気づいた。

私は、「くいな」の「く」に、「来《く》」（来る）を懸詞《かけことば》にして、歌を詠んでみた。

（孝標の女）叩《たた》くとも誰《たれ》か水鶏《くひな》の暮《く》れぬるに山路《やまち》を深《ふか》く訪《たづ》ねては来《こ》む

（水鶏《くいな》が、何度も戸を叩くように鳴きしきっている。けれども、実際に、誰か、私の待っている人が、ここまで来てくれて、戸を叩いているわけではないのだ。こんなに暗くなった夕暮れに、東山の山陰まで深く分け入って訪《たず》ねてきてくれる人など、いようはずはない。）

［評］　作者の歌は、「でも、来てほしい。そして、戸を叩いて、来訪を告げてほしい」と訴えている。作者が待ちわびているのは、むろん恋人であろう。宇治十帖で、宇治に囲われている浮舟が、来訪の少ない薫を待ち望む気持ちが、作者にも実感されたかもしれない。

作者は、この東山で、これから約五か月を過ごすことになる。懐妊中の女性が出産を終えることもできるし、物語を一編なら書き上げることもできる。かなりの長期間である。

「東山」とは、「北山」「西山」に対して、賀茂川の東に広がる山々のこと。低い丘陵がいくつも連なっている。

# 35　山《やま》の井《い》の雫《しずく》

霊山《りやうぜん》近《ちか》き所《ところ》なれば、詣《まう》でて拝《をが》み奉《たてまつ》るに、いと苦《くる》しければ、山寺《やまでら》なる石井《いしゐ》に寄《よ》りて、手《て》に結《むす》びつつ飲《の》みて、（同行者）「この水《みづ》の、飽《あ》かず覚《おぼ》ゆるかな」と言《い》ふ人《ひと》の有《あ》るに、

（孝標の女）奥山《おくやま》の石間《いしま》の水《みづ》を結《むす》び上《あ》げて飽《あ》かぬ物《もの》とは今《いま》のみや知《し》る

と言《い》ひたれば、水飲《みづの》む人《ひと》、

（同行者）山《やま》の井《ゐ》の雫《しづく》に濁《にご》る水《みづ》よりも此《こ》は猶《なほ》飽《あ》かぬ心地《ここち》こそすれ

帰《かへ》りて、夕日《ゆふひ》、気明《けざや》かに差《さ》したるに、都《みやこ》の方《かた》も、残《のこ》り無《な》く見遣《みや》らるるに、此《こ》の、雫《しづく》に濁《にご》る人《ひと》は、京《きやう》に帰《かへ》るとて、心苦《こころぐる》し気《げ》に思《おも》ひて、又《また》、翌朝《つとめて》、

（同行者）山《やま》の端《は》に入日《いりひ》の影《かげ》は入《い》り果《は》てて心細《こころぼそ》くぞ眺《なが》め遣《や》られし

［訳］　東山に移ってきて間《ま》もなく、あの人は、私に逢いに来てくれた。近くに伝教大師《でんぎょうだいし》（最澄《さいちょう》）が創建された霊山寺《りょうぜんじ》（現在の正法寺《しょうぼうじ》）があるので、二人で詣《もう》でて、仏様にお祈り申し上げることにした。けれども、険しい山道なので、お寺の中にあった「石井《いしい》」（現在の鏡池）で休息を取り、冷たい水を手で掬《すく》って飲んだ。「石井」は、文字通り、石組《いしぐみ》で囲まれた

湧《わ》き水《みず》のことである。

一緒に付いてきてくれたあの人は、「この水は、ほんとにおいしいですね。どんなにたくさん飲んでも、飲み飽《あ》きないというのは、こういう水のことだったのですね」と、感に堪《た》えたような口ぶりで言うではないか。紀貫之《きのつらゆき》の「結《むす》ぶ手《て》の雫《しずく》に濁《にご》る山《やま》の井《ゐ》の飽《あ》かでも人《ひと》に別《わか》れぬるかな」という名歌を踏まえ、「水の深さが浅いので、少し飲んだだけで、手からこぼれた雫《しずく》で濁ってしまい、心が満足するまで飲むことができません。私も、あなたと、ほんのちょっとの時間しかお逢いできず、心ゆくまで一緒にいられないのが残念です」と、言ってくれたのである。

ただし、こういう時には、あえて反発し、相手を突き放すのが、贈答歌《ぞうとうか》の作法である。

そこで、私はこう切り返した。

（孝標の女）奥山《おくやま》の石間《いしま》の水《みづ》を結《むす》び上《あ》げて飽《あ》かぬ物《もの》とは今《いま》のみや知《し》る

（あなたは山深いところに湧き出ている、石組で囲まれた「山《やま》の井《い》」の清冽《せいれつ》な水の素晴らしさを、今初めて知って、「飲み飽きないな」とおっしゃるのですか。私は、あなたと一緒だと、どんなに長くいても話し飽きないのに、あなたのほうでは、そういう深い愛情を、私に対して抱いておられないのでしょうね。浅い愛情ですこと。）

こう歌ったので、それまで、「おいしい、おいしい」と言って石井の水を飲んでいた人も、少しシャキッとして、言《い》い訳《わけ》の歌を詠んだ。女の反発に対して、男がおどおどして宥《なだ》めにかかるというのも、贈答歌の作法である。

(同行者)山《やま》の井《ゐ》の雫《しづく》に濁《にご》る水《みづ》よりも此《こ》は猶《なほ》飽《あ》かぬ心地《ここち》こそすれ

(紀貫之が「結ぶ手の雫《しづく》に濁る山の井の飽《あ》かでも人に別れぬるかな」と詠んだ水よりも、このお寺の水のほうが、ずっと、飲み飽きないですね。あなたとは、いつまで一緒にいても、これで満足したということはありません。)

霊山寺から山陰《やまかげ》の家に戻った頃、夕陽があかあかと差してきたので、ここより高度の低い場所にある都の全景が、すみずみまで、はっきりと見渡せるようになった。ふだんは、東山から夕方、一人で都を見下ろしていると、「今日も、あの人は来なかった」という寂しさに襲われることがある。そのことを、あの人も察知したのだろう。この日も、「まことに心苦しいのですが、今日のうちに何としても都に戻らなくてはならない用事がありますので」と詫《わ》びながら、帰っていった。その次の日の朝、その人から、昨夜は泊《と》まれなかったお詫びの歌が贈ってきた。

(同行者)山《やま》の端《は》に入日《いりひ》の影《かげ》は入《い》り果《は》てて心細《こころぼそ》くぞ眺《なが》め遣《や》られし

（昨日は、都に戻る途中で、後《うし》ろ髪《がみ》を引かれまして、何度もあなたのおられる東山を振り返ったものです。都の方角は、夕陽に照らされてくっきりと見届けられるのに、あなたの住んでおられる東山の家は、山の陰、山の麓にあって、日が差さないためか、暗くてよく見えませんでした。そのうちに、明るかった都の方角も、西山に夕陽がすっぽりと沈みこんでしまい、見えなくなりました。もう一度振り返りますと、東山の方角は、まったくの闇でした。そんな中にあなたを一人で残してきたのかと思うと、私の心は苦しくてたまりませんでした。）

［評］「山の井」と言えば、手習《てならい》（習字）の際によく教材となった、「浅香山影《あさかやまかげ》さへ見《み》ゆる山《やま》の井《い》の浅《あさ》き心《こころ》を我《わ》が思《おも》はなくに」という歌があり、『源氏物語』若《わか》紫《むらさき》巻などで引用されている。若紫巻は、北山が舞台。十八歳の光源氏が、十歳の紫の上を見初《みそ》める。

ここでは、東山が舞台。女（作者）は十八歳。男には、光源氏の面影が少しは漂っているだろうか。

明石《あかし》巻で、明石の君が光源氏と出会った時が、十八歳である。この「山の井」の場面は、どことなく松風《まつかぜ》巻の光源氏と明石の君の関係を連想させる。光源氏は、播磨《はりま》の国から上京してきた明石の君を、洛西の大堰《おおい》（嵐山の麓を流れる大堰川の流域）に住まわせ、そこに時々通ってきては、心を残しつつも、紫の上の待つ都へと戻ってゆく。この場面の作者を明石の君と重ねるならば、既に正妻のある大政治家の「愛人」として、東山に隠れ住んでいる、という「物語」が見えてくる。

## 36　物語の女たちを憶《おも》う

念仏《ねぶつ》する僧《そう》の、暁《あかつき》に額衝《ぬかづ》く音《おと》の、尊《たふと》く聞《き》こゆれば、戸《と》を押《お》し開《あ》けたれば、ほのぼのと明《あ》けゆく山際《やまぎは》、木暗《こぐら》き梢《こずゑ》ども、霧《き》り渡《わた》りて、花《はな》・紅葉《もみち》の盛《さか》りよりも、何《なに》と無《な》く、茂《しげ》り渡《わた》れる空《そら》の気色《けしき》、曇《くも》らはしく、をかしきに、時鳥《ほととぎす》さへ、いと近《ちか》き梢《こずゑ》に、数多度《あまたたび》、鳴《な》いたり。

（孝標の女）誰《たれ》に見《み》せ誰《たれ》に聞《き》かせむ山里《やまざと》の此《こ》の暁《あかつき》も復《を》ち返《かへ》る音《ね》も

［訳］　東山には、お寺がたくさんある。朝早くに私が覚《さ》ますと、早朝からお勤めをする

僧侶たちが、額《ひたい》を地面にこすりつけて念仏している声が、聞こえてくる。その声が、まことに尊《とうと》げに聞こえるので、戸を開《あ》けて、外のようすを眺めると、自然に、「天《あま》の戸《と》を押《お》し明《あ》け方《がた》の月見《つきみ》れば憂《う》き人《ひと》しもぞ恋《こひ》しかりける」という古歌が思い出された。すると、先日、ほんのちょっとだけ訪れて都に戻っていった、つれない人のことが恋しく偲《しの》ばれる。この古歌は、『源氏物語』の賢木《さかき》巻で、光る君が藤壺《ふじつぼ》様への恋心を燃やしながら雲林院《うりんいん》に籠《こ》もっていらっしゃる時に、口ずさまれている。光る君の耳には、雲林院の僧侶たちの朝のお勤めの声も聞こえていた。けれどもこの私には、光る君と藤壺様の逢瀬《おうせ》のような、至福にして大いなる苦悩に満ちた愛の一刻《ひととき》が、これまでにあっただろうか。

さて、私の目の前には、ほのぼのと明るくなってゆく山《やま》の端《は》が見える。高く茂っているので、あたりを暗くしている木々の梢《こずえ》が、立ちこめる霧にかすんでいる。春の桜の盛りや、秋の紅葉の盛りも、むろん素晴らしいものではあるが、こういう初夏の木々が青葉を茂らせているのも趣きがある。そう思った時、私は全文を暗記している『源氏物語』の明石《あかし》巻の一節を思い浮かべていた。「これと言った美しい物とて見当たらない、明石の侘《わ》びしい海浜風景は、春の桜の盛りや、秋の紅葉の絢爛豪華さよりも、かえって好もしい風《ふ》情《ぜい》が感じられる。ごく自然に木々が繁り合っているし、どこからともなく水鶏《くいな》が、戸を叩くような音を立てて鳴くのが聞こえる」。そう、この東山では、水鶏もよく鳴いている。この明石巻で、光る君は明石の君と出会い、契り、姫君をもうけられた。私は、木々の梢の上に広がっている空を眺める。その空は曇りがちで、えも言われぬ情緒がある。私が感興《かんきょう》の一刻《ひととき》に浸《ひた》っている時も時、時鳥《ほととぎす》までが面白さを加えようと思っているのか、我が宿《やど》のすぐ近くの梢で、鳴くではないか。それも、何度も繰り返して。

私は思わず、和歌を口ずさんだ。

（孝標の女）誰《たれ》に見《み》せ誰《たれ》に聞《き》かせむ山里《やまざと》の此《こ》の暁《あかつき》も復《を》ち返《かへ》る音《ね》も

（ああ、この山里の暁の美しいようすも、時鳥《ほととぎす》が何度も繰り返して鳴いている情緒も、誰《だれ》と一緒に眺め、誰と一緒に聞いたらよいのだろうか。あの人と逢いたい。）

［評］『源氏物語』に憧れ、『源氏物語』を耽読し、『源氏物語』を吸収し尽くした作者だからこそ、自分の一回きりの人生を、『源氏物語』の名場面と重ね合わせる習慣が身についている。光源氏と二度も過《あやま》ちを繰り返したのに、三度目の接近をされ、必死に拒み通した賢木巻の藤壺は、出家を決意した。その藤壺の拒絶に衝撃を受けた光源氏は、雲林院に籠もる。『更級日記』の作者は、

光源氏の立場からも、藤壺の立場からも、『源氏物語』を読み込み、東山に引きこもっている自分と重ね合わせている。

さらには、都に「花・紅葉」のような紫の上がいるのに、「侘びしい海浜風景」を思わせる明石の君に引かれてゆく光源氏の心を、作者ははっきり見届けている。だから、彼女は、藤壺の人生も、紫の上の人生も、明石の君の人生も、浮舟の人生も、さらには光源氏の人生も、薫の人生も、自分自身のかけがえのない人生の体験を通して、「そうだったのか」と共感できる。「物語を生きる」とは、まさに、こういうことなのだろう。

## 37 時鳥《ほととぎす》を独り占め

此《こ》の晦日《つごもり》の日《ひ》、谷《たに》の方《かた》なる木《き》の上《うへ》に、時鳥《ほととぎす》、囂《かしかま》しく鳴《な》いたり。

(孝標の女)都《みやこ》には待《ま》つらむ物《もの》を時鳥《ほととぎす》今日《けふ》終日《ひねもす》に鳴《な》き暮《く》らすかな

などのみ、眺《なが》めつつ、諸共《もろとも》に有《あ》る人《ひと》、(諸共《もろとも》に有《あ》る人《ひと》)「唯今《ただいま》、京《きやう》にも聞《き》きたらむ人《ひと》、有《あ》らむや。

（都人）『斯《か》くて、眺《なが》むらむ』と思《おも》ひ遣《おこ》する人《ひと》、有《あ》らむや」など言《い》ひて、

（諸共《もろとも》に有《あ》る人《ひと》）山深《やまふか》く誰《たれ》か思《おも》ひは遣《おこ》すべき月見《つきみ》る人《ひと》は多《おほ》からめども

と言《い》へば、

（孝標の女）深《ふか》き夜《よ》に月見《つきみ》る折《をり》は知《し》らねども先《ま》づ山里《やまざと》ぞ思《おも》ひ遣《や》らるる

［訳］　四月の最後の日である三十日、谷間に生《は》えている木の上で、時鳥《ほととぎす》がうるさいくらいに鳴いた。都にいた時には、これほどまとまった時鳥の鳴き声を、一度に耳にしたことがなかった私は、思わず、一首詠んだ。

（孝標の女）都《みやこ》には待《ま》つらむ物《もの》を時鳥《ほととぎす》今日終日《けふひねもす》に鳴《な》き暮《く》らすかな

（東山では聞き飽きるほど、たくさん鳴いている時鳥なのに、都の人は一声《ひとこえ》でよいから聞きたいものだと、わくわくしながら待ち望んでいることだろう。ここでは、時鳥が一日中、盛大に鳴いている。そして私も、訪《たず》ねてくれない人を思って、一日中、激しく泣き暮らしている。）

こんな悲しいことばかり考えて、ぼんやりと物思いにふけっていたところ、東山で私の身の周《まわ》りの世話をしてくれている人（尼君だろうか）が、私を慰めようとして話しかけてきた。「ねえ、今、この瞬間に、都で、時鳥の鳴き声を聞いている人は、いるかしら。そし

て、『時鳥がしきりに鳴いている東山の山里では、あの人はさぞかし、悲しい物思いに耽《ふけ》っていることだろう』と、あなたのことを思い出してくれる人は、いるかしらね」と言って、その人は歌を詠んだ。

（諸共《もろとも》に有《あ》る人《ひと》）山深《やまふか》く誰《たれ》か思《おも》ひは遣《おこ》すべき月見《つきみ》る人《ひと》は多《おほ》からめども

（結局、こんな山里に暮らしている私たちを、思い出してくれる都人《みやこびと》など、いないのでしょうよ。月の美しい夜であれば、月を愛《め》でながら、遠く二千里《にせんり》の外《ほか》まで思い出すという漢詩もあるくらいですから、山里にいる人を思い出すこともあるでしょう。けれども、今日は三十日《みそか》なので、空に月はかかっていません。だから、今日、この瞬間に、私たちを思い出している都の人は、いないと断言できます。）

私も、本心ではその通りだと思っているのだが、それだとあまりに悲しいので、あえて反論を試みた。

（孝標の女）深《ふか》き夜《よ》に月見《つきみ》る折《をり》は知《し》らねども先《ま》づ山里《やまざと》ぞ思《おも》ひ遣《や》らるる

（あなたは、白楽天の「二千里の外、故人《こじん》の心《こころ》」という漢詩を連想されたのですね。でも、本当に、月を見ていて、遠くの人を思い出すことがあるのかどうかは、私にはそうした体験がないので、よくわかりません。でも、都で時鳥の鳴き声を聞いていた時に、山里ではもっとたくさん鳴いているだろうと、山里に思いを馳《は》せたことはあります。都でも、一声でよいから時鳥が鳴いてほしいものです。今日のように月が空にかかってなくても、時鳥の声さえ聞けば、あのお方は私のことを思い出してくださるでしょう。）

**［評］** 解釈がむずかしく、難解とされる箇所である。第一の難点は、「月」である。旧暦（太陰暦）は、月の満ち欠けと日数がほぼ一致しているので、十五日が満月（望月《もちづき》）、月末はほとんど欠けている。だから、四月三十日の夜空には、月は見えないはずなのに、ここでは「月」をめぐる和歌が詠み交《か》わされている。［訳］では、一つの解釈を試みた。『源氏物語』須磨《すま》巻で引用されている白楽天（白居易）の漢詩を補助線にすれば、一つの解釈が可能となるのではないだろうか。

第二の難点は、「諸共《もろとも》に有《あ》る人《ひと》」が、どういう人物なのか。それ次第で、解釈が変わってくる。①一緒に暮らしている友人や家族、②東山で作者の生活の面倒を見ている家主（庵主の尼など）や女房・従者。［訳］では、②の立場で訳文を付けた。それは、『源氏物語』宇治十帖に登場して、浮舟の面倒を見ている

「弁《べん》の尼《あま》」のような存在を、念頭に浮かべるからである。

『更級日記』の作者は、『源氏物語』の世界を生きている。だから、自分の生きている世界は、『源氏物語』との対比としてのみ認識されている。

## 38　東山の秋

（孝標の女）「暁《あかつき》に成《な》りやしぬらむ」と思《おも》ふ程《ほど》に、山《やま》の方《かた》より、人《ひと》、数多《あまた》、来《く》る音《おと》す。驚《おどろ》きて見遣《みや》りたれば、鹿《しか》の、縁《えん》の許《もと》まで来《き》て、打《う》ち鳴《な》いたる、近《ちか》うては、懐《なつ》かしからぬ物《もの》の声《こゑ》なり。

（孝標の女）秋《あき》の夜《よ》の妻恋《つまこ》ひかぬる鹿《しか》の音《ね》は遠山《とほやま》にこそ聞《き》くべかりけれ

知《し》りたる人《ひと》の、近《ちか》き程《ほど》に来《き》て、帰《かへ》りぬ、と聞《き》くに、

（孝標の女）未《ま》だ人目《ひとめ》知《し》らぬ山辺《やまべ》の松風《まつかぜ》も音《おと》して帰《かへ》る物《もの》とこそ聞《き》け

［訳］　東山で過ごした日々で、忘れられない出来事がいくつかあった。二つほど書いておこう。

頃は七月で、初秋だった。「そろそろ、明け方になったのではないか」と思う時間帯に、山のほうから、どたどたと騒がしい足音がして、人が何人も下りてきた気配がする。何が起きたのだろうかとびっくりして、完全に目が覚め、音のしたほうを見てみると、何と、鹿が何頭も、つい縁側の所まで近づいてきて、鳴いているではないか。鹿の鳴き声は、恋する者の泣き声の喩《たと》えとして、和歌では情緒たっぷりに詠まれているけれども、間近で見た鹿の姿にも、耳近くで聞いた鹿の鳴き声にも、そんな情緒は微塵《みじん》も感じられなかった。鹿の声は遠きにありて聞くもの、そして、遠きにありて悲しく歌うものだ、ということが、はっきり理解できた瞬間だった。その時に詠んだ歌。

（孝標の女）秋《あき》の夜《よ》の妻恋《つまこ》ひかぬる鹿《しか》の音《ね》は遠山《とほやま》にこそ聞《き》くべかりけれ

（秋の夜、妻を恋《こ》うる気持ちが昂《たか》ぶって堪《こら》えられなくなって、鳴いている哀れな鹿の声は、遠くで聞いてこそ心に沁《し》み入ってくるものだ。近くで聞いたら、興が冷めてしまう。）

また、こんなこともあった。都で暮らしている知人が、東山の私の仮寓《かぐう》のすぐ近くまで来たものの、立ち寄ることもなく都に帰ってしまったのだ。そのことを後《あと》から聞いて、失礼な相手に詠み贈った歌。

（孝標の女）未《ま》だ人目《ひとめ》知《し》らぬ山辺《やまべ》の松風《まつかぜ》も音《おと》して帰《かへ》る物《もの》とこそ聞《き》け

（いまだかつて人間の目に触れていないような奥山《おくやま》を吹き下《お》ろす風ですらも、松の木を通り過ぎる時には、松が自分を「待つ」姿に感動して、音を立てて挨拶して、また山のほうに吹き昇ってゆく、というではありませんか。訪れもせず、声もかけてくれないあなたは、風よりも薄情な人です。）

［評］「鹿」と言えば、『源氏物語』若紫巻と、夕霧《ゆうぎり》巻を連想する。若紫巻では、光源氏が「鹿のたたずみ歩《あり》く」さまを、北山で間近に見届ける。ここでは、作者が紫の上で、恋人が光源氏という見立てである。また、夕霧の巻。洛北の小野の山里に住んでいる「落葉《おちば》の宮《みや》」（朱雀院の女二《おんなに》の宮《みや》）は、光源氏の息子・夕霧から懸想《けそう》される。まじめ人間を絵に描いたような夕霧は、「雲居《くもい》の雁《かり》」という、幼なじみで、子どもをたくさん生んでくれた妻がいる。なのに、亡き親友・柏木《かしわぎ》の未亡人である落葉《おちば》の宮《みや》を好きになってし

まう。馴れない恋に翻弄される中年の夕霧の姿は、森鷗外『雁《がん》』で、「お玉《たま》」という妾を囲ったものの、妻子との関係で苦慮する高利貸しの「末造《すえぞう》」さながらである。ある日、夕霧が小野の山里で落葉の宮に言い寄っていると、垣根のすぐ近くまで入り込んできた鹿の姿が、彼の目に映った。

『更級日記』の作者は、「落葉の宮」に我が身を置いて、都の恋人が「夕霧」のような立場の人物だと暗示しているのかもしれない。夕霧巻では、「人の気配」が少ないので鹿が近くまで寄ってきたと書かれているのに対して、『更級日記』では「人の気配」がしたと思ったら鹿だったと書いてある。作者の新発見であり、『源氏物語』の描写を越えようとする意志すら感じられる。

「松風」の歌を詠み贈った相手である「知りたる人」は、作者の恋人と考えたほうが面白い。というのは、「松風」の「松」には、訪れを「待つ」が懸詞になっているし、何よりも光源氏の来訪を洛西の大堰《おおい》で待ちわびている明石の君を語る『源氏物語』「松風」巻が、作者の念頭にあったと思われるからである。

## 39　心の友は、どこに

八月《はづき》になりて、二十余日《はつかあまり》の暁方《あかつきがた》の月《つき》、いみじく哀《あは》れに、山《やま》の方《かた》は木暗《こぐら》く、滝《たき》の音《おと》も、似《に》る物無《ものな》くのみ眺《なが》められて、

（孝標の女）思《おも》ひ知《し》る人《ひと》に見《み》せばや山里《やまざと》の秋《あき》の夜深《よふか》き有明《ありあけ》の月《つき》

［訳］　東山での暮らしも三か月が経《た》ち、八月になった。八月十五夜の「仲秋《ちゅうしゅう》の名月《めいげつ》」も過ぎた下旬の頃、まだ夜深《よぶか》い時間に目が覚めたので、西空の気色を眺めていると、細くなった有明《ありあけ》の月がたいそうしみじみとした風情で、空にかかっていた。反対側の東の方角は、木々が生《お》い茂っているので黒ずんで見える。耳には、ほとばしり落ちる滝の音が聞こえてきた。視覚と聴覚が一つに融け合い、比べるものがないほどに心が揺《ゆ》るがされた。私は、いつまでもこの情景の中に置かれていた。

（孝標の女）思《おも》ひ知《し》る人《ひと》に見《み》せばや山里《やまざと》の秋《あき》の夜深《よふか》き有明《ありあけ》の月《つき》

（こんなにも美しいものや、これほどに悲しいものを、私一人だけで眺めるのはもったいないし、また辛《つら》いことだ。私と同じように、物事の情緒を感じられる人がいれば、ぜひとも、この山里の

秋の暁近くの空にかかっている有明の月を見せてあげたい。そして、心ゆくまで二人で語り合いたいものだ。）

［評］『源氏物語』の若紫巻に、印象的な「滝の音」が響いているが、その季節は春である。宇治十帖の総角《あげまき》巻で、薫がつれない大君《おおいぎみ》に向かって、「あなたとは、世間に良くある『男と女の関係』ではなくて、二人で向かい合って、月や花の美しさを、同じ心で眺め合ったり、人生のはかなさについて、心ゆくまで話し合ったりしたいのです」と訴える場面がある。自分と「同じ心」を持つ異性と、自然や人生について存分に語り尽くしたい。薫の願いは、『更級日記』作者の願いでもあった。

## 40 東山から戻る

京《きやう》に、帰《かへ》り出《い》づるに、渡《わた》りし時《とき》は、水許《みづばか》り見《み》えし田《た》どもも、皆《みな》、刈《か》り果《は》ててけり。

（孝標の女）苗代《なはしろ》の水影《みづかげばか》許り見《み》えし田《た》の刈《か》り果《は》つるまで長居《ながゐ》しにけり

【訳】四月下旬から始まった東山での暮らしも、終わりを告げることになり、都に戻ることになった。ここに来た時には、苗代や田植えしたばかりの水田が見られたが、今はすべて稲刈りが終わっていた。

（孝標の女）苗代《なはしろ》の水影《みづかげばか》許り見《み》えし田《た》の刈《か》り果《は》つるまで長居《ながゐ》しにけり

（苗代水に、青い苗が映っている爽やかな光景が、どこまでも広がっていたのを、私は確かに自分の目で見た。ところが、今や、同じ場所に水は一滴もなく、稲葉《いなば》もそよがず、刈り取られた稲の切株《きりかぶ》ばかりが黄色く残っているだけ。ほんの少しの滞在になるかと思っていたけれども、ずいぶん永く東山に留《とど》まってしまった。季節は移り変わったけれども、この私は、東山での五か月の歳月を経《へ》て、何か変わったことがあるのだろうか。）

【評】水田は、青の季節から、黄の季節へと変貌していた。『枕草子』にも、早苗と稲刈りを対比する段がある。「昨日《きのふ》こそ早苗《さなへ》取りしか何時《いつ》の間《ま》に稲葉《いなば》そよぎて秋風《あきかぜ》の吹《ふ》く」という古歌に詠まれた通りの、季節の移ろいである。

それにしても、作者は、何のために東山に半年弱も滞在していたのだろう。行間からは、家族で滞在していたのではなく、単独、あるいは一人の同行者と暮らしていたように感じられる。出産、物語創作、それ以外の何か。

作者が東山に移って以降、都では疱瘡が大流行した。また、最高権力者である藤原道長の娘が二人、相次いで死去した。和泉式部《いずみしきぶ》も、娘（小式部内侍《こしきぶのないし》）に先立たれた。世情は騒然としていた。

## 41 東山再訪

十月晦日方《かみなづきつごもりがた》に、あからさまに来《き》て見《み》れば、木暗《こぐら》う茂《しげ》れりし木《こ》の葉《は》ども、残《のこ》り無《な》く散《ち》り乱《みだ》れて、いみじく哀《あは》れ気《げ》に見《み》え渡《わた》りて、心地良気《ここちよげ》に、ささらぎ流《なが》れし水《みづ》も、木《こ》の葉《は》に埋《うづ》もれて、跡許《あとばか》り見《み》ゆ。

（孝標の女）水《みづ》さへぞ住《す》み絶《た》えにける木《こ》の葉《は》散《ち》る嵐《あらし》の山《やま》の心細《こころぼそ》さに

其処《そこ》なる尼《あま》に、（孝標の女）「春《はる》まで、命有《いのちあ》らば、必《かなら》ず来《こ》む。花盛《はなざか》りは、先《ま》づ、告《つ》げよ」な

ど言《い》ひて、帰《かへ》りにしを、年返《としかへ》りて、三月十余日《やよひとをかあまり》に成《な》るまで、音《おと》もせねば、

（孝標の女）契《ちぎ》り置《お》きし花《はな》の盛《さか》りを告《つ》げぬかな春《はる》や未《ま》だ来《こ》ぬ花《はな》や匂《にほ》はぬ

［訳］都に戻ってからまもなくの十月下旬、ほんのちょっとだけ、東山に足を伸ばした。あれほど鬱蒼《うっそう》と茂って日光を遮《さえぎ》り、あたりを暗く見せていた木々の木の葉が、一枚残らず落葉となって散り敷いているのには驚かされた。私がここに滞在していた頃には、いかにも気持ちよさそうに、さらさらと音を立てて流れていた水が、今ではすっかり涸れ、しかも落葉に埋もれてしまい、どこを流れていたかという水筋だけがかろうじてわかるくらいになっていた。この蕭条《しょうじょう》とした景色にも、深く心を動かされるものがあった。

（孝標の女）水《みづ》さへぞ住《す》み絶《た》えにける木《こ》の葉《は》散《ち》る嵐《あらし》の山《やま》の心細《こころぼそ》さに

（私がここに「住《す》む」のを止《や》めたので、水までも「澄《す》む」のを止《や》めたようだ。木の葉を散らす激しい嵐が吹く山陰で、誰にも見られずに流れる心細さのあまりに。）

こんな歌を、その家で暮らしている尼君《あまぎみ》に披露した。「あなたも、私が去った後で、寂しくなったでしょうね」という気持ちを込めたつもりだったのである。そして、尼君に、「今は寂しい冬景色ですが、春になったら美しい季節になることでしょう。来年の春まで、

もしも私の命が保《も》つのであれば、必ずここにやって来ます。周《まわ》りの山で、桜の花が満開になったら、真っ先に私に教えてくださいね。すぐに飛んできますから」と言い置いて、都に帰った。

年が明けて、私は十九歳になった(万寿三年、一〇二六)。東山の尼君からの連絡を待ち続けたけれども、晩春の三月中旬になっても、尼君からは、何の音沙汰もない。業《ごう》を煮《に》やした私は、和歌を詠み贈った。

(孝標の女)契《ちぎ》り置《お》きし花《はな》の盛《さか》りを告《つ》げぬかな春《はる》や未《ま》だ来《こ》ぬ花《はな》や匂《にほ》はぬ

(あんなに固く約束しておいたのに、あなたは約束を忘れて、桜の花が見頃《みごろ》を迎えたことを教えてくれないのですね。今年は、東山に春が巡ってこなかったのでしょうか。それとも、今年の花は私に見せられないほどに美しくないのでしょうか。)

[評] 最初の歌には「嵐の山」とあるので、洛西の嵐山で詠んだ歌が、東山に混入したのかと、疑う人もいるかもしれない。江戸時代の歌人小沢蘆庵《おざわろあん》(一七二三～一八〇一)は、「それとなく霞《かす》み果《は》てても見《み》し花《はな》の面影残《おもかげのこ》す夕暮れの山《やま》」と詠んでいる。その詞書に、「東山に遊び侍《はべ》りけるに、嵐の山に散り残り

たる花の見えしが、夕《ゆふ》かけて、いと定《さだ》かならねば」とある。この歌の場合は、東山から「嵐山」が見えたのだろう。それに対して、『更級日記』の「嵐の山」は、普通名詞だと思われる。

「風が木の葉を吹き散らす」、「昔を偲ぶ」、「尼」という三点セットが揃えば、『源氏物語』宿木《やどりぎ》巻の世界である。薫は、木枯《こがらし》が紅葉《もみじ》を「残《のこ》る梢《こずゑ》も無《な》く」吹き散らし、散り敷かせた宇治で、「弁《べん》の尼《あま》」と語り合い、かつての大君《おおいぎみ》との日々を回顧した。そこから、浮舟という新しいヒロインが、宇治十帖に呼び込まれてくる。『更級日記』には、これからどんな新しい展開があるのだろうか。

「春《はる》まで、命《いのち》有《あ》らば」とは、どきっとする強い言葉だが、【40】の［評］で述べたように、騒然とした世情を反映しているのだろう。

花が咲いても連絡してくれないというのは、継母が立ち去るときに「梅の花が咲いたら会いに来ます」と約束したのに、守らなかったという出来事を、強く連想させる。それで、少し先の【43】には継母の話題が語られることになる。

## 42 露の哀れ

旅《たび》なる所《ところ》に来《き》て、月《つき》の頃《ころ》、竹《たけ》の許近《もとちか》くて、風《かぜ》の音《おと》に、目《め》のみ覚《さ》めて、打《う》ち解《と》けて寝《ね》られぬ頃《ころ》、

(孝標の女)竹《たけ》の葉《は》の戦《そよ》ぐ夜毎《よごと》に寝覚《ねざめ》して何《なに》とも無《な》きに物《もの》ぞ悲《かな》しき

秋頃《あきごろ》、其処《そこ》を立《た》ちて、外《ほか》へ移《うつ》ろひて、其《そ》の主《あるじ》に、

(孝標の女)何処《いづこ》とも露《つゆ》の哀《あは》れは分《わ》かれじを浅茅《あさち》が原《はら》の秋《あき》ぞ恋《こひ》しき

[訳] 自宅をしばらく離れて暮らしたことがあった。望月《もちづき》で月が明るい頃に、私が過ごしていた部屋は、近くに竹が植えてあったので、月の明るさだけでなく、風が竹の葉をそよがせる音が夜通ししているので、寝ていて何度も目が覚めるのだった。ぐっすり落ちついて眠れない日々が続いたので、詠んだ歌。

(孝標の女)竹《たけ》の葉《は》の戦《そよ》ぐ夜毎《よごと》に寝覚《ねざめ》して何《なに》とも無《な》きに物《もの》ぞ悲《かな》しき

(夏の夜に、竹の葉が風にそよぐ。夜《よ》ごと夜《よ》ごと、私の眠りは中断される。そのつど私の心は、ゆえしらぬ悲しみが心の底から溢《あふ》れてくる。)

その「竹の宿」を後《あと》にして、次なる場所に移ったのは、秋になっていた。これまでお世話になった竹の宿の主《あるじ》に、新しい転居先から感謝の歌を贈った。

（孝標の女）何処《いづこ》とも露《つゆ》の哀《あは》れは分《わ》かれじを浅茅《あさち》が原《はら》の秋《あき》ぞ恋《こひ》しき

（秋の草花に置く露のしみじみとした哀感は、この世のどこにいても変わりはないと思いますが、私にはあなたの「浅茅《あさじ》が原《はら》」のお庭に置いた、秋の露の悲しさと切なさを懐かしく思い出しています。）

［評］　この二つの和歌が、この位置に配列されたのは、これが【34】から始まった東山への旅（五月から九月頃まで）を総括するエピソードだからではないか。そうでないとしたら、東山への旅の連想で、別の時期の、別の場所への「旅」がここに挿入されたのだろう。

お世話になった人の住まいを「浅茅が原」と呼ぶのは、いささかエチケット違反のような気もするが、火事で焼ける前に作者が住んでいた屋敷は奥山の雰囲気があったと自分で書いているし、『源氏物語』蓬生《よもぎう》巻でも、末摘花《すえつむはな》が父の「常陸《ひたち》の宮《みや》」から受け継いだお屋敷が、「浅茅が原」と書かれている。

「浅茅」と「露」が結びついた例としては、『源氏物語』賢木《さかき》巻で、「浅茅生《あさちふ》の露《つゆ》の宿《やど》りに君《きみ》を置《お》きて四方《よも》の嵐《あらし》ぞ静心無《しづごころな》き」という歌を、光源氏が紫の上に詠み贈っている。『更級日記』の作者も、よほど親しい人に対して、「生きることの切なさ」を共有する歌を贈ったのだろう。

## 43　継母への抗議

継母《ままはは》なりし人《ひと》、下《くだ》りし国《くに》の名《な》を、宮《みや》にも言《い》はるるに、異人《ことひと》、通《かよ》はして後《のち》も、猶《なほ》、其《そ》の名《な》を言《い》はる、と聞《き》きて、親《おや》の、（父）「今《いま》は、あいなき由《よし》、言《い》ひに遣《や》らむ」と有《あ》るに、（父の代作、孝標の女）朝倉《あさくら》や今《いま》は雲居《くもゐ》に聞《き》く物《もの》を猶《なほ》「此《こ》の麿《まろ》」が名告《なの》りをやする

［訳］　ここまで、私は、この日記を、十三歳の旅立ちから書き始めて、十九歳の春まで、ほぼ時間軸に沿って書き綴ってきた。ところが、私が日記に書かなくてはならない、次の大きな出来事は、私が二十五歳の時に起きた。ということで、十九歳の春から、二十五歳

の二月まで、大きな時間の空白が生じることになるのを、読者の皆さんにはお許しいただきたい。次に書き記すのは、父親が常陸《ひたち》の介《すけ》に任命されて、東国へ下向《げこう》したという、私の家族にとっての大事件である。

空白の六年間に起きた事柄として、父親とかつて婚姻関係にあり、それを解消して家を出た「継母《ままはは》」の思い出を一つ、この日記に書き記しておきたい。

かつて私の継母であった女性は、私たちが上総《かずさ》の国から上京してきた年に、父と別れて家を出た。その後、彼女は、後一条《ごいちじょう》天皇（在位一〇一六～一〇三六）の中宮《ちゅうぐう》様でおありの威子《いし》様（藤原道長の娘）に、女房としてお仕えしていた。その時の女房名が、昔のままの「上総《かずさ》の大輔《おおすけ》」なのだった。これは、むろん私の父親の昔の官職に基づくものなのだが、とうに二人の夫婦関係は消滅している。それどころか、彼女には新しい夫までできているのに、いまだに「上総の大輔」と呼ばれ続けているのだった。

私の父親が、私に向かって、「上総の大輔という彼女の名告《なの》りは、彼女に新しい夫ができた今となっては、不都合であると、お父さんは快からず思っているのだ。そのことを、彼女に手紙を書いて、文句を言ってやろうと思うんだがね」と言うので、「私に任せてちょうだい」と言って、私が交渉役を引き取った。私は、父の立場で、その思いを和歌に詠み、継母に送ることにした。

（父の代作、孝標の女）朝倉《あさくら》や今《いま》は雲居《くもゐ》に聞《き》く物《もの》を猶《なほ》「此《こ》の麿《まろ》」が名告《なの》りをやする

（あなたは歌人として有名ですから、和歌を用いてお便りします。父親に成り代わって、苦情を申し入れさせていただきます。ですから、この歌は、父の言葉としてお聞きください。「朝倉《あさくら》や木《き》の丸殿《まろどの》に我《わ》が居《を》れば名告《なの》りをしつつ行《ゆ》くは誰《た》が子《こ》ぞ」という古歌がありますね。それを用いて言えば、あなたは中宮様にお仕えする女房となって、華やかな宮中に出入りしておられます。にもかかわらず、今もって、「上総の大輔」などという、「此《こ》の麿《まろ》（この私め）」（菅原孝標）の昔の官職名を名告《なの》っているのは、おかしいではありませんか。「上総の大輔」という名告りは、ぜひとも止《や》めていただきたいのです。不愉快です。以上。）

［評］「木《き》の丸殿《まろどの》」は、山から切ったままの丸太を、皮を剝《は》がないで建築材として用いて建てた宮殿。「木」は、「き」とも「こ」とも読むので、「此《こ》の麿《まろ》」（この私＝菅原孝標）の懸詞として用いたのである。天智《てんじ》天皇が筑紫《つくし》（九州）の朝倉に宮殿をお造りになった時には、世を憚《はばか》って、材木も製材しない粗末な丸太を用いたし、警固のために、出入りするものには名告りをさせたと言われている。

「上総の大輔」も、見ばえのしない孝標を見限り、華やかな宮中に出入りしているし、新しい夫もいるので、山から伐採した木の皮を剝いだり、綺麗に形を整えたりするように、新しい（素晴らしい）お名前で宮仕えしたらいかがですか、と窘《たしな》めたのである。

ただし、現在でも、各種の和歌辞典や人名辞典では、この継母だった女性は、「上総の大輔」という歌人名で立項されている。

## 44　物語への永遠なる憧れ

斯様《かやう》に、そこはか無《な》き事《こと》を、思《おも》ひ続《つづ》くるを役《やく》にて、物詣《ものまうで》を僅《わづ》かにしても、渉々《はかばか》しく、人《ひと》の様《やう》ならむとも念《ねん》ぜられず。此《こ》の頃《ごろ》の世《よ》の人《ひと》は、十七《とをあまりななつ》、八《やつ》よりこそ、経誦《きやうよ》み、行《おこな》ひもすれ、然《さ》る事《こと》、思《おも》ひ掛《か》けられず。辛《から》うじて思《おも》ひ寄《よ》る事《こと》は、（孝標の女）「いみじく止事無《やむごとな》く、容貌《かたち》・有様《ありさま》、物語《ものがたり》に有《あ》る光源氏《ひかるげんじ》などの様《やう》に御座《おは》せむ人《ひと》を、年《とし》に一度《ひとたび》にても、通《かよ》はし奉《たてまつ》りて、浮舟《うきふね》の女君《をんなぎみ》の様《やう》に、山里《やまざと》に隠《かく》し据《す》ゑられて、花《はな》・紅葉《もみぢ》・月《つき》・雪《ゆき》を眺《なが》めて、いと心細気《こころぼそげ》にて、めでたからむ御文《おんふみ》などを、時々待《ときどきま》ち見《み》などこそ、せめ」とばかり思《おも》ひ続《つづ》け、あらまし事《ごと》にも覚《おぼ》えけり。

［訳］　その頃の私、つまり十九歳から二十五歳までの私が、どういう人間だったのかということを、ここで振り返っておくのも、無意味なことではないだろう。この日記を、ここまで読んでこられた読者は、すでに明察されているであろうが、私という人間は、「物語」という、理性や常識のある人々から見たら「どうでもよいような、つまらない」ことに執心《しゅうしん》していた。物語のことばかりを思い続けるのが、私の日常生活のすべてであった。ごくまれに、宗教的な行為である、神社仏閣への「物詣《ものもうで》」をしても、「これからは、堅実に生きて行こう」とか、「他人様《ひとさま》と同じような価値観を持ちたい」などということを、仏様や神様にお祈りすることは、まったくなかった。私も、五十歳を超えた年齢に達した今になって思うのだが、最近の若い女性たちは心の持ち方が大変にしっかりとしていて、十七、八歳の頃から仏典を誦《よ》んだり、勤行《ごんぎょう》をして、来世《らいせ》での極楽往生を祈ったりするようであるが、今から三十年前の私が若い頃には、そういう立派な行為はまったく念頭にも思い浮かばなかった。

何の考えもなく、毎日を生きていた私だったが、しいて、その頃に考えていたことを思い出してみると、「私は、物語に登場する光る君のような、人間ばなれした美貌と教養、そして優雅な振る舞いをお持ちの、素晴らしい男の人に愛されたい。それがもしも可能であるのならば、七夕《たなばた》の織姫《おりひめ》のように、一年に一度の逢瀬《おうせ》でもかまわない。また、『源氏物語』に登場する浮舟《うきふね》の君のように、宇治でなくとも、どこかの山里（たとえば東山）に、薫《かおる》様のような貴公子の愛人として、こっそりと囲われて過ごしたい。その山里では、たとえふだんは寂しくても、春には桜の花、秋には紅葉と名月、冬には雪を見ながら過ごし、薫様のような貴公子のたまさかの訪れを待つ喜びを活力源として、生きてゆける。ごくまれに、殿方から寄せられるお手紙を読みながら、そういう素晴らしい男性に愛されている女の喜びを噛《か》みしめる。そういうふうに、私は生きてゆきたい」というようなことばかりを願い続け、それを最高の夢だと思っていた。それが、私の生き方だったのである。

【評】　芥川龍之介『或阿呆《あるあほう》の一生《いっしょう》』の冒頭には、「人生は一行《いちぎょう》のボオドレエルにも若《し》かない」という、芥川の若かりし頃の信条が掲げられている。人生は、ボオドレエルの詩の一行よりも価値が低い、というのである。菅原孝標女は、

「人生は、一行の『源氏物語』にも若《し》かない」という強い信念を持って、二十五歳までの人生を駆け抜けた。

この後、『更級日記』の記述は、作者二十五歳の時点まで一気に飛ぶ。その期間には、書くべき内容が皆無だったのか。それとも、書きたくないことがあったのか。物語を執筆することに、力を注いでいたのか。

なお、冒頭の「斯様《かやう》に、そこはか無《な》き事《こと》を、思《おも》ひ続《つづ》くるを役《やく》にて」の「思ひ続くるを」の部分は、藤原定家筆『更級日記』の原本では、「思つゝく／くるをやくにて」となっている。「／」の箇所で、紙（ページ）が変わる「改丁《かいちょう》」がなされているのだが、この箇所で、綴じ違えが生じている。「く」の字が重複して、一つは不要なのだが、定家が書き間違えた箇所で、綴じ違えが起きたというのも、何か不思議な因縁を感じさせる。

# IV　父、遠くへ去りぬ……寄せては返す夢のさざ波

二十五歳から二十八歳

## 45　「常陸の介《すけ》」になった父

（孝標の女）「親《おや》（二字分の空白）と成《な》りなば、いみじう止事無《やんごとな》く、我《わ》が身《み》も成《な》りなむ」など、唯《ただ》、行方無《ゆくへな》き事《こと》を、打《う》ち思《おも》ひ過《す》ぐすに、親《おや》、辛《から》うじて、遥《はる》かに遠《とほ》き東国《あづま》に成《な》りて、（父）「年頃《としごろ》は、『何時《いつ》しか、思《おも》ふ様《やう》に近《ちか》き所《ところ》に成《な》りたらば、先《ま》づ、胸開《むねあ》く許《ばか》り、傅《かしづ》き立《た》てて、率《ゐ》て下《くだ》りて、海山《うみやま》の景色《けしき》も見《み》せ、其《そ》れをば然《さ》る物《もの》にて、我《わ》が身《み》よりも高《たか》う、持《も》て成《な》し傅《かしづ》きて見《み》む』とこそ思《おも》ひつれ、我《われ》も人《ひと》も、宿世《すくせ》の拙《つたな》かりければ、有《あ》り有《あ》りて、斯《か》く、遥《はる》かなる国《くに》に成《な》りにたり。幼《をさな》かりし時《とき》、東《あづま》の国《くに》に、率《ゐ》て下《くだ》りてだに、心地《ここち》も、些《いささ》か悪《あ》しければ、（父）『此《これ》をや、此《こ》の国《くに》に見捨《みす》てて、惑《まど》はむとすらむ』と思《おも》ふ。人《ひと》の国《くに》の恐《おそ》ろしきに付《つ》けても、（父）『我《わ》が身《み》一《ひと》つならば、安《やす》らかならましを、所狭《ところせ》う引《ひ》き具《ぐ》して、言《い》はまほしき事《こと》も、え

言《い》はず、為《せ》まほしき事《こと》も、え為《せ》ずなど有《あ》るが、侘《わ》びしうも有《あ》るかな』と心《こころ》を摧《くだ》きしに、今《いま》は増《ま》いて、大人《おとな》に成《な》りにたるを、率《ゐ》て下《くだ》りて、我《わ》が命《いのち》も知《し》らず、京《きやう》の中《うち》にて流離《さすら》へむは例《れい》の事《こと》、東《あづま》の国《くに》、田舎人《ゐなかびと》に成《な》りて惑《まど》はむ、いみじかるべし。京《きやう》とても、頼《たの》もしう、（一族親類）『迎《むか》へ取《と》りてむ』と思《おも》ふ類《るい》・親族《しぞく》も無《な》し。然《さ》りとて、僅《わづ》かに成《な》りたる国《くに》を、辞《じ》し申《まう》すべきにも有《あ》らねば、京《きやう》に留《とど》めて、永《なが》き別《わか》れにて止《や》みぬべきなり。『京《きやう》にも、然《さ》るべき様《さま》に、持《も》て成《な》して留《とど》めむ』とは、思《おも》ひ寄《よ》る事《こと》にも有《あ》らず」と、夜《よる》・昼《ひる》、嘆《なげ》かるるを聞《き》く心地《ここち》、花《はな》・紅葉《もみぢ》の思《おも》ひも、皆忘《みなわす》れて、悲《かな》しく、いみじく思《おも》ひ嘆《なげ》かるれど、如何《いかが》はせむ。

【訳】 長元《ちょうげん》五年（一〇三二）、私は二十五歳になっていた。この年、六十歳になった父親が、人生の大きな転機を迎えた。私と言えば、あいかわらず物語のことで心が一杯だった。「今の私は、まだ自分の人生の可能性を開花させていない、固い蕾《つぼみ》の状態なのだ。もしも父親が、しかるべき官職に就《つ》けたならば、それと共に、私の可能性は一気に花開いて、この上もなく高い立場に昇ることができるだろう」などと、これと言って確実な根拠があるわけではない、あてどない期待を胸に秘めて、毎日を生きていた。

『源氏物語』には、「明石《あかし》の入道《にゅうどう》」という人物が登場する。彼は、播磨《はりま》の国の国司を勤め、任期が終わっても、その土地に残った。たまたま、わけあって都を去って流離《りゅうり》の旅に出た光る君を篤《あつ》くもてなし、娘の「明石の君」を娶《めあわ》せた。そして、明石の君と光る君との間に生まれた姫君が、中宮となって空前の栄華を手に入れるのである。そんな物語が、私と私の父親によって作られる可能性は、まったく無いはずなのに、そのような未来を想像するのが、私には楽しかった。しかも、入道は、夢のお告げを受けていた。私も、そんな夢を何度も見てきた。

ところが、私の父親は、都から貴公子が訪れることのありえない、遠い東国に役職を得た。十二年ぶりの任官は、「常陸《ひたち》の介《すけ》」だった。常陸の国の守《かみ》は、皇族の親王が名誉職としてお就《つ》きになる。だから、常陸の介が、この国のトップである。『源氏物語』では、空蟬《うつせみ》の夫や、浮舟の継父《ままちち》（浮舟の母親の再婚相手）が、「常陸の介」に任命されている。その点では、物語的なのではあるが、いかんせん、またしても、「東路《あずまじ》の道《みち》の果《は》て」の国である。父親は、任官の喜びよりも、嘆きのほうが深く、日夜《にちや》、ああでもない、こうでもないと、心を決めかねている。ある時、父親はこんなことを言ったけれども、私に対してというよりも、自分自身に言い聞かせているような口ぶりだった。

「父さんはね、『何とか手づるをたどって、少しでも早く、都に近くて、実入《みい》りも良い国の政《まつりごと》を朝廷《おおやけ》から任されたらね、真っ先に、娘であるあなたを、思うさま、お姫様のように飾り立ててお世話をし、お父さんの任国に一緒に来てもらい、美しい海や、珍しい山の景色を見てもらいたい、それよりも何よりも、あなたがお父さんのような受領《ずりょう》(国司階級)どまりの身分を越えられるように、素敵なお婿さんに恵まれるように努力したい』と、ずっと願っていたんだよ。あなたの大好きな『源氏物語』でも、明石の君が光る君のような飛びっ切りのお婿さんと結ばれたのは、父親の働きが大きかったんだと思うよ。でも、父さんだけでなく、あなたもまた、よくよく運がなかったんだね。

父さんは、十年以上も就職活動をしてきたけれども、遠い国に割り当てられてしまった。あなたがまだ幼かった頃、そう、十歳くらいだったかな、一緒に上総《かずさ》の国まで下ったことがありましたね。上総にいる時は、父さんの体調がちょっとでも優れないと、考えることが悲観的になってしまい、『もしもこのまま自分の命がなくなったならば、こんな辺境の地に、こんな幼い娘を一人にしてしまって、落ちぶれさせてしまうのか』と思ったものです。都の人たちとは価値観も振る舞いもまったく異なる東国の人々が、父さんには恐ろしくてたまらないにつけ、『単身赴任で一人だけが上総の国に来ているのだったならば、自分などはどうなってもかまわないけれども、あなたや、その姉さんや、継母や、乳母《めのと》たちまで、女性の家族をたくさん引き連れてきているので、不作法な東国人に対して、言いたいことも言わずに我慢するしかない、したいことも辛抱して、しないようにするしかないな』と、大いに困惑していたんだよ。

今は、なおさら父さんの心配の種は大きくなっているのだ。あなたは妙齢の大人に成長しているので、あなたを常陸の国まで連れて行ったとして、万一にでも、あなたが常陸の国から都に戻れなくて、田舎の人として一生を終わるようなことがあったら一大事だ。何と言っても、父さんの命が、いつまであるかわからないからね。そんなことを言えば、常陸まで下らずに、都に留《とど》まっていたとしても、若い女性が親類と死に別れて天涯孤独の身になる、というのは、よく聞く話だからね。そう言えば、あなたを都に残して、私だけが常陸の国に向かうとしても、あなたを安心して引き取ってもらって、任せられる一族の親類も、父さんにはいないんだ。だからと言って、十二年ぶりに、やっとのことで拝命した常陸の国の仕事を、お断りすることはできない。こう、いろいろ考えてくると、あなたには、今のままの状態で、この都に残ってほしいと思う。父さんは六十歳の老人なので、かなりの確率で、これが今生《こんじょう》のお別れになってしまうことだろうね。あなたを都に残すとしても、しかるべき身分の男性の『北《きた》の方《かた》』にしてさしあげることも、父さんの実力と声望では、できないのだよ。本当にあなたには申しわけないと思う」

私は、父親が、夜となく昼となく溜息《ためいき》をついておられるのを見るのが辛《つら》く、また、こういう長い独白を聞くのが切なかった。「浮舟の君のように、貴公子に囲われて、その訪れを待ちながら、春には桜の花、秋には紅葉《もみじ》と名月、冬には雪を見ながら過ごしたい」という、私の願いなど、どこかへ吹っ飛んでしまい、ひたすら悲しく、私まで父親と同じくらいに嘆かずにはいられない。けれども、父親にも、私にも、人生を打開するすべはないのだった。

［評］　この箇所には、本文上の問題があり、「親《おや》（二字分の空白）と成《な》りなば」とした本文は、藤原定家筆の御物本では、「おや　　なりなは」とあり、二字分の空白部分の横（傍ら）に、小さく「と」と書かれている。さまざまに解釈されているが、ここでは通説に従って、「と」の上に省略（脱落）があると見て、「もしも父親が、しかるべき官職に就《つ》けたならば」と訳した。

物語の世界に対する憧れが吹っ飛んでしまったと作者は書いているが、本当のところは、そうではないだろう。父親が任命された「常陸の介」は、『源氏物語』では浮舟の継父（母親の再婚相手）が任命されていた役職だった。作者は遂に「浮舟」と同じ立場になったのだ。作者と『源氏物語』との関係は、さらに明石一族の物語とも深く関わる。

自分たち親娘は、「明石の入道と、明石の君の父娘」にはなれなかったという思いが、まず語られる。明石の君は、身の程をわきまえて、華やかな生活はしなかったけれども、その姫君は中宮となり、その子孫は天皇の位を保ち続けることが確実である。『更級日記』の作者は、『源氏物語』を読みふけりながら、その登場人物である明石一族の「反転形」として自分たち父娘を位置づけている。その断念が、「后の位」よりも「夕顔や浮舟」を重視する作者の信念の裏側に貼り付いているのだろう。

父親の嘆きを延々と語る部分は、『源氏物語』若菜上巻で、出家を前にした朱雀院《すざくいん》が、後《あと》に残る女三の宮の結婚相手を誰にしようかと逡巡する「心中思惟《しんちゅうしい》」の文体を用いている。作者は、『源氏物語』の文体模写ができるほど、読み込んでいる。だから、彼女は自分でも、新たな物語を書けたのである。

さらには、宇治十帖の椎本《しいがもと》巻で、みずからの死を覚悟して、後に残る二人の娘に遺言を残した「八の宮」の心境とも、重なっている。

朱雀院と言い、八の宮と言い、「老賢人」とは言いがたい人物である。だから、後に残された娘たちは、苦悩した。『更級日記』の父親像は、さらに進んで、言わば「愚老人」の典型となっている。

## 46 秋の別れ

七月十三日《ふみづきとをかあまりみか》に、下《くだ》る。五日《いつか》兼《か》ねては、見《み》むも却々《なかなか》なンべければ、内《うち》にも入《い》らず。増《ま》いて、其《そ》の日《ひ》は、立《た》ち騒《さわ》ぎて、時《とき》、成《な》りぬれば、(父)「今は」とて、簾《すだれ》を引《ひ》き上《あ》げて、打《う》ち見合《みあ》はせて、涙を、ほろほろと落《お》として、やがて出《い》でぬるを、見送《みおく》る心地《ここち》、目《め》も暗《く》れ惑《まど》ひて、やがて臥《ふ》されぬるに、留《と》まる男《をのこ》の、送《おく》りして帰《かへ》るに、懐紙《ふところがみ》に、

(父)思《おも》ふ事心《ことこころ》に叶《かな》ふ身《み》なりせば秋《あき》の別《わか》れを深《ふか》く知《し》らまし

とばかり書《か》かれたるをも、え見遣《みや》られず。事良《ことよ》ろしき時《とき》こそ、腰《こし》、折《を》れ掛《か》かりたる事《こと》も、思《おも》ひ続《つづ》けけれ、ともかくも言《い》ふべき方《かた》も、覚《おぼ》えぬ儘《まま》に、

(孝標の女)掛《か》けてこそ思《おも》はざりしか此《こ》の世《よ》にて暫《しば》しも君《きみ》に別《わか》るべしとは

とや書《か》かれにけむ。

いとど、人目《ひとめ》も見えず、寂《さび》しく、心細《こころぼそ》く、打《う》ち眺《なが》めつつ、(孝標の女)「何処許《いづこばか》り」と、明《あ》け暮《く》れ、思《おも》ひ遣《や》る。道《みち》の程《ほど》も、知《し》りにしかば、遥《はる》かに、恋《こひ》しく、心細《こころぼそ》き事《こと》、限《かぎ》り無《な》し。明《あ》くるより、暮《く》るるまで、東《ひむがし》の山際《やまぎは》を、眺《なが》めて過《す》ぐす。

【訳】父親が常陸の国に出発するのは、七月十三日と決まった。その五日前くらいから、父親は私と顔を合わせると、かえって旅立つ決心が鈍《にぶ》りかねないという理由なのだろうか、私の部屋の中に入ってきてゆっくり話しこむこともない。なおさら、旅立ちの当日は、皆が何かと慌《あわ》ただしく走り回っているので、別れを交《か》わす時間が取れない。いよいよ、出立の時刻が来た。さすがに、父親は、「さあ、これでお別れです」と言うために、私の部屋までやって来て、簾《すだれ》を上げた。父親が私を見る視線と、私が父親を見る視線が交錯した。やがて、父親は視線を落とし、ほろほろと涙をこぼして、そのまま何も言わずに屋敷を後《あと》にした。見送る私は、物語にしばしば見られるような、「目《め》も暗《く》れ惑《まど》ふ」気持ちだった。私の憧れの一人である夕顔の君が急死した時、光る君は「目《め》も暗《く》れ惑《まど》ひて」悲しがられた、と夕顔巻《ゆうがお》にある。私は、こんな時でも、『源氏物語』を思ってしまうのだ。

私は、父を見送って涙にくれた状態そのままで、ずっと突っ伏して泣き続けていた。そのうち、都に残ることになっているけれども、途中まで見送りに付いていった従者が、屋敷に戻ってきた。この男は、父親から私への和歌を書き記した懐紙《かいし》を託されて、持ち帰ったのである。

（父）思《おも》ふ事心《ことこころ》に叶《かな》ふ身《み》なりせば秋《あき》の別《わか》れを深《ふか》く知《し》らまし

（もしも、この父さんに、あなたの願いを何でも叶《かな》えられる万能の力があるのならば、こんな遠くまで、あなたと別れて旅立つこともなく、こんなに慌ただしく出発しなければならないこともなく、秋の別れの情緒を堪能する心のゆとりがあったことだろうに。）

こんな歌だけが記されていて、言葉（散文）は書いてなかった。私も、ふだんの精神状態であるのならば、すぐに和歌を詠んで、折り返し父親に届けるのだけれども、こんなに打ちひしがれている最中《さなか》なので、どう返事したらよいのかわからない。手だけは動いて、次のように返事をしたようだが、確かな記憶は曖昧《あいまい》である。

（孝標の女）掛《か》けてこそ思《おも》はざりしか此《こ》の世《よ》にて暫《しば》しも君《きみ》に別《わか》るべしとは

（私は、これまで二十五年間を「お父さんの娘」として生きてきました。いつか必ず訪れる「死別の悲しみ」は、人間には避けられないものと覚悟していますが、この世で、こんなに悲しい生き別れを経験しなければならないとは、まったく思っても見なかったことです。）

父親が常陸へ旅立った後は、もともと来客が少なかった我が家なので、いっそう客人の訪れは細った。私は不安な気持ちで、庭などをぼんやりと眺めつつ、物思いに耽《ふけ》った。私は、「お父さんたち一行は、今、どのあたりを通過しておられるのだろうか」と、毎日、そのことばかりを思い続けた。十二年前に、私たち家族は、上総の国から都へと旅してきた。今、父親は、その逆のルートで、下っている。その道々のありさまを、私は自分の目で実際に見て熟知しているので、距離が遠いことも、道中の恐ろしさもわかる。だから、旅する父親のことを思うだけで、恋しく、不安な気持ちで心が一杯になるのだ。朝、周《まわ》りが明るくなってから、夜、とっぷりと日が暮れるまで、父親が旅をしている東の方角をぼんやり眺めては、うつけたような状態で日を過ごした。

［評］　父が詠んだ歌は、作者の代作と言わないまでも、作者の添削・潤色がなされているのではないだろうか。光源氏が都に戻るために、明石一族としばしの別れを交わしたのが、秋だった。明石巻には、「都出《みやこい》でし春《はる》の嘆《なげ》きに劣《おと》ら

めや年経《としふ》る浦《うら》を別れぬる秋《あき》」という光源氏の歌がある。また、「秋の別れ」という言葉は、光源氏と六条御息所《ろくじょうのみやすどころ》が、嵯峨の「野《の》の宮《みや》」で別れを交わす場面に、「大方《おほかた》の秋《あき》の別《わか》れも悲《かな》しきに鳴《な》く音《ね》な添《そ》へそ野辺《のべ》の松虫《まつむし》」という、六条御息所の歌がある。

ところで、作者の返歌と瓜二つの歌が、七番目の勅撰和歌集である『千載《せんざい》和歌集』に載っている。「限《かぎ》り有《あ》らむ道《みち》こそ有《あ》らめ此《こ》の世《よ》にて別《わか》るべしとは思《おも》はざりしを」。作者の「上西門院兵衛《じょうさいもんいんのひょうえ》」は、十二世紀の人なので、『更級日記』のほうがはるかに早い。歌があまりに酷似しているので、上西門院兵衛が『更級日記』を読んでいた可能性も皆無ではないような気がする。上西門院兵衛は、『小倉百人一首』の「長《なが》からむ心《こころ》も知《し》らず黒髪《くろかみ》の乱《みだ》れて今朝《けさ》は物《もの》をこそ思《おも》へ」の作者として知られる待賢門院堀河《たいけんもんいんのほりかわ》の姉妹である。

# 47 太秦《うずまさ》で父の無事を祈る

八月許《はづきばか》りに太秦《うづまさ》に籠《こ》もるに、一条《いちでう》より詣《まう》づる道《みち》に、男車《をとこぐるま》、二《ふた》つ許《ばか》り引《ひ》き立《た》てて、物《もの》へ行《ゆ》くに、諸共《もろとも》に来《く》べき人《ひと》、待《ま》つなるべし、過《す》ぎて行《ゆ》くに、随身《ずいじん》立《だ》つ者《もの》を遣《おこ》せて、

(貴公子)花見《はなみ》に行《ゆ》くと君《きみ》を見《み》るかな

と言《い》はせたれば、(孝標の女の一行の者)「斯《か》かる程《ほど》の事《こと》は、答《いら》へぬも、便無《びんな》し」など有《あ》れば、

(孝標の女)千草《ちぐさ》なる心習《こころなら》ひに秋《あき》の野《の》の

とばかり言《い》はせて、行《い》き過《す》ぎぬ。

七日候《なぬかさぶら》ふ程《ほど》も、唯《ただ》、東路《あづまぢ》のみ思《おも》ひ遣《や》られて、(孝標の女)「由無《よしな》し事《ごと》、辛《から》うじて離《はな》れて、平《たひ》らかに相見《あひみ》せ給《たま》へ」と申《まう》すは、仏《ほとけ》も、(仏)「哀《あは》れ」と聞《き》き入《い》れさせ給《たま》ひけむかし。

【訳】 あれは、父親が東国へと旅立ってから一か月くらい後《あと》だったから、八月の頃で、秋の盛りだった。父親の道中の無事をお祈りするために、私は太秦《うずまさ》の広隆寺《こうりゅうじ》にお籠《こ》もりをした。牛車《ぎっしゃ》に乗って、一条大路《いちじょうおおじ》を西へ向かっていたところ、殿方用《とのがたよう》の牛車が二輛《にりょう》ほど、皆で打ち停《と》めてあるのに行き会った。おそらく、あと何輛かの牛車が到着するのを待ち、

揃《そろ》って、秋の野遊びへ出かけようというのだろう。私たちの乗った牛車が、その横を通り過ぎた直後に、彼らを護衛する「随身《ずいじん》」と思われる男が、追いかけてきた。停まっていた牛車の中の貴人からの伝言を、口頭で伝えるためである。私の乗っているのが女性用の牛車なので、ここは私たちに挨拶するのが礼儀だと思ったのだろう。

（貴公子）花見《はなみ》に行《ゆ》くと君《きみ》を見《み》るかな

「七七」になっている。随身の言葉を最初に聞いた時には、「あなたは、これから秋の花を見に行くとお見かけしましたが、それは正しい判断でしょうか」という意味に受け取ったが、それではあまりにも芸がない。それで、「私たちはこれから秋の花を堪能《たんのう》しようとしているのですが、秋の野原に着く前に、ここで、あなたという見事な花を目にしたことです」という誉《ほ》め言葉なのだろうと、考え直した。この「七七」を寄越《よこ》したのは、相当な人物なのだろう。この「七七」を下《しも》の句《く》にして、上《かみ》の句《く》の「五七五」を返してください、そうすると「連歌《れんが》」が完成しますから、という遊び心なのだろう。

私は、返事などせずに、このまま太秦に直行するつもりだったが、周囲の者たち（同車している女房や、牛車に従っている従者）が、「こういうふうに、身分のある男性から詠みかけられて、何の返事もしないのは、風流心がないと相手に思われてしまい、よくないことで

す」としきりに言うので、私は即興で返事をした。男たちの言葉を伝えに来た随身に、

（孝標の女）千草《ちぐさ》なる心習《こころなら》ひに秋《あき》の野《の》の

と暗記させせて、先方には伝えさせたのである。「あなた方は、これから秋の草花が『千草《ちぐさ》』（たくさん）に咲き誇っている秋の野に行かれるのでしょうが、それはもともとあなた方のお心が、たくさんの女性に向けられる移ろいやすいものだからでしょうね。今の挨拶も、そういう浮気心の表れでしょう。本気で私をお誉めになったとは思われません」という、反発心を込めた返事だった。

そんなやりとりはあったものの、私の心は、しごく真面目《まじめ》だった。太秦には、七日間、お籠もりした。ひたすら、父親の東路《あずまじ》の旅が無事でありますようにと、そのことばかりをお祈りした。道中が平穏であるためには、私のほうでも、自分が一番大切にしている物を、仏様に差し出して、私の心意気を仏様にわかってもらわなくてはならない。そこで、次のように、お祈りした。

「仏様、私はこれまでの人生で、物語というものに、最も高い評価を与えてまいりました。たとえ、世間では、物語を『取るに足らぬ物』と見なしておりましても、私には何よりも素晴らしいものです。仏様、何とかして、私の物語への妄執を、忘れさせせてください

ませ。そして、物語の魅力を諦《あきら》めようとしている私の心意気に免じて、父親の長旅を無事に終わらせてくださいませ」。

ここまで深い思いを込めてお祈りしたからには、仏様も、さぞかし「感心な心がけだ」と、私の願いをお聞き入れになったことだろう。

【評】通説は、「由無《よしな》し事《ごと》、辛《から》うじて離《はな》れて」までを地の文とし、「平《たひ》らかに相見《あひみ》せ給《たま》へ」の部分のみを作者が心の中で仏様に祈った言葉だとするが、ここでは、「由無《よしな》し事《ごと》、辛《から》うじて離《はな》れて、平《たひ》らかに相見《あひみ》せ給《たま》へ」を、作者の「心内語」と考えてみた。

というのは、作者は、客観的に見て、物語への愛を放棄してはいないと思うからである。何とかして、自分の物語愛を冷ましてほしい、と神仏に頼っているのではないだろうか。それもこれも、父親の無事を祈るという、より大きな宝物を獲得するための「方便《ほうべん》＝手段」である。

## 48　散乱たり、荻の葉。そして、夢もまた

冬《ふゆ》に成《な》りて、日暮《ひぐ》らし、雨《あめ》、降《ふ》り暮《く》らいたる夜《よ》、雲返《くもかへ》る風《かぜ》、激《はげ》しう打《う》ち吹《ふ》きて、空《そら》、晴《は》れて、月《つき》、いみじう明《あ》かう成《な》りて、軒近《のきちか》き荻《をぎ》の、いみじく風《かぜ》に吹《ふ》かれて、摧《くだ》け惑《まど》ふが、いと哀《あは》れにて、

（孝標の女）秋《あき》を如何《いか》に思《おも》ひ出《い》づらむ冬深《ふゆふか》み嵐《あらし》に惑《まど》ふ荻《をぎ》の枯葉《かれは》は

【訳】父親のいない冬が来た。一日中ずっと、雨が降り続いて止《や》まない日があった。ところが、夜になると、分厚《ぶあつ》く立ちこめていた雨雲を、いっぺんに吹き飛ばして、空の彼方《かなた》へ戻してしまうような激しい風が吹いた。夜空《よぞら》は一気に晴れ渡り、冬の月が皓々《こうこう》と空にかかった。私の部屋の軒端《のきば》近くに生《は》えている荻《おぎ》の葉が、ひどく風に吹かれて、音《おと》を立ててさやぐだけでなく、折れ砕けているようなのが、ひどく可哀相《かわいそう》に感じられた。

（孝標の女）秋《あき》を如何《いか》に思《おも》ひ出《い》づらむ冬深《ふゆふか》み嵐《あらし》に惑《まど》ふ荻《をぎ》の枯葉《かれは》は

（秋は、男の心が女への恋に「飽《あ》き」てしまう悲しい季節。秋風が吹くと、荻の葉は、捨てられた女が洩《も》らす切なげな溜息《ためいき》のように、しきりに葉擦《はず》れの音を立てていた。ところが、冬が深まると、

無情な嵐が激しく吹きつけて、荻の枯葉を折りひしいでいる。荻の葉は、さぞかし、あのつらかった秋風を、それでも冬の嵐よりは優しかったと、懐かしく思い出していることだろう。）

［評］　作者は、荻の葉と同じように、父親と一緒だった時も悩みは深かったけれども、父親と離れてみるとさらに嘆きが深まった。そのことを、秋と冬の風の吹き方の違いに託して、歌を詠んでいる。

『新古今和歌集』の歌人である藤原良経《よしつね》（「リョウケイ」とも）は、「秋風《あきかぜ》の紫《むらさき》摧《くだ》く草《くさ》むらに時失《ときうしな》へる袖《そで》ぞ露《つゆ》けき」と歌った。『貞観政要《じょうがんせいよう》』の「叢蘭《そうらん》、茂《しげ》からむと欲《ほっ》すれども、秋風《しゅうふう》これを敗《やぶ》る」という一節を踏まえている。草花には風が邪魔をするし、大人物は小人物たちに妨害される。菅原孝標女も、その父親も、自分たちを幸福にしない世の中の仕組みに、苦しめられている。

## 49　子忍《こしの》びの森

東《あづま》より、人《ひと》、来《き》たり。(父の手紙)『神拝《じんぱい》』と言《い》ふ業《わざ》して、国《くに》の中《うち》、歩《あり》きしに、水《みづ》、をかしく流《なが》れたる野《の》の、遥々《はるばる》と有《あ》るに、木叢《こむら》の有《あ》る、(父)『をかしき所《ところ》かな。見《み》せで』と、先《ま》づ、思《おも》ひ出《い》でて、(父)『此処《ここ》は、何処《いづこ》とか言《い》ふ』と問《と》へば、(現地の人)『「子忍《こしの》びの森《もり》」となむ申《まう》す』と答《こた》へたりしが、身《み》に比《よそ》へられて、いみじく悲《かな》しかりしかば、馬《むま》より下《お》りて、其処《そこ》に、二《ふた》時《とき》なむ眺《なが》められし。

(父)留《とど》め置《お》きて我《わ》が如物《ごともの》や思《おも》ひけむ見《み》るに悲《かな》しき子忍《こしの》びの森《もり》

となむ覚《おぼ》えし」と有《あ》るを、見《み》る心地《ここち》、言《い》へば更《さら》なり。返《かへ》り事《ごと》に、

(孝標の女)子忍《こしの》びを聞《き》くに付《つ》けても留《とど》め置《お》きし秩父《ちちぶ》の山《やま》の辛《つら》き東路《あづまぢ》

【訳】常陸の国に到着した父親は、使いの者に手紙を持たせて、無事を知らせてきたが、その文面には父親の苦衷《くちゅう》が滲《にじ》んでいた。手紙には、いろいろなことが、こまごまと書きしたためてあった。

「国司として赴任《ふにん》した者は、任国にある神社を順番に回って、その土地・土地の神様に、

今年の田畑の実入《みい》りがよくなりますようにと、お祈りをしなければならない。これを『神《じん》拝《ぱい》』と言うのだよ。父さんも、ここに着いてすぐに、常陸の国の神社をすみずみまで回った時のことなのだが、川の水が流れているようすが、とても風情《ふぜい》のある野原があってね、見晴らすかぎり広がっていた。その景色の中に、こんもりと木々が繁っている所があった。父さんは美しいものを見ると、真っ先にあなたを思い出すのだ。『何とも綺麗な森だな、こんなすてきな場所を、あなたに見せることができないのは、残念でならない。何とかして見せてあげたいものだ』と、そんな不可能なことを思ったよ。現地で道案内してくれている者に、父さんが、『ここは、何という所か』と尋ねたところ、『ここを、私たちは子忍《こしの》びの森《もり》と申します』と答えたものだ。その言葉を聞いた時、父さんは本当に驚いてしまった。『子忍びの森』、これほど、今の父さんの気持ちにぴったりの言葉はほかにないからね。父さんはひどく悲しい気持ちになってしまったので、まだ『神拝』で回らなければならない神社もたくさんあるのに、馬から下りて、この『子忍びの森』で、そうだな、二刻《にこく》（四時間）も経《た》ったかと感じるほど、あなたのことをずっと思い出していたよ。そこで詠んだ歌を、披露しようか。

（父）留《とど》め置《お》きて我《わ》が如物《ごともの》や思《おも》ひけむ見《み》るに悲《かな》しき子忍《こしの》びの森《もり》

（おおい、「子忍びの森」さんよ、お前が「子忍びの森」という名前で呼ばれているからには、さぞかし、どこか遠いところにお前の子どもに当たる小さな森を残して、この常陸まではるばるやってきて、子どもの森を思い出しているんだろうね。今の私が、そうであるように。私が、この子忍びの森で悲しい気持ちになったのは、お前が子どもを忍ぶ心が伝わってきたからだったのだね。）

父さんは毎日、こういう気持ちで、常陸の国で過ごしているのだよ」

この手紙を読む私の気持ちは、とても「悲しい」などと言う、ありきたりの言葉で表せない悲しみに包まれた。常陸から都までやって来た使いの者には、返事の歌を持たせた。

（孝標の女）子忍《こしの》びを聞《き》くに付《つ》けても留《とど》め置《お》きし秩父《ちちぶ》の山《やま》の辛《つら》き東路《あづまぢ》

（まあ、「子忍びの森」とは、名前を聞くだけで、何と悲しく、恨めしい気持ちになります名前でしょうか。「子忍び」は、「（親が）子を忍ぶ」だけでなく、「子が（親を）忍ぶ」というふうにも聞こえるからです。常陸の国にあるという「子忍びの森」のことを聞くに付け、私を都に置いたまま、遠くの東路《あずまじ》にいらっしゃるお父様を恨めしく思います。その東路に「父」という言葉を含んでいる「秩父《ちちぶ》の山」があるとは言え、なんとまあ、私たちは、遠く離れて、お互いを忍び合っていることでしょう。）

【評】「こしのび」の森は所在地不明だが、「おしのべ」（笠間市の押延）とする説がある。『更級日記』冒頭の上京の旅でも、固有名詞はしばしば聞き間違えられたし、表現上の効果を狙って意図的に改変されているとも考えられる。ちなみに、「子恋《こごい》の森」という歌枕もある。場所は、熱海市伊豆山とも、山城国とも言われるが、正確な所在地はこちらも未詳である。

## 50 清水寺で見た夢

斯《か》うて、徒然《つれづれ》と眺《なが》むるに、何《など》か、物詣《ものまうで》もせざりけむ。母、いみじかりし古代《こだい》の人《ひと》にて、「初瀬《はつせ》には、あな恐《おそ》ろし、奈良坂《ならさか》にて、人《ひと》に掠《と》られなば、如何《いか》がせむ。石山《いしやま》、関山越《せきやまこ》えて、いと恐《おそ》ろし。鞍馬《くらま》は、然《さ》る山《やま》、率《ゐ》て出《い》でむ、いと恐《おそ》ろしや。親《おや》、上《のぼ》りて、ともかくも」と、差《さ》し放《はな》ちたる人《ひと》の様《やう》に、煩《わづら》はしがりて、僅《わづ》かに、清水《きよみづ》に率《ゐ》て籠《こ》もりたり。其《そ》れにも、例《れい》の癖《くせ》は、実《まこと》しかンべい事《こと》も、思《おも》ひ申《まう》されず。彼岸《ひがん》の程《ほど》にて、いみじう騒《さわ》がしう、恐《おそ》ろしきまで覚《おぼ》えて、打《う》ち微睡《まどろ》み入《い》りたるに、御帳《みちやう》の方《かた》の犬防《いぬふせ》ぎの中《うち》に、青《あを》き織物《おりもの》の衣《ころも》を着《き》て、錦《にしき》を、頭《かしら》にも被《かづ》き、足《あし》にも履《は》いたる僧《そう》の、別当《べつたう》と思《おぼ》しきが、寄《よ》り来《き》て、（夢の中の僧）「行《ゆ》く先《さき》の哀《あは》れならむも知《し》らず、然《さ》も、由無《よしな》し事《ごと》をのみ」と、打《う》ち憤《むづか》りて、御帳《みちやう》の中《うち》に入《い》りぬ、と見《み》ても、打《う》ち驚《おどろ》きても、（孝標の女）「斯《か》くなむ見《み》えつる」とも語《かた》らず、心《こころ》にも思《おも》ひ留《とど》めで、罷《まか》でぬ。

［訳］国司などの任期は四年。私が二十五歳の時に常陸の国の介《すけ》として赴任した父親は、私が二十九歳になるまで帰京できない。その間《かん》の私は、何をしていたか。いくつか、記憶に残っている出来事を、書き記しておこう。まず、清水寺《きよみずでら》に、母親とお籠もりしたこと。それにしても、父親が不在の四年間は永く感じられた。新しい朝が来て、その日が終わり、また新しい日になる。それなのに、私には、これと言って、取り立ててしなければならないことは何もないので、ぼんやりと物思いがちに日々を過ごしただけだった。どうして、あり余る時間を有効に活用して、積極的に遠い所にある神社仏閣に物詣《ものもうで》をしなかったのだろう。私自身が、強く主張しなかったのも一因だが、母親の性格も関係している。ごく稀《まれ》に私が、「一緒に物詣をしましょうよ、お母さん」と持ちかけても、母は時代遅れの

人間で、「女は遠くまでふらふら出歩いたり、何日も家を離れる旅をしたりすべきではない」と思い込んでいた。母親は、「長谷寺《はせでら》ですって。そこへ行くには、奈良を越えて行くんですよ。途中にある奈良坂《ならさか》には、昔から恐ろしい盗賊どもが屯《たむろ》して、旅人を襲うというではありませんか。か弱い女だけで旅をしていて、掠《さら》われてしまったら、どうするつもりなの。石山寺《いしやまでら》ですって。そこへ行くには、関所のある逢坂山《おうさかやま》を越えて行くんですよ。逢坂の関を越えれば、もう都ではなくなって、東国だというじゃありませんか。おお、恐《こわ》。鞍《くら》馬寺《までら》ですって。そこへ辿《たど》り着くまでの山道の険しさは、昔から「九十九折《つづらお》り」と言われ続けているじゃないの。「くらま」という名前を聞いただけでも、いかにも暗そうで、恐くなるではないですか。そんな所に、あなたを連れてお参りするなんて、とてもじゃないけど、無理。無理ですよ。あなたのお父さんが、常陸の国からお戻りになって、ともかくも男手が増えてから、詣《もう》でるにしろ、詣でないにしろ、考えることにしましょうね」などと、まるで非常識な要求を繰り返す子どもを邪険に扱うかのように、天《てん》から私を相手にしてくれない。それでも、ようようのことで、清水寺《きよみずでら》までならと言うので、二人で清水寺にお籠もりできたのである。

そこまでしてやっとのことで参籠《さんろう》した清水寺でも、物語に憧れるばかりで、夢見がちな私の性癖は、一向に改まらないものと見え、現実にしっかりと足を付けた願い事や、極楽往生への願いなどを、本心から観音様にお祈り申し上げることもなかった。時あたかも、お彼岸の頃だったので、参拝する人でごった返しており、ひどく騒然としたその雰囲気といったら、恐ろしいほどだった。

そんな気持ちで微睡《まどろ》んだ夢の中に、観音様の前に垂《た》らしてある御帳《みちょう》のほうの、ご本尊を安置してある内陣《ないじん》と、一般人が参拝する外陣《げじん》とを隔ててある「犬防《いぬふせ》ぎ」という柵《さく》の内側から、模様を織《お》りだした、青色の豪華な絹布を着て、頭にはこれまた高価な錦をかぶり、足にも錦《にしき》を履《は》いているので、別当《べっとう》（事務を司る高僧）などの身分の高いお立場だと思われるお坊様が、私の所までわざわざ近寄ってきて、「そなたは、自分のこれからの人生が、どんなに悲惨なものになるのかも知らないで、今も心に思い浮かべていたような、物語などのような、どうでもよい、つまらないことばかりを考えておるのだな」と、怒ったような口調で言って、再び御帳の中に戻っていった。はっと目が覚めたのは、夢を見ていたのだった。

けれども、「こんな夢を見たのよ」と母に話したり、夢解《ゆめと》きを職業としている人たちに、この夢の意味を尋ねて教えてもらうことはしなかった。つまり、私は気にも留《と》めないで、清水寺を後《あと》にしたのである。

［評］　この夢は、何の諭《さと》し、いや、何の脅《おど》しなのだろうか。作者の物語への愛情を冷ますために、この僧は夢の中に立ち現れた。ただし、この夢自体が、いかにも物語的ではないだろうか。須磨巻の巻末で、光源氏は大暴風雨、高潮《たかしお》、落雷に直撃され、命の危険にさらされる。その時に、得体の知れない霊《もの》が光源氏の夢に現れて、「宮からのお召しがあるのに、なぜ来ないのか」と言いながら、光源氏をどこかへ連れて行こうとした。

『更級日記』の作者は、物語の世界から自分を引き離そうとする外部の力を書く時ですら、物語の手法を用いているのである。

## 51　長谷寺の鏡の夢

母《はは》、一尺《いつさく》の鏡《かがみ》を鋳《い》させて、（母）「え率《ゐ》て参《まゐ》らぬ替《か》はりに」とて、僧《そう》を出《い》だし立《た》てて、初《はつ》瀬《せ》に詣《まう》でさすめり。（母）「三日《みか》、候《さぶら》ひて、此《こ》の人《ひと》の、あンべからむ様《さま》、夢《ゆめ》に見《み》せ給《たま》へ」など言《い》ひて、詣《まう》でさするなンめり。其《そ》の程《ほど》は、精進《さうじ》せさす。

此《こ》の僧《そう》、帰《かへ》りて、（僧）「（僧）『夢《ゆめ》をだに見《み》で、罷《まか》でなむが、本意《ほい》無《な》き事《こと》。如何《いか》が帰《かへ》りても申《まう》すべき』と、いみじう額衝《ぬかづ》き、行《おこな》ひて、寝《ね》たりしかば、御帳《みちやう》の方《かた》より、いみじう気高《けだか》う、清気《きよげ》に御座《おは》する女《をんな》の、美《うるは》しく装束《さうぞ》き給《たま》へるが、奉《たてまつ》りし鏡《かがみ》を引《ひ》き提《さ》げて、（夢の中の女人）『此《こ》の鏡《かがみ》には、文《ふみ》や添《そ》ひたりし』と問《と》ひ給《たま》へば、畏《かしこ》まりて、（僧）『文《ふみ》も、候《さぶら》はざりき。（母）「此《こ》の鏡《かがみ》をなむ奉《たてまつ》れ」と侍《はべ》りし』と答《こた》へ奉《たてまつ》れば、（女人）『奇《あや》しかりける事《こと》かな。文《ふみ》、添《そ》ふべきものを』とて、（女人）『此《こ》の鏡《かがみ》を、此方《こなた》に映《うつ》れる影《かげ》を見《み》よ。此《これ》、見《み》れば、哀《あは》れに、悲《かな》しきぞ』とて、さめざめと泣《な》き給《たま》ふを、見《み》れば、臥《ふ》し転《まろ》び、泣《な》き嘆《なげ》きたる影《かげ》、映《うつ》れり。（女人）『此《こ》の影《かげ》を見《み》れば、いみじう悲《かな》しな。此《これ》、見《み》よ』とて、今片《いまかた》つ方《かた》に映《うつ》れる影《かげ》を、見《み》せ給《たま》へば、御簾《みす》ども、青《あを》やかに、几帳《きちやう》、押《お》し出《い》でたる下《した》より、色々《いろいろ》の衣《きぬ》、零《こぼ》れ出《い》で、梅《むめ》・桜《さくら》、咲《さ》きたるに、鶯《うぐひす》、木伝《こづた》ひ、鳴《な》きたるを、見《み》せて、（女人）『此《これ》を見《み》るは、嬉《うれ》しな』と宣《のたま》ふ、となむ見《み》えし」と語《かた》るなり。

（孝標の女）「如何《いか》に見《み》えけるぞ」とだに、耳《みみ》も留《とど》めず。

［訳］　私の母親には、私の未来について、ある種の期待と、ある種の不安があったらしく、直径が一尺（約三〇センチ）もある立派な鏡を鋳造《ちゅうぞう》させて、初瀬《はつせ》にある長谷寺《はせでら》に奉納すると言い出した。古風な考えが染みついていて、女性が長谷寺まで詣《もう》でることは不可能だと決めてかかっているので、「自分で娘を引き連れてお参りできぬ替わりに」ということで、一人の僧侶を代参人に仕立てて、初瀬まで参詣させたことがあったようだった。私はあまり興味がなかったので、この話を上《うわ》の空《そら》で聞いていたが、母親は僧侶に向かって、「三日間、熱心に長谷寺にお籠もりして、この娘の将来がどのようなものになるであろうかを、観音様がお示しになる夢を、必ず見て来てくださいね」などと依頼してから、詣でさせたようである。この三日間は、母親は都に残ったままの私にも、精進するようにと厳命《げんめい》した。

この僧侶は、都に戻ってきてから、母親に報告をした。「愚僧は、『この三日間の日程のうちに、依頼者の娘御《むすめご》の将来について、観音様がお告げになる尊い霊夢《れいむ》を見ないで都に戻るようなことになれば、まことに不本意なことなので、恥ずかしくて依頼者に報告もできないだろう』と思いまして、信仰心を奮い立たせ、心を込めて額《ひたい》をつき、お経《きょう》を唱えたりいたしましたところ、疲労困憊《こんぱい》して無意識のうちに眠りに落ちたようでした。観音様が安置されていらっしゃる御帳《みちょう》のあたりから、まことに気高《けだか》く、清楚《せいそ》でいらっしゃる女性《にょしょう》が、まことに美々《びび》しいお召し物《めしもの》を身に纏っておられまして、愚僧が依頼者の替わりに奉納いたしました一尺の鏡を手に提《さ》げて、姿を現《あらわ》されました。そして、その女性は、『この献納された鏡には、依頼者の願いの内容を書き記した願文《がんもん》は付随しておるのか』とご下問《かもん》になられましたので、愚僧は、畏《かしこ》まりまして、『願文は、依頼者からは預ってきておりません。ご依頼になったお方からは、ただ、『この鏡を観音様に奉納しなさい』と言われただけでございます』とお答えしました。すると、女性は、『おかしなことも、あるものぞな。こういう場合には、こうしていただきたいという願い事の趣きを書き記した願文が、必ずあるべきはずじゃがな』とおっしゃいました。女性は、なおも、『この鏡を、見よ。まずは、こちらの角度から、見てみるが良い。鏡に映っているものを見れば、悲しい気持ちになること、必定《ひつじょう》じゃ』と言いながら、その女性はさめざめとお泣きなりますので、愚僧が見ましたところ、一人の女性が、倒れ伏《ふ》して、身もだえながら、泣き悲しんでいる姿が、映っておりました。また、女性が、『そうだろう、この角度から見た鏡には、ひどく悲しい姿が映っておるじゃろう。では、こちらの角度から、鏡を見てみよ』とおっしゃるので、それまでとは違う角度から、奉納した鏡を見入れますと、女性がお住まいだと見える綺麗なお部屋に、簾《すだれ》がさわやかに青い色で掛《か》かっていました。布を垂らして室内の仕切りや目隠しとする几帳《きちょう》が部屋の端《はし》に据えられていて、その下から、さまざまな色彩の華麗なお召し物が、こぼれ出ておりました。お庭には、梅や桜が咲き誇っており、花の枝から枝へと木伝《こづた》いながら、鶯《うぐいす》が気持ちよさそうに鳴いている姿が、映っておりました。それを愚僧にお示しになった後で、女性は、『この姿を見れば、まことにうれしい気持ちになるよな』とおっしゃったと思いました時に、愚僧の目が、ぱっちりと覚めました。これが、長谷寺の観音様が愚僧にお授けになった霊夢《れいむ》だったのでございます」と、その代参人の僧侶は母親に語っているようだった。

私は、この報告を、まじめに聞くこともなく、「私の将来は、結局、どういうふうに示されたのだろうか」ということすらも考えてみることもなく、何もせずに済ませてしまった。

［評］鏡には、明暗の対照がくきやかな二つの未来が映っていた。この二つのどちらかが、現実のものとなるのだろうか。それとも、両方が実現するのだろうか。たとえば、「前半生が幸福で、後半生が不幸」、「前半生が不幸で、後半生が幸福」、「他人からは幸福と見えるが、内実は不幸」などのライフコース

が考えられる。

「願文がない」のは、母親の落ち度というより、作者本人に、まだ、「こういう人生を生きたい」という明確なイメージが結ばれていないことの象徴だろう。漠然とした夢や憧れを「物語」に投影し続けてきた作者は、『源氏物語』に登場する女君たちの中の誰に、自分の「希望」を託するのだろうか。夕顔や浮舟は「漠然とした愛の夢」を、明石一族の人々は「明瞭な現実認識」を、それぞれ象徴しているのだろう。後の種明かしで、「喜ばしい姿」は、自分が高貴なお方の「乳母《めのと》」になることだと語られている（【84　夢は、みんな壊れた】参照）。明石一族のように、一族から「国母」を出すことは、さすがに畏《おそ》れ多いけれども、天皇家に限りなく近づく「乳母」としての幸福が、願われていた。

それにしても、代参の僧が見た夢はリアルである。とりわけ、美しく豪華な室内や庭園の花鳥が映った鏡面は、これ自体が物語の一場面のようである。

## 52 天照御神

物儚《ものはかな》き心《こころ》にも、「常《つね》に、天照御神《あまてるおほんかみ》を、念《ねん》じ申《まう》せ」と言《い》ふ人《ひと》、有《あ》り。(孝標の女)「何処《いづこ》に御《お》座《は》します神《かみ》・仏《ほとけ》にかは」など、然《さ》は言《い》へど、漸《やうや》う思《おも》ひ分《わ》かれて、人《ひと》に問《と》へば、(人)「神《かみ》に御《お》座《は》します。伊勢《いせ》に御座《おは》します。紀伊《き》の国《くに》に、『紀《き》の国造《こくざう》』と申《まう》すは、此《こ》の御神《おほんかみ》なり。然《さ》ては、内侍所《ないしどころ》に、守宮神《すくうじん》となむ御座《おは》します」と言《い》ふ。(孝標の女)「伊勢《いせ》の国《くに》までは、思《おも》ひ掛《か》くべきにも有《あ》らざンなり。内侍所《ないしどころ》にも、如何《いか》でかは、参《まゐ》り拝《をが》み奉《たてまつ》らむ。空《そら》の光《ひかり》を、念《ねん》じ申《まう》すべきにこそは」など、浮《う》きて覚《おぼ》ゆ。

［訳］このように、私という人間は、現実というしっかりした地盤に立脚して、来世での極楽往生という、賢い人の願う理想などとは正反対の、「物語」という、ふわふわとして、つかみ所のない憧れを追い求めて、その日その日を過ごしていた。そういう私にも、「あなたの今の生き方は間違っています。物語などではなく、ふだんから、天照大神《あまてらすおおみかみ》というお方を、心の中でお祈り申し上げなさい」と忠告する人がいた。私は、「天照大神? どこに祀《まつ》られている神様なのかしら。それとも、仏様ですか?」という程度にしか思わな

かった。けれども、だんだん分別がついてくるようになると、少しずつ「天照大神」について知りたいと思うようになった。それで、「天照大神をお祈りしなさい」と忠告した当人に、「天照大神について教えてください」と尋ねると、「仏様ではありません。神様です。伊勢の国の伊勢大神宮に祀《まつ》られていらっしゃいます。皇室のご先祖に当たられます。また、紀伊《き》の国の『紀《き》の国造《こくぞう》』という人が、天照大神を祀っています。さらには、宮中《きゅうちゅう》の内侍所《ないしどころ》にも、三種の神器の一つである神鏡だけでなく、この神様も祀られていらっしゃいます。宮中では、『守宮神《すくうじん》』と申し上げるのですよ」という詳しい答えが返ってきた。私は、「伊勢の国は遠いので、とてもそこまで出かけていっての参拝を、思い立つことはないだろう。宮中の内侍所は、あまりにも畏《おそ》れ多くて、私のような一般人が足を踏み入れて参拝することは及《およ》びもつかない。天照大神は、太陽の女神様らしいから、空に照っている太陽の光を、天照大神と思って拝み申すことにしようかしら」などという、浮わついた気持ちしかなかった。

［評］「守宮神《すくうじん》」は、藤原定家筆の写本では、「すくう神」とある。定家は、どういう漢字を宛てるか、確信が得られなかったのだろう。

作者が求める幸福は、天皇家と深く関わっている。それは、来世での極楽往生を説く宗教ではなく、現世での幸福をもたらす世俗的な次元のものである。そして、そういう世俗的な幸福も、『源氏物語』で繰り返し描かれている。作者にとって「天照大神」は、物語と近似している概念だった。

## 53　修学院の尼

親族《しぞく》なる人《ひと》、尼《あま》に成《な》りて、修学院《すがくゐん》に入《い》りぬるに、冬頃《ふゆごろ》、
（孝標の女）涙《なみだ》さへ振《ふ》り延《は》へつつぞ思《おも》ひ遣《や》る嵐《あらし》吹《ふ》くらむ冬《ふゆ》の山里《やまざと》
返《かへ》し、
（尼）分《わ》けて訪《と》ふ心《こころ》の程《ほど》の見《み》ゆるかな木陰小暗《こかげをぐら》き夏《なつ》の茂《しげ》りを

［訳］　親族の女性が尼になって、修学院《すがくいん》（京都市左京区にあった寺、現存せず）に入ったのも、父親が常陸の国に滞在中のことだった。その年の冬の頃に、私が尼君に贈った歌。

（孝標の女）涙《なみだ》さへ振《ふ》り延《は》へつつぞ思《おも》ひ遣《や》る嵐《あらし》吹《ふ》くらむ冬《ふゆ》の山里《やまざと》

（私は、大げさかもしれませんが、時雨《しぐれ》のような涙をほろほろとこぼしながら、あなたの今のお暮らしを思いやっています。さぞかし、修学院では、冬景色の山里に冷たい嵐が吹き荒れていることでしょう。）

尼君からの返事は、かなり変わっていた。

（尼）分《わ》けて訪《と》ふ心《こころ》の程《ほど》の見《み》ゆるかな木陰《こかげ》小暗《をぐら》き夏《なつ》の茂《しげ》りを

（あなたの暖かいお心は、まことにありがたいと思っています。厳しい冬が去り、暑い夏が訪れたとしても、優しいあなたはわざわざ、生《お》い茂って薄暗くなっている夏山の繁《しげ》みを、かきわけかきわけ、ここまで手紙を届けてくれることでしょう。）

【評】　藤原定家筆『更級日記』には、定家の自筆で、尼君の返歌について、「下句本」と書き添えてある。この歌の下の句「木陰《こかげ》小暗《をぐら》き夏《なつ》の茂《しげ》りを」という部分が大いに疑問だが、定家が書き写した元の写本（＝「本」）の通りの表現で、ここには書いておく、という意味である。冬に詠まれたにしては、「木陰《こかげ》小暗《をぐら》き夏《なつ》の茂《しげ》りを」という表現は、季節が違っているという指摘である。それで、尼君からの冬に詠まれた返歌と、夏頃に詠まれた作者から尼君への贈歌、合計二首が脱落しているのではないかと考えるのが自然である。［訳］では、無理を承知で、本文のままでの解釈を試みておいた。

# V

# 祐子内親王家への宮仕え……文化サロンの萌芽

二十九歳から三十二歳

## 54 父、帰る

東《あづま》に下《くだ》りし親《おや》、辛《から》うじて上《のぼ》りて、西山《にしやま》なる所《ところ》に落《お》ち着《つ》きたれば、其処《そこ》に、皆《みな》、渡《わた》りて、見《み》るに、いみじう嬉《うれ》しきに、月《つき》の明《あ》かき夜《よ》、一夜《ひとよ》、物語《ものがたり》などして、

(孝標の女)斯《か》かる世《よ》も有《あ》りける物《もの》を限《かぎ》りとて君《きみ》に別《わか》れし秋《あき》は如何《いか》にぞ

と言《い》ひたれば、いみじく泣《な》きて、

(父)思《おも》ふ事叶《ことかな》はずなぞと厭《いと》ひ来《こ》し命《いのち》の程《ほど》も今《いま》ぞ嬉《うれ》しき

(父)「此《これ》ぞ、別《わか》れの門出《かどで》」と言《い》ひ知《し》らせし程《ほど》の悲《かな》しさよりは、平《たひ》らかに待《ま》ち付《つ》けたる嬉《うれ》しさも限《かぎ》り無《な》けれど、(父)「人《ひと》の上《うへ》にても見《み》しに、老《お》い衰《おとろ》へて、世《よ》に出《い》で交《ま》じらひしは、烏滸《をこ》がましく見《み》えしかば、我《われ》は、斯《か》くて、閉《と》ぢ籠《こ》もりぬべきぞ」とのみ、残《のこ》り無気《なげ》に、世《よ》

を思《おも》ひ、言《い》ふめるに、心細《こころぼそ》さ、堪《た》へず。

【訳】常陸の国に赴任していた父親が、やっとのことで四年間の任期を全《まっと》うして、都に戻ってきた。この時、私は二十九歳、父親は六十四歳になっていた。長元《ちょうげん》九年（一〇三六）のことである。父親は、一旦、平安京の中ではなく、西山《にしやま》（現在の衣笠山《きぬがさやま》の一帯）にある山荘に入ることになった。その家に、私たち家族も合流して、久しぶりの一家再会を喜び合った。父の顔を見た瞬間の喜びは、何物に喩《たと》えられないほどに大きかった。月が明るい夜だった。私たちは、一晩中《じゅう》、お互いの積もる話を語り合った。まず、私が、喜びの気持ちを歌に詠んだ。

（孝標の女）斯《か》かる世《よ》も有《あ》りける物《もの》を限《かぎ》りとて君《きみ》に別《わか》れし秋《あき》は如何《いか》にぞ

（こんな美しい「夜《よ》」、そして、こんなに楽しい「世《よ》」（＝時《とき》）に、巡り会えて、ほんとによかった。思い返すと、「もう、これが見納《みおさ》めかもしれない」と泣きながら、お父さんと別れた秋には、どんなに悲しい思いをしたことでしょう。）

父親も、私の歌にもらい泣きをしながら、こう詠んだ。

（父）思《おも》ふ事叶《ことかな》はずなぞと厭《いと》ひ来《こ》し命《いのち》の程《ほど》も今《いま》ぞ嬉《うれ》しき

（「どうして、自分は願ったことがことごとく叶わず、不如意《ふにょい》な人生を生きなければならないのだろうか」などと、父さんは自分の命を嫌悪しながら、これまで生きてきたんだよ。それなのに、今、こうやって、家族の楽しい団欒《まどい》が持てたのは、ひとえに、わたしの命が今日まで続いていたからだ。命こそ、まさに私たち家族の宝物だったんだね。）

父親が、今から四年前に、「これが永遠《とわ》の別れ（死別）につながる生き別れになるかもしれない」と、私に言って聞かせた時には、本当に追い詰められた気持ちだったけれども、待った甲斐《かい》があって、こうやって何とか無事に再会できた喜びは、限りなく大きい。だが、父親は、「父さんはね、これまで他人様《ひとさま》の生き方を、ずっと観察してきたんだ。そして、思ったことがある。歳《とし》を取って、老いぼれてから、公《おおやけ》の場所で活躍したいという人たちは、まことに愚か者であるように、父さんの目には見えたんだ。だから、これからの私は、もう六十四歳にもなったことでもあり、俗世間での交わりをいっさい断ち切り、ずっと自宅に引き込んでいるつもりなんだ」とだけ、口にした。猟官運動《りょうかん》（就職活動）への未練も断ち切り、人生の残りも少なくなった、と言わんばかりなので、私は、我が家のこれからの経済生活に、暗雲が立ちこめたような心細い気持ちになった。

【評】 本文には「別《わか》れの門出《かどで》」とあるが、類似する「やがて別るべき門出」という言葉は、『源氏物語』須磨巻に、「今はと別れ奉るべき門出」という言葉は、『源氏物語』若菜下巻に見える。

孝標と作者は、喜びの和歌を詠み合っているが、菅原孝標女の作とされる『夜《よる》の寝覚《ねざめ》』の現存しない部分にも、「永《なが》らふる命《いのち》をなどて厭《いと》ひけむ斯《か》かる夕《ゆふ》べも有《あ》れば有《あ》りけり」という和歌があったとされる（『無名草子《むみょうぞうし》』の記述による）。この歌の「斯《か》かる夕《ゆふ》べも有《あ》れば有《あ》りけり」の部分は、『更級日記』の「斯《か》かる世《よ》も有《あ》りける物《もの》を」と似ているし、「永《なが》らふる命《いのち》をなどて厭《いと》ひけむ」の部分は、『更級日記』の「思《おも》ふ事叶《ことかな》はずなぞと厭《いと》ひ来《こ》し命《いのち》の程《ほど》も今《いま》ぞ嬉《うれ》しき」という歌の全体と酷似している。

## 55 西山の山荘

東《ひむがし》は、野《の》の遥々《はるばる》と有《あ》るに、東《ひむがし》の山際《やまぎは》は、比叡《ひえ》の山《やま》よりして、稲荷《いなり》など言《い》ふ山《やま》まで、露《あら》はに見《み》え渡《わた》り、南《みなみ》は、双《ならび》の丘《をか》の松風《まつかぜ》、いと耳近《みみちか》う、心細《こころぼそ》く聞《き》こえて、内《うち》には、頂《いただき》の許《もと》まで、田《た》と言《い》ふ物《もの》の、引板《ひた》、引《ひ》き鳴《な》らす音《おと》など、田舎《ゐなか》の心地《ここち》して、いとをかしきに、月《つき》の明《あ》かき夜《よ》などは、いと面白《おもしろ》きを、眺《なが》め明《あ》かし暮《く》らすに、知《し》りたりし人《ひと》、里遠《さととほ》く成《な》りて、音《おと》もせず。便《たよ》りに付《つ》けて、（知人）「何事《なにごと》か有《あ》らむ」と伝《つた》ふる人《ひと》に驚《おどろ》きて、

（孝標の女）思《おも》ひ出《い》でて人《ひと》こそ訪《と》はね山里《やまざと》の籬《まがき》の荻《をぎ》に秋風《あきかぜ》は吹《ふ》く

と言《い》ひに遣《や》る。

［訳］　西山の山荘での暮らしを、ここで振り返っておこう。東の方角から説明すると、近景には、野原が広々と続いている。東の方角の遠景には、山々が空と境を接しており、北側の比叡山《ひえいざん》をはじめとして、南側の稲荷山《いなりやま》という山まで、東山の峰々《みねみね》が、くきやかに見えている。南側には、双《ならび》の丘《おか》に生《は》えている松を吹く風が、索々《さくさく》たる音を、すぐ耳の近くで響いているように聞かせて、私の心を寂しくさせる。西の方角は、「内庭《うちにわ》」を拡大したような、こじんまりとした空間であり、すぐ目の前にある山の頂《いただき》のあたりまで、「田」と呼ばれる土地が広がっている。稲穂《いなほ》をついばみにやって来る鳥を、驚かして追いやるために音を立てる「引板《ひた》」という仕掛けがある。それは細い竹筒や板を縄に結びつけて、人が縄

を引いて大きな音を立てるのである。これなどは、いかにも田舎《いなか》に住んでいるという実感を高めてくれて、面白く感じる。

月が明るい夜《よる》には、この西山での眺めは、とても情趣に富んでいるので、いつまで眺めていても飽きない。そういう生活を続けていたところ、ここに移る以前に都の中で暮らしていた当時に、私と親しかった人が、私の住んでいる西山の里が遠くなったということで、まったく音沙汰が途絶えてしまっていた。ところが、その人から手紙が届き、そのついでに、「あなたが西山に移られたのは、何か理由があったのでしょうか」と伝言してきたものだ。驚いた私は、歌で返事をした。

（孝標の女）思《おも》ひ出《い》でて人《ひと》こそ訪《と》はね山里《やまざと》の籬《まがき》の荻《をぎ》に秋風《あきかぜ》は吹《ふ》く

（西山に引っ込んでしまった私のことを思い出して、訪《たず》ねて来てくれる人は、誰もいません。私が住んでいる西山には、あなたから「飽き」られた私のように、垣根に生《は》えている荻の葉に、寂しい「秋」の風が吹きつけています。）

と、言って送った。

［評］本文の「内《うち》」は、何の内側なのか、「頂《いただき》」は、何の頂なのか、これまで

難解とされてきた。「引板《ひた》」は、宇治十帖の手習《てならい》巻に書かれている小野の山里でも、浮舟が眺めていた。作者がかつて東山で暮らしていた時にも、水田風景が印象的だった。

## 56　宮仕えの誘い

十月《かみなづき》に成《な》りて、京《きやう》に移《うつ》ろふ。母《はは》、尼《あま》に成《な》りて、同《おな》じ家《いへ》の中《うち》なれど、方《かた》、異《こと》に、住《す》み離《はな》れて有《あ》り。父《てて》は、唯《ただ》、我《われ》を大人《おとな》にし据《す》ゑて、我《われ》は、世《よ》にも出《い》で交《ま》じらはず、陰《かげ》に隠《かく》れたらむ様《やう》にて居《ゐ》たるを、見《み》るも、頼《たの》もし気無《げな》く、心細《こころぼそ》く覚《おぼ》ゆるに、聞《き》こし召《め》す縁《ゆかり》ある所《ところ》に、（祐子内親王家）「何《なに》と無《な》く徒然《つれづれ》に、心細《こころぼそ》くて有《あ》らむよりは」と召《め》すを、古代《こだい》の親《おや》は、（親）「宮仕《みやづか》へ人《びと》は、いと憂《う》き事《こと》なり」と思《おも》ひて、過《す》ぐさするを、（助言者たち）「今《いま》の世《よ》の人《ひと》は、然《さ》のみこそは、出《い》で立《た》て。然《さ》ても、自《おの》づから、良《よ》き例《ためし》も有《あ》り。然《さ》ても、試《こころ》みよ」と言《い》ふ人々《ひとびと》有《あ》りて、しぶしぶに、出《い》だし立《た》てらる。

【訳】冬に入った十月、私たち一家は、西山の山荘から都の家に戻った。母は、受戒《じゅかい》を受けて尼となり、髪も「尼削《あまそ》ぎ」と言って、肩のあたりまでで切って短くし、家族と同じ敷地の中ではあるけれども、別の建物で生活して、仏様にお仕えするようになった。必然的に、私が「家刀自《いえとじ》」（主婦）の役割をしなければならなくなった。高齢の父親は、すっかり私を「一家の中心」に仕立ててしまい、自分自身は完全に世間との付き合いから引退して、何かあった場合には、私を頼りにして応対させるなど、私の蔭に隠れてちんまりとしている。そんな父親の姿は、見るたびに頼りがいが無《な》く、「これでよいのだろうか」と不安な気持ちにさせられる。

こんな生活が、三年ほども続いたが、この『更級日記』に、次に書くべき大きなトピックは、私の「宮仕《みやづか》え」である。その年（長暦《ちょうりゃく》三年、一〇三九）、私は三十二歳になっていた。「私」という人間のことを、お耳に入れられる縁故《ゆかり》がある宮家《みやけ》から、私に宮仕えしないかという勧《すす》めがあった。それは、祐子《ゆうし》内親王様のお屋敷だった。祐子内親王様は、その当時の今上《きんじょう》陛下でおありだった後朱雀《ごすざく》天皇様（在位一〇三六〜一〇四五）の第三女で、母の中宮《ちゅうぐう》嫄子《げんし》様は、敦康《あつやす》親王様（一条天皇と中宮定子《ていし》の第一皇子）の娘（一の宮）だった。私に宮仕えの誘いがあった祐子内親王様は、この当時、まだ数えの二歳であられた。そして、お労《いたわ》しいことに、この年に、お母君と死別なさっていた。その後は、関白である藤原頼通《よりみち》様の邸宅でお過ごしになられている。その二歳の内親王家への宮仕えの話が、我が身に降《ふ》って湧《わ》いたのである。

先方からは、「そなたは、これと言って何かしなければならない仕事があるわけでもなく、経済的にも心理的にも不安定な生活をしているようですね。いっそのこと、思い切って、こちらに出仕してみたらどうですか」という仰《おお》せだったのである。私の母親が、昔風の価値観で凝《こ》り固まっていて、女は家庭の中にひっそり閉じ籠もって外へ出たりしないほうがよいという考え方の持ち主であることは、すでに書いた。年老いた父親も世間との交際を苦手として、今では家庭の中に引き籠もっている。それで、両親は、内親王家からのせっかくのお召しについても、「宮仕えして女房として勤めることは、男の人たちに顔を見られながらの仕事でもあるし、女房同士の人間関係も複雑だったりするので、とても辛《つら》いことがたくさんあるに違いない」と思い込んで、お召しには応じないで済ませようとする。それでも、祐子内親王家からのお話を持ってきた人たちは、「昔の宮仕えは、そういう辛いことも多々あったでしょうが、最近は流れは変わっているのですよ。今では、こういうふうに女房として出仕するのは、皆さん、当たり前なんですよ。そうやって宮仕えしていると、おのずと結婚相手が見つかったり、良いこともあるんです。あなたも、ぜひ、そうしてごらんなさいよ」と口々に勧めるので、両親もしぶしぶに認めて、私は祐子内親王様の女房になってみることにした。

［評］ 祐子内親王は、清少納言の『枕草子』で美しく描かれた中宮定子の、「曾孫」に当たる（定子→敦康親王→嫄子女王→祐子内親王）。この時点で二歳の祐子内親王は、妹の禖子《ばいし》内親王と共に、やがて華麗な文化サロンを形成してゆく。その第一歩として、菅原孝標女の宮仕えがあった。定子サロンにおける清少納言は、「記録者」としての役割を期待されての出仕だったかどうかはともかく、『枕草子』の執筆で、結果的に十二分に期待に応えた。菅原孝標女の場合はどうだったのだろうか。既に彼女の「物語作者」としての名声には、高いものがあっただろうから、作者に期待されていたのは、幼い内親王の教育係、あるいは、「内親王家の文化サロン」の中核を担う役割を果たすことであろう。

祐子内親王の母の嫄子《げんし》女王は、この年の八月に、禖子内親王を出産直後に、急逝していた。その急死の直前、祐子内親王は、生後わずか二か月で内親王の宣旨《せんじ》を受けていた。母の没後は、藤原頼通《よりみち》（道長の長男）の邸宅（高倉殿《たかくらどの》）で養育されていた。

## 57 初めての出仕

先《ま》づ、一夜《ひとよ》、参《まゐ》る。菊《きく》の、濃《こ》く薄《うす》き、八《や》つ許《ばか》りに、濃《こ》き掻練《かいねり》を、上《うへ》に着《き》たり。然《さ》こそ物《もの》語《がたり》にのみ心《こころ》を入れて、其《そ》れを見《み》るより外《ほか》に、行《ゆ》き通《かよ》ふ、類《るい》・親族《しぞく》などだに、殊《こと》に無《な》く、古《こ》代《だい》の親《おや》どもの陰《かげ》ばかりにて、月《つき》をも、花《はな》をも、見《み》るより外《ほか》の事《こと》は無《な》き習《なら》ひに、立《た》ち出《い》づる程《ほど》の心地《ここち》、我《あれ》かにも有《あ》らず、現《うつつ》とも覚《おぼ》えで、暁《あかつき》には罷《まか》でぬ。

里《さと》びたる心地《ここち》には、（孝標の女）「却々《なかなか》、定《さだ》まりたらむ里住《さとず》みよりは、をかしき事《こと》をも見聞《みき》きて、心《こころ》も慰《なぐさ》みやせむ」と思《おも》ふ折々《をりをり》、有《あ》りしを、（孝標の女）「いとはしたなく、悲《かな》しかるべき事《こと》にこそ、有《あ》ンべかンめれ」と思《おも》へど、如何《いか》がせむ。

［訳］　初めて出仕する日が、来た。その日からずっと連続して勤めるというわけではな

く、「とりあえず、一日だけでも来てみたら」という顔見せである。それは、冬の夜だった。当夜の私が着ていた服について、記しておこう。まず、表《おもて》は白で、裏が蘇芳《すおう》の袿《うちき》（女性が表衣《うわぎ》の中に着る）を、濃淡《のうたん》とりまぜて八枚ほど重ねて着た。これは、「菊襲《きくがさね》」と呼ばれる「色目《いろめ》」（色合い）である。その上に、濃い紅《くれない》色の掻練《かいねり》（練り絹《ねぎぬ》）を着た。

これまで、この日記に書き綴ってきたように、私は物語を目指して東国を旅立った十三歳の時から、現在の三十二歳まで、ひたすら「物語」のことしか、念頭になかった。私の心の中は、物語だけでいっぱいなので、そのほかのもの（たとえば宗教心や世間の常識）などが入り込める余地など、なかったのである。物語を読み、物語を書くことだけが、私の人生だった。親密に交際している一族や親類などすら、これといってなく、歳を取って、時代の流れから取り残された両親の膝下《しっか》で、暮らしてきた。物語以外で私がすることと言えば、秋の月やら花やらを眺めるだけという生活習慣が身についているので、内親王家に宮仕えに出た時の私の心は、まさしく「我《われ》か」の気色《けしき》（茫然自失《ぼうぜんじしつ》）であった。この「我かの気色」という言葉も、私が『源氏物語』などから学んで会得《えとく》した語彙である。病気や興奮などで、自分と他人の区別もつかないほどに、ぼ〜っとしているようすである。そんな私なので、宮仕えしているのが現実の自分とは思われず、何か夢を見ているような感覚で夜が明け、まだ暗い時分に、里《さと》（実家）へと退出した。女房の実家を「里」と言うのである。

私には、里での安易な暮らしが、身についてしまっている。出仕する以前には、「毎日、決まり切った同じことを繰り返す里での日々よりは、華やかなサロンに女房として身を置けば、苦しいことがあったとしても、かえって面白い出来事を見たり聞いたりして、気が晴れることもあるだろう」と思ったことが、何度もあった。ところが、初めての出仕から戻った直後には、「宮仕えというのは、自分の居場所がどこにあるか、自分が何を期待されていて、何をすべきなのかがわからなくて、仕事にも専念できずに、中途半端な気持ちにさせられた。やっぱり、悲しい思いを重ねなければならないのが、宮仕えの実態であるようだ」と思い、宮仕えに出ることを承諾したことが悔やまれるが、一度承諾したからには、もはや、後戻《あともど》りはできない。

［評］　女流日記文学は、衣服や香りなどの有職故実《ゆうそくこじつ》に関する記述が、細かで、詳しい。後輩の若い女房たちへの教育的な観点からであると、説明されることが多い。当初、物語や日記は、女性読者を想定していたが、「女性」とは、高貴な姫君と、それをとりまく才女・賢女たちの「女房群」である。この文化サ

ロンの一つへと、祐子内親王とその周囲がなりうるのか。

「初出仕」した新参者《しんざんもの》（今参り《いままい》）の女房が感じる、「ここは、私の本当の居場所ではない。私が本当に居るべきなのは、ここではないのではないか」という落ち着きの悪さや、女房としての経験を積んだ先輩と比較して、自分が世間慣れしていないことを恥じる気持ちは、『枕草子』や『紫式部日記』にも詳しく書かれている。女房の誰しもが通る関門なのである。

## 58 師走《しわす》の里下がり

師走《しはす》に成《な》りて、又《また》、参《まゐ》る。局《つぼね》して、此《こ》の度《たび》は、日頃《ひごろ》、候《さぶら》ふ。上《うへ》には、時々《ときどき》、夜々《よるよる》も上《のぼ》りて、知《し》らぬ人《ひと》の中《なか》に打《う》ち臥《ふ》して、つゆ微睡《まどろ》まれず。恥《は》づかしう、物慎《ものつつ》ましき儘《まま》に、忍《しの》びて打《う》ち泣《な》かれつつ、暁《あかつき》には、夜深《よぶか》く下《お》りて、日暮《ひぐ》らし、父《てて》の老《お》い衰《おとろ》へて、我《われ》を、事《こと》しも、頼《たの》もしからむ陰《かげ》の様《やう》に、思《おも》ひ頼《たの》み、向《む》かひ居《ゐ》たるに、恋《こひ》しく、覚束無《おぼつかな》くのみ覚《おぼ》ゆ。母亡《ははな》くなりにし姪《めひ》どもも、生《う》まれしより一《ひと》つにて、夜《よる》は、左《ひだり》・右《みぎ》に臥《ふ》し起《お》きするも、哀《あは》れに思《おも》ひ出《い》でられなどして、心《こころ》も空《そら》に、眺《なが》め暮《く》らさる。立《た》ち聞《ぎ》き、垣間《かいま》む人《ひと》の気配《けはひ》して、いといみじく、物慎《ものつつ》まし。
十日許《とをかばか》り有《あ》りて、罷《まか》でたれば、父母《ててはは》、炭櫃《すびつ》に火《ひ》など熾《おこ》して、待《ま》ち居《ゐ》たりけり。車《くるま》より下《お》りたるを、打《う》ち見《み》て、(父)「御座《おは》する時《とき》こそ、人目《ひとめ》も見《み》え、侍《さぶらひ》なども有《あ》りけれ、此《こ》の日頃《ひごろ》は、人声《ひとごゑ》もせず、前《まへ》に人影《ひとかげ》も見《み》えず、いと心細《こころぼそ》く、侘《わ》びしかりつる。斯《か》うてのみも、麿《まろ》が身《み》をば、如何《いかが》せむとかする」と打《う》ち泣《な》くを見《み》るも、いと悲《かな》し。翌朝《つとめて》も、(父)「今日《けふ》は、斯《か》くて御座《おは》すれば、内外《うちと》、人多《ひとおほ》く、こよなく賑《にぎ》はしくも成《な》りたるかな」と、打《う》ち言《い》ひて、向《む》かひ居《ゐ》たるも、いと哀《あは》れに、(孝標の女)「何《なに》の匂《にほ》ひの有《あ》るにか」と、涙《なみだ》ぐましう聞《き》こゆ。

［訳］　十二月に入って、祐子内親王家への二回目の宮仕えに出た。初めての日とは違って、今度は、何日も続けてお仕えする予定になっている。「局《つぼね》」と言って、屛風《びょうぶ》や几帳《きちょう》などで仕切ったスペースが、女房たちの休息用の私室として与えられるのである。
この局から、御主人でおありの内親王様のお部屋に、昼間だけでなく、夜も何夜も続けて、時間を置いて参上する。内親王様は、まだ二歳の赤ちゃんでいらっしゃるので、お側《そば》近くにお仕えすると言っても、どうしても大人である女房たちとの会話が中心となる。出

仕したばかりで、知り合いの女房もおらず、見知らぬ他人ばかりの中で、内親王様に添い寝するために横になっても、落ちついてまどろむこともできない。きまりが悪く、何かと遠慮ばかりしてしまい、したいこともできないので、外《ほか》の女房たちには気づかれないようにして、こっそりこぼれ落ちてしまう涙を隠しつつ、暁が近づくまだ暗いうちに、内親王様のお部屋から、少しでも早く自分の局へと下がってしまう。

局の中では、四六時中、里のことを思い出していた。父親が、肉体的な意味だけでなく、精神的にも老《ふ》け込んでしまい、事もあろうに、娘である私を自分の「保護者」であるかのように頼り切っている。里にいる時には、「父と娘」ではなくて、「母と息子」のように、同じ部屋で一緒に生活していたのが、今となっては恋しいし、父は今、一人で大丈夫だろうか、などと心配になってしまう。また、私の二人の姪《めい》たちも、懐かしく思い出される。

姪たちは私と、ずっと一緒に暮らしてきた。彼女たちの母親、つまり、私の姉が、下《した》の娘を出産した直後に急逝《きゅうせい》した時にも、姉の亡骸《なきがら》の安置された部屋に人々が集まっているので、私が幼い二人の姪を、自分の左と右に抱えて泣いていたのだった。それから、早いもので、もう十五年になる。彼女たちのことが、局にいると、思い出されてならない。父にも、姪たちにも会いたくて、女房という今の自分の職務に集中できず、ぼ～っと時間を過ごしてしまう。「局」と言っても、お隣とはしっかりした壁で隔てられているのではなく、屏風や几帳で仕切ってあるだけなので、局の中での会話は、ほかの人には筒抜けで、立ち聞きされてしまうし、隙間だらけだから、局の外から中を覗き込むのも簡単である。だから、局の外に、近づく人がある気配がする時には、非常に緊張して、石のように固まってしまう。

内親王様のお屋敷では、十日間くらいお勤めをしてから、里下《さとさ》がりをした。実家に戻ってみると、老いた父と母が、帰宅する娘が寒くないように、部屋の中の炭櫃《すびつ》（囲炉裏《いろり》）に、かんかんに火を熾《おこ》して待っていてくれた。私が牛車から下りるのを見届けるやいなや、父親は、私に訴えてくる。「あなたがこの家においでになる時でこそ、訪ねてくる来客もたまにはあり、召使いの者も少しはいたのだけれども、あなたが内親王様のお屋敷に出かけられると、来客もないし、召使いの者もあなたについていったりなどするので、この十日間は、この屋敷の中で、人間の声を聞くことはまったくなかったんだよ。声もしないし、人影さえ見えない。本当に、心細くて寂しいったらありゃしなかった。こんなふうにあなたが内親王様のお屋敷に泊まる日々が長く続くのだったら、『麿《まろ》が身《み》』（この私）を、あなたはどうするつもりなのですか。私は、寂しさと心細さに耐えかねて、死んでしまうよ」

と、泣きだしてしまった。それを見る私までが、胸を締めつけられる。翌朝からは、父親は一転して上機嫌だった。「いやあ、今日は、我が家が賑《にぎ》やかだ。娘様が、この家にいらっしゃるだけで、建物の中でも外でも、人の姿も見えるし、人の声も聞こえる。昨日までとは一変して、これ以上はないほどの華やかさだな」と、うれしげに独り言を口にしながら、私の前に座って、私の顔をじっと見つめている。こんな私に頼りっぱなしの父親が哀れでならず、「私には、何の華やかさも力もないのに、父親は何を錯覚しているのだろう」と、涙ぐましい気持ちで聞いていた。

［評］　作者の両親は、冬の日に里下がりしてきた娘が寒くないように、部屋を暖めて待ち受けていた。『源氏物語』の帚木《ははきぎ》巻に「雨夜《あまよ》の品定《しなさだ》め」があり、左馬頭《ひだりのうまのかみ》が「指喰《ゆびく》いの女」との恋愛談を披露するくだりがある。嫉妬深いのが唯一の欠点だったが、実家に戻った後も、男がやって来た場合のことを想定して、霙《みぞれ》の降る寒い夜に、暖かい服を用意していた心配りが語られている。
また、娘を頼る老親の姿は、現代日本が直面している「老親介護」の問題を先取りしているかのようでもある。

## 59　前世の夢

聖《ひじり》などすら、前《さき》の世《よ》の事《こと》、夢《ゆめ》に見《み》るは、いと難《かた》かンなるを、いと斯《か》う、あとはかない様《やう》に、捗々《はかばか》しからぬ心地《ここち》に、夢《ゆめ》に見《み》る様《やう》、清水《きよみづ》の礼堂《らいだう》に居《ゐ》たれば、別当《べつたう》と思《おぼ》しき人《ひと》、出《い》で来《き》て、（夢の中の僧）「其処《そこ》は、前《さき》の生《しやう》に、此《こ》の御寺《みてら》の僧《そう》にてなむ有《あ》りし。仏師《ぶつし》にて、仏《ほとけ》をいと多《おほ》く造《つく》り奉《たてまつ》りし功徳《くどく》に因《よ》りて、有《あ》りし素姓《すざう》増《ま》さりて、人《ひと》と生《う》まれたるなり。此《こ》の御堂《みだう》の東《ひんがし》に御座《おは》する丈六《ぢやうろく》の仏《ほとけ》は、其処《そこ》の造《つく》りたりしなり。箔《はく》を押《お》し止《さ》して亡《な》くなりにしぞ」と。（孝標の女）「あな、いみじ。然《さ》は、彼《あれ》に、箔押《はくお》し奉《たてまつ》らむ」と言《い》へば、（夢の中の僧）「亡《な》くなりにしかば、異人《ことひと》、箔押《はくお》し奉《たてまつ》りて、異人《ことひと》、供養《くやう》もしてし」と見《み》て後《のち》、清水《きよみづ》に懇《ねんごろ》ろに参《まゐ》り仕《つかうまつ》らましかば、前《さき》の世《よ》に、其《そ》の御寺《みてら》に、仏《ほとけ》、念《ねん》じ申《まう》しけむ力《ちから》に、自《おの》づから、良《よ》うもや有《あ》らまし。いと言《い》ふ甲斐無《かひな》く、詣《まう》で仕《つかうまつ》る事《こと》も無《な》くて止《や》みにき。

【訳】その頃、私は不思議な夢を見た。私は、この世に、人間、それも女性として生まれてきた。その前世《ぜんせ》を教えてくれる夢を見たのである。たとえ、厳しい修行を積んだ高徳の僧ですらも、自分の前世の姿を夢に見て知るのは滅多にないことのようだ、と聞いている。ところが、これまでこの日記に書いてきたように、とりとめもない物語に心を用いてばかりの私は、現実に足を付けた、着実な生き方をしてこなかった。そんな私が、前世の夢を見たのだから、世の中には本当に不思議なこともあるものだ。

それは、こんな夢だった。夢の中の私は、清水寺《きよみずでら》の本堂《ほんどう》の前にある礼堂《らいどう》（礼拝《らいはい》をするための堂）に座っていた。すると、かつて母親と一緒にお籠もりした時の夢の中に現れたのと同じ、別当《べっとう》などのような、身分の高いお立場だと思われるお坊様が、再び、私が今見ている夢の中にも現れた。そして、「お前は、前世では、この清水寺の僧侶であったのじゃ。仏師《ぶっし》として、仏様たちの彫刻を、数多《あまた》お造り申し上げた、その良き行いの功徳《くどく》によって、この世では、前世に増さる高い身分の女性として、生まれることができたのじゃ。この堂の東においでになる丈六《じょうろく》（一丈六尺）の仏様も、前世のお前が、彫《ほ》ったものじゃ。ただし、金箔《きんぱく》を貼《は》る作業が途中だった時に、前世のお前は死んでしもうた」と言った。それを聞いた夢の中の私は、たいそうびっくりした。そこで、「まあ、それは大変です。そういうことでしたら、私が、その仏像に金箔を貼り終わらせて、完成させましょう」と言ったところ、別当と思われる高僧は、「いや、それは不要じゃ。お前の前世である仏師が亡くなった後、別の人物が、もう既に金箔を貼る作業を完成させ、またそれとは別の人物が、既に仏様の開眼供養《かいげんくよう》も済ませており、善根《ぜんこん》はそれらの人のものとなってしまっておる」と言った。

これが、私の見た夢である。この夢を見た後《あと》で、清水寺に足繁《しげ》く通って、心を込めて仏様にお仕え申し上げたのならば、前世から、この清水寺で仏様にお祈り申し上げてきたとか聞いた功徳の力で、私のその後《ご》の人生も、おのずと、実際に私が歩んだ人生と比べて、もっとよいものになっていたのではないだろうか。でも、その当時の私は、これほどの夢を見た後《あと》でも、情けないことに、清水寺に詣《もう》でてお祈りすることもなく、そのままになってしまった。

【評】前世と言えば、「猫の前世」が大納言の姫君だったという【24 猫に生まれ変わった姫君】が思い出される。菅原孝標女が、作者だとされる『浜松中納言物語』には、いくつもの輪廻転生《りんねてんしょう》が語られているが、「人間の男↓人間の男」、「人間の女↓人間の女」というパターンである。ところが、『更級日記』の猫は、「人間↓動物」という転生であったし、この仏師の場面では、「人間の男↓人間の女」というパターンである。ここに、『更級日記』の「説話的な側面」

を見ることができる。

この夢によって、作者の「仏像」への執着の源が何であったかが、種明かしされた。【1　物語の待つ都へ】、【2　取り残された薬師仏】、【17　来迎の神秘】などの地下水脈が、ここで一気に地表へと流れ出したのだ。【1　物語の待つ都へ】の「等身に薬師仏を造りて」という文章を、「作ってもらって」と訳したけれども、もし作者の前世が仏師だとすれば、この文章には、「仏像を作る」という行為への深い思い入れがあったことになる。【17　来迎の神秘】で語られた関寺《せきでら》の丈六の仏は、「荒造《あらづく》り」（作りかけ）であった。仏像を「造る」という行為、とりわけ完成させることへの関心の高さが、うかがわれる。

「作る」行為は、「書く」という行為とも近似性が高い。菅原孝標女は、仏像を彫るように、祈りを込めて物語を書き続けたのではなかったか。「箔《はく》を押す」のは、書き上げた物語に「魂＝感動」を封じ込める行為である。

作者の前世の仏師が作った清水寺の丈六の仏は、別の人たちが既に箔を押して供養していた。これは、作者が書き上げた物語を、次の時代の「読者」たちが受け継いで完成させることの暗示だと解釈したら、穿《うが》ちすぎだろうか。

## 60 御仏名《ごぶつみょう》

十二月二十五日《しはすはつかあまりいつか》、宮《みや》の御仏名《ごぶつみやう》に、召《め》し有《あ》れば、（孝標の女）「其《そ》の夜許《よばか》り」と思《おも》ひて参《まゐ》りぬ。白《しろ》き衣《きぬ》どもに、濃《こ》き掻練《かいねり》を、皆着《みなき》て、四十余人許《よそたりあまりばか》り、出《い》で居《ゐ》たり。標《しるべ》し出《い》でし人《ひと》の陰《かげ》に隠《かく》れて、有《あ》るが中《なか》に打《う》ち仄《ほの》めいて、暁《あかつき》には罷《まか》づ。雪《ゆき》、打《う》ち散《ち》りつつ、いみじく激《はげ》しく、冴《さ》え凍《こほ》る暁方《あかつきがた》の月《つき》の、仄《ほの》かに、濃《こ》き掻練《かいねり》の袖《そで》に映《うつ》れるも、実《げ》に、濡《ぬ》るる顔《がほ》なり。道《みち》すがら、

（孝標の女）年《とし》は暮《く》れ夜《よ》は明《あ》け方《がた》の月影《つきかげ》の袖《そで》に映《うつ》れる程《ほど》ぞ儚《はかな》き

【訳】　祐子内親王様の宮仕えを始めた年も、暮れようとしていた。その年は、暦の上では閏月《うるうづき》があって、十二月が二回あった。その二度目の十二月である閏《うるう》十二月の二十五日に、仏名会《ぶつみょうえ》が催された。仏名会は、一年の終わりに当たって、その年のうちに作ってきた、もろもろの罪障を取り除くための宮中儀式であり、通常は十二月十九日から三日間、行われる。宮中での行事が終わったあとで、皇后や中宮の実家、さらには宮家でも、執《と》り行われる。この年は、閏十二月二十五日に、祐子内親王家でも行われたのである。内親王様は、お母様がお亡くなりになったあとは、関白の藤原頼通《よりみち》様の「高倉殿《たかくらどの》」でお暮らしになって

いる。この高倉殿に私もお仕えしているし、そのお屋敷で仏名会も行われたのである。

「この日は、御仏名がありますので、あなたもぜひ、参加なさい」というお召しがあったので、私は「できることなら女房勤めはしたくないが、この日一日だけならよいだろう」と思って、参上した。

高倉殿には、頼通様の御威光もあずかってのことだろう、女房が何と四十人あまり、ずらりと居並《いなら》んでいた。しかも、その全員が、お揃《そろ》いの豪華な衣装を纏《まと》っているので、壮観である。表は白、裏も白の袿《うちき》の上に、濃い紅《くれない》色の掻練《かいねり》、という組み合わせである。

私は、このたびの内親王家への出仕の話を最初に持ってきてくれた人の陰に隠れて、目立たないようにしていた。大勢の女房が居並んでいる中に、ほんのちょっと顔を出しただけで、暁にはお暇《いとま》した。雪がちらほらと舞い散る中、ひどくしんしんと冷え、凍ったように感じられる暁近くの冬の月が、私の着ている濃い紅色の掻練の袖を照らし出しているのだが、月の形が袖にほんのりと映っているようにも見える。それを見ていると、袖がいかにも濡れていて、そこに月が宿っているのではないかと錯覚しそうになった。私は、その時、『古今和歌集』を代表する女性歌人である伊勢《いせ》の詠んだ、「あひにあひて物思《ものおも》ふ頃《ころ》の我《わ》が袖《そで》に宿《やど》る月《つき》さへ濡《ぬ》るる顔《がほ》なる」という和歌を思い出した。本当に、私の袖に宿った月が、

「濡《ぬ》るる顔《がほ》」だったのである。伊勢の場合は、涙が袖を潤《うるお》してそれに月が宿った。私の場合は、泣いていたわけではないが、月の「濡《ぬ》るる顔《がほ》」をしっかりと見届けることができたのである。

里まで戻る道の途中で詠んだ歌。

（孝標の女）年《とし》は暮《く》れ夜《よ》は明《あ》け方《がた》の月影《つきかげ》の袖《そで》に映《うつ》れる程《ほど》ぞ儚《はかな》き

（今年も、あっけなく一年が終わった。夜が明けかかる暁方の月の光が、私の袖に宿って、濡れているように見える。月が泣いている。私もまた、辛い宮仕えや、人生の寂寥を思えば、寄《よ》る辺《べ》なき儚《はかな》さに、泣きそうになる。）

［評］「濡るる顔」の歌は、『源氏物語』須磨巻にも引用されている。須磨へ旅立つ直前、別れの挨拶に訪れた光源氏が帰ってゆくのを、花散里《はなちるさと》が見送る場面である。月の光が、花散里の着ている「濃《こ》き御衣《おんぞ》」に映って、いかにも「濡るる顔」に見えた、というのである。季節は春なので、『更級日記』の冬とは季節が異なるが、衣裳の色が酷似している。

「濡るる顔」は、『源氏物語』のほかにも、『狭衣《さごろも》物語』や『浅茅《あさじ》が露《つゆ》』にも引用されている。また、現存しない物語から和歌を抜粋した『風葉《ふうよう》和歌集』によれば、『萱《かや》が下折《したお》れ』という作品にも引用されている。物語に好まれる和歌であり、言葉だったことがわかる。

# VI

# 結婚と貴公子……世俗的な夫と、物語的な男

三十三歳から三十七歳

## 61 結婚

斯《か》う、立《た》ち出《い》でぬとならば、然《さ》ても、宮仕《みやづか》への方《かた》にも立《た》ち馴《な》れ、世《よ》に紛《まぎ》れたるも、拗《ねち》けがましき覚《おぼ》えも無《な》き程《ほど》は、自《おの》づから、人《ひと》の様《やう》にも思《おぼ》し、持《も》て成《な》させ給《たま》ふ様《やう》も有《あ》らまし。親《おや》達《たち》も、いと心得《こころえ》ず、程《ほど》も無《な》く、籠《こ》め据《す》ゑつ。然《さ》りとて、其《そ》の有様《ありさま》の、忽《たちま》ちに、煌々《きらきら》しき勢《いきほ》ひなど、あンべい様《やう》も無《な》く、いと由無《よしな》かりける漫《すず》ろ心《ごころ》にても、殊《こと》の外《ほか》に、違《たが》ひぬる有様《ありさま》なりかし。

（孝標の女）幾千度《いくちたび》水《みづ》の田芹《たぜり》を摘《つ》みしかは思《おも》ひし事《こと》のつゆも叶《かな》はぬ

とばかり、独《ひと》り言《ご》たれて、止《や》みぬ。

［訳］　さて、このようにして、私は、祐子内親王様に宮仕えする女房としての人生を、歩き始めたのだった。一度《ひとたび》、宮仕えの道に足を踏み入れたのであれば、私のような社会常識の不足している者でも、少しずつ宮仕えという仕事に慣れてゆくものだ。たとえ、夫との家庭生活や、恋人との恋愛生活によって宮仕えに専念できなかったとしても、「あの人は、ひねくれている変人だ」という悪い評判が立たないうちは、自然と、女主人様は普通の女房並みの者としてお思いくださり、人並みの処遇をしてくださるということもあるだろう。ところが、親たちや、私の夫となった人物は（そう！　三十三歳の私は、この時に結婚したのだ）、この日記を書き記している今となっては、まったく理解できないことではあるが、私が結婚してまもなく、私の宮仕えを止《や》めさせ、家庭の中に閉じ込めてしまったのだ。長暦四年・長久《ちょうきゅう》元年（一〇四〇）のことである。

だが、結婚して家庭に入ったからと言って、すぐに、私という人間の生き方が、たちどころに輝かしく変貌し、羽振《はぶ》りが良くなることなど、あろうはずはない。私はこれまで、物語というものに心を占拠されて、現実的でない、夢のようなことばかりを追い求めてきた。つまり、現実世界の中で、自分がこういう生き方をしたいという具体的な願いなどは持たなかった。だから、現実がどんなふうに展開したとしても、「こんなはずではなかった」という思いは起きないはずなのであるが、それでも、結婚によって私の人生は予想外で、不本意なものになってしまったとは思う。

この頃の私の心境を吐露した歌がある。

（孝標の女）幾千度水《いくちたびみづ》の田芹《たぜり》を摘《つ》みしかは思《おも》ひし事《こと》のつゆも叶《かな》はぬ

（私は、いったい何千回、水辺《みずべ》に生《は》えている田芹《たぜり》を摘んだことだろう。一つ摘むたびに、自分の願いが叶いますようにという、祈りを込めながら。何千、いや何万の私の願いは、空しくどこかへ消えていった。私の人生は、願ったことが一つも叶えられない宿命だったのだ。）

このような歌を、誰にともなく、つまりは自分自身に向かって語りかけ、それで終わらせるしかない日々が、私の結婚生活の始まりだった。

［評］　作者にとっては、三十三歳での結婚だった。相手は、橘俊通《たちばなのとしみち》（三十九歳）。橘俊通と菅原孝標女の二人が、それぞれ初婚なのか、再婚なのかは、わからない。俊通の父親は、但馬《たじま》の守《かみ》。俊通の母親は、讃岐《さぬき》の守を勤めた大江清《おおえのきよ》通《みち》の娘。典型的な「受領階級」だった。大江清通は、漢詩人として著名な大江朝綱《あさつな》の孫に当たる。清通は、中宮定子《ていし》にも中宮彰子《しょうし》にも仕えたことがあった。

清通の妻は、『蜻蛉日記』に登場する藤原道綱の娘であり、菅原孝標女とも、いささかの縁があった。また、彰子に仕えていた同僚である紫式部の書いた『紫式部日記』にも登場している。この清通の妻は、後一条天皇の乳母《めのと》を務めたが、このような「高貴なお方の乳母となる」人生は、『更級日記』の作者にとっては究極の願望であった。

作者の心境を吐露した「幾千度水《いくちたびみづ》の田芹《たぜり》を摘《つ》みしかは思《おも》ひし事《こと》のつゆも叶《かな》はぬ」という歌の第三句は、「摘みしかは」という本文で訳したが、「摘みしかば」と濁点を打って解釈することもできる。その場合には、「芹摘み」は願いの叶わない作業であることが前提であり、「私が願い続けてきた夢が何一つ叶えられなかったのは、そもそも、何千回摘んでも、願いは叶えられないとされる田芹を摘み続けたからなのだろう」という意味になる。

芹の生命力は、逞《たくま》しい。摘んでも摘んでも生《は》えてくる。願っても、願っても、望みは叶わない。だが、「願う力」もまた無尽蔵である。だから、物語は、二十一世紀の今でも生まれ続けている。芹自体は不毛ではないように、物語もまた不毛ではない。現実世界では、必ずしも人間の願いは叶わない。そこで、物語が必要となる。あるいは、神仏の助けが。

## 62 物語への疑い

其《そ》の後《のち》は、何《なに》と無《な》く紛《まぎ》らはしきに、物語《ものがたり》の事《こと》も、打《う》ち絶《た》え、忘《わす》られて、物忠実《ものまめ》やかなる様《さま》に、心《こころ》も成《な》り果《は》ててぞ、（孝標の女）「何《な》どて、多《おほ》くの年月《としつき》を、徒《いたづ》らにて、臥《ふ》し起《お》きしに、行《おこな》ひをも、物詣《ものまうで》をも、せざりけむ。この有《あ》らまし事《ごと》とても、思《おも》ひし事《こと》どもは、此《こ》の世《よ》に有《あ》ンべかりける事《こと》どもなりや。光源氏《ひかるげんじ》ばかりの人《ひと》は、此《こ》の世《よ》に御座《おは》しけりやは。薫大将《かをるだいしやう》の、宇治《うち》に隠《かく》し据《す》ゑ給《たま》ふべきも無《な》き世《よ》なり。あな、物狂《ものぐる》ほし。如何《いか》に由無《よしな》かりける心《こころ》なり」と思《おも》ひ沁《し》み果《は》てて、忠実忠実《まめまめ》しく過《す》ぐすとならば、然《さ》ても有《あ》り果《は》てず。

［訳］結婚したことにより、現実と物語の落差を知らされた私であるが、家庭を持ったことで、さまざまな雑事に忙殺されることになった。すると、不思議なもので、私の人生のすべてであった物語への憧れが、結婚する以前とは違ってきたのである。家事を営んで

いると、物語に描かれている華麗な世界とはまったく次元の異なる事柄と向かい合わなければならない。おのずと、物語という存在を、忘れている時がある。その結果、現実に足を付けるというよりも、現実生活そのままのことだけしか考えられない「実直」な人間になってしまう。そういう心境になりはてた頃の私は、次のようなことを考えていた。

「今の私の生活が証明しているように、人間という生き物は、物語がなくても生きてゆけるのだ。なのに、私は、三十三歳になるまで、物語のことしか考えずに、朝起きては物語を読んで、読んだら夜に寝る、というサイクルで生きてきた。どうして、今まで物語以外のこと、たとえばお経《きょう》を誦《よ》むとか、神社仏閣に物詣《ものもうで》するとかに、少しは時間を割《さ》いてこなかったのだろうか。そもそも、私が物語を読みながら、『自分の身の上に、こういうことが起きないかなあ』と夢想してきたことにしても、それらは現実の世界でありうることなのだろうか。光る君のように超人的な素晴らしさを持っている人間は、実際に存在するのだろうか。私は、浮舟《うきふね》の君のように、薫大将《かおるだいしょう》の愛人として宇治のような山里にひっそりと囲われていたいと熱望していたけれども、そんなことが自分の身の上に起きる確率は、限りなくゼロに近い。ああ、馬鹿らしい。そんなことがありうると信じていた自分は、何とつまらない考えに取り憑《つ》かれていたことだろう」。

ところが、これがまた不思議なことなのだが、ここまで物語に対する懐疑心を抱いた当時の私は、心を入れ替えてひたすら日々の現実世界の中で生きる喜びを見出そうと、思い切ったわけではなかったのである。

［評］　この述懐は、本当に信じてよいだろうか。この文章を書いた作者の心は、かなり複雑なものだったと思われる。作者は、【61　結婚】で書いたように、結婚して、家庭に入った。そして、確信したことがある。現実世界には、光源氏のような男性、薫大将のような男性は、いない。それでは、物語は、取るに足らない嘘っぱちなのか。それとも、物語に比べて魅力に乏しい現実世界のほうが、取るに足らないのか。

この二つの価値観の振り子が揺れ動く中を、菅原孝標女という女性は、絶えず揺れ動き続ける。

## 63 内侍所《ないしどころ》で天照御神を拝む

参《まゐ》り初《そ》めし所《ところ》にも、斯《か》く引《ひ》き籠《こ》もりぬるを、真《まこと》とも思《おぼ》し召《め》したらぬ様《さま》に、人々《ひとびと》も告《つ》げ、絶《た》えず、召《め》しなどする中《なか》にも、態《わざ》と召《め》して、（祐子内親王家）「若《わか》い人《ひと》、参《まゐ》らせよ」と仰《おほ》せらるれば、え避《さ》らず、出《い》だし立《た》つるに、引《ひ》かされて、又《また》、時々《ときどき》、出《い》で立《た》てど、過《す》ぎにし方《かた》の様《やう》なる、あいな頼《だの》みの心驕《こころおご》りをだに、すべき様《やう》も無《な》くて、さすがに、若《わか》い人《ひと》に引《ひ》かれて、折々《をりをり》、差《さ》し出《い》づるにも、馴《な》れたる人《ひと》は、こよなく、何事《なにごと》に付《つ》けても有《あ》り付《つ》き顔《がほ》に、我《われ》は、いと若人《わかうど》に有《あ》るべきにも有《あ》らず、又《また》、大人《おとな》にせらるべき覚《おぼ》えも無《な》く、時々《ときどき》の客人《まらうと》に差《さ》し放《はな》たれて、漫《すず》ろなる様《やう》なれど、偏《ひとへ》に、其方一《そなたひと》つを頼《たの》むべきならねば、我《われ》より増《ま》さる人有《ひとあ》るも、羨《うらや》ましくも有《あ》らず、却々《なかなか》、心安《こころやす》く覚《おぼ》えて、然《さ》ンべき折節参《をりふしまゐ》りて、徒然《つれづれ》なる然《さ》ンべき人《ひと》と物語《ものがたり》などして、めでたき事《こと》も、をかしく面白《おもしろ》き折々《をりをり》も、我《わ》が身《み》は、斯様《かやう》に立《た》ち交《ま》じり、甚《いた》く人《ひと》にも見知《みし》られむにも、憚《はばか》り有《あ》ンべければ、唯《ただ》、大方《おほかた》の事《こと》にのみ聞《き》きつつ過《す》ぐすに、内裏《うち》の御伴《おんとも》に参《まゐ》りたる折《をり》、有明《ありあけ》の月《つき》、いと明《あ》かきに、（孝標の女）「我《わ》が念《ねん》じ申《まう》す天照御神《あまてるおほんかみ》は、内裏《うち》にぞ御座《おは》しますなるかし。斯《か》かる折《をり》に参《まゐ》りて、拝《をが》み奉《たてまつ》らむ」と思《おも》ひて、四月《うづき》ばかりの月《つき》の明《あ》かきに、いと忍《しの》びて参《まゐ》りたれば、博士《はかせ》の命婦《みやうぶ》は、知《し》る便《たよ》り有《あ》れば、燈籠《とうろ》の火《ひ》の、いと仄《ほの》かなるに、あさましく老《お》い、神《かみ》さびて、さすがに、いと良《よ》う、物《もの》など言《い》ひ居《ゐ》たるが、人《ひと》とも覚《おぼ》えず、（孝標の女）「神《かみ》の顕《あらは》れ給《たま》へるか」と覚《おぼ》ゆ。

又《また》の夜《よ》も、月《つき》の、いと明《あ》かきに、藤壺《ふぢつぼ》の東《ひむがし》の戸《と》を押《お》し開《あ》けて、然《さ》ンべき人々《ひとびと》、物語《ものがたり》しつつ、月《つき》を眺《なが》むるに、梅壺《むめつぼ》の女御《にようご》の、上《のぼ》らせ給《たま》ふなる音《おと》なひ、いみじく心憎《こころにく》く、優《いう》なるにも、（女房たち）「故宮《こみや》の御座《おは》します世《よ》ならましかば、斯様《かやう》に上《のぼ》らせ給《たま》はまし」など、人々《ひとびと》、言《い》ひ出《い》づる、実《げ》に、いと哀《あは》れなりかし。

天《あま》の戸《と》を雲居《くもゐ》ながらも余所《よそ》に見《み》て昔《むかし》の跡《あと》を恋《こ》ふる月《つき》かな

［訳］　私の気持ちとしては、夫と結婚したことで、それ以前にお勤めを始めていた祐子内親王様への宮仕えを完全に止《や》めて、家庭に引き籠もったつもりだった。ところが、内親王家のほうでは、私が辞めたとはお考えになっていないという言葉を、人を介《かい》して私に伝えてこられたし、何かにつけて、「お出《い》でなさい」と私に出仕の要請があったりしたが、応じなかった。すると、内親王家からは、特別の思《おぼ》し召《め》しで、「そなたが、夫への気兼《きが》ねなどで宮仕えできぬとならば、そなたが母親のように育てておる姪《めい》を、そなたの替わりにお仕えさせるがよい。その姪の親替わり、後見人として、時折、そなたも内親王様にお顔

をお見せするのじゃ」とまで仰《おお》せられたので、もはやお断りすることはできなかった。どうしようもなくて、二人いる姪のうちの年上のほうを、女房として出仕させることにした。その後見役として、私も引っ張り出されて、再び、祐子内親王様のお屋敷に参上することがあった。

ただし、今の私は、既に夫のある身なので、かつて宮仕えをしていた独身の時代のように、高貴な殿方との出会いで玉《たま》の輿《こし》に乗るなどと言った、千に一つ、万に一つの可能性を夢見るという期待などはなく、また、内親王家で私がなすべき役割も取り立ててあるわけではないのだが、出仕したばかりの若い姪が、「叔母様《おばさま》が一緒にいてくださると、心強いですの」と言う言葉に引かされて、時には内親王家に顔を出すこともあった。そういう時に思うのだが、女房勤めに慣れた人は、何事であれ、自分がこの場所にいることが当然であり、またこの場所で望まれていることを完璧にやり遂げられるという自信たっぷりの顔つきをしている。私はと言えば、もう「若い女房」というカテゴリーにも入らず、かと言って、実際の勤務年数が長くないので「大人《おとな》の女房」（古参のベテラン）というカテゴリーにも納まらないし、また、それだけの評価もない。ただ、時々お伺いする「お客さん」のような中途半端な立場で、内親王家で、水を得た魚のように働いている女房たちには交じることができずに、ぽつんとしている。要するに、私は内親王家では「どうでもよい」人間なのである。むろん、既に夫と結婚していて、経済的な基盤がしっかりとしている私は、「宮仕え」のみを生活手段にしなくてもよいので、女房として私よりも重く処遇されている人がいたとしても、別に羨ましいとも思わない。むしろ、よそ者扱いされているほうが、気軽である。ということで、私は何かの折には、内親王家に出向いて、暇を持てあましている女房がいれば、その人たちと世間話をする、という具合であった。内親王家で、特別におめでたい慶事があったり、四季折々の風情《ふぜい》ある催し事がある時でも、私がその場にまかりでて、人の目に立つ振る舞いをするのも憚《はばか》りがあるようなので、「慶事や催し事があるので、お出でなさい」という呼び出しも、多くは聞き過ごした。

あれは長久《ちょうきゅう》三年の四月十三日のことだった。私は、三十五歳だった。祐子内親王様は五歳、お妹の禖子《ばいし》内親王様は四歳で、二十日までの七日間、宮中に参内《さんだい》されて藤壺《ふじつぼ》にお泊まりになられ、お父君の後朱雀《ごすざく》天皇様と対面されたことがあった（対面は十四日）。この藤壺は、二人の内親王様のお母様である嫄子《げんし》様が、ご生前にお住まいになっていた建物である。この時、なぜか私もお供として付き添うことになった。ある夜のこと、有明《ありあけ》の月が明るく宮中の上にも架《か》かっていた。その月を見ていた私は、ずっと心の中で願っていたことを実行に移した。本当は、このことを実行したくて、内親王様のお供をして宮中に参上したのである。「私が篤《あつ》く信仰している天照大神《あまてらすおおみかみ》は、この宮中の内侍所《ないしどころ》に祀《まつ》られていらっしゃると、教えてくれた人がいた。私が宮中に参内できる機会は、もうないかもしれない。この千載一遇《せんざいいちぐう》の機会に、ぜひとも内侍所を参拝したいものだ」、という願いである。前もって、人脈もたどっておいた。

四月中旬の明るい月に照らされて、足音を忍ばせ、ほかの人に知られないようにして、内侍所を訪れた。内侍所の女官である「博士の命婦《はかせのみょうぶ》」という人は、わが菅原家とは多少の縁があるお方なので、その人を頼ったのである。内侍所の神前に燈《とも》してある燈明《とうみょう》の火が、ほのかにあたりを映している。「博士の命婦」は、驚くほどに歳《とし》を召された方で、仕事がらか、神々《こうごう》しい雰囲気をたたえていらっしゃった。それでいて、きびきびと適切にお話をされる。私はこのお方が、私と同じ人間だとは思えず、神様が、つまり、天照大神がこの人の身体に乗り移って化現《けげん》されたのかと、思ったほどだった。私は、心を込めて、天照大神を拝み申し上げた。

その次の夜も、月が明るく照っていた。祐子内親王様と禖子内親王様が泊まっておられる藤壺の東側の戸を押し開《あ》けて、風情のある月を見ながら、内親王様に付き添って参内している女房たちと、世間話をしていた。すると、藤壺の北隣の梅壺《うめつぼ》から、女御《にょうご》の藤原生子《せいし》様が清涼殿《せいりょうでん》の天皇様のもとへ向かわれるようすが、人々の話し声や、衣擦《きぬず》れの音として、こちらまで聞こえてきたのである。それはそれは、奥ゆかしく、かつ優雅なものであった。生子様は、私たちの女主人である祐子内親王様のお母様（嫄子《げんし》様）が、長暦《ちょうりゃく》三年（一〇三九）八月二十八日に、二十四歳で突然にお亡《な》くなりになった後《あと》で、入内《じゅだい》されたお方である（十二月二十一日に入内）。その頃の内実を知っている女房たちは、口々に、「今は亡き嫄子様が、まだご存命でいらっしゃったならば、まだ二十七歳の女盛り。生前の天皇様のご寵愛も格別のものがありました。今、清涼殿に上《のぼ》られるのが、嫄子様であっても、まったくおかしいことはないのです」などと、口々に、運命のあやにくさを残念がる。私も、まったく同感であった。そこで、詠んだ歌。

天《あま》の戸《と》を雲居《くもゐ》ながらも余所《よそ》に見《み》て昔《むかし》の跡《あと》を恋《こ》ふる月《つき》かな

（「天の戸」（清涼殿へ通じている戸口）を通って、今しも梅壺様が清涼殿へと上《のぼ》ってゆかれる。それを見ているだけの私たちは、この「天の戸」を通って、かつて清涼殿へと上ってゆかれた嫄子様のことを、心に追慕しております。あのお空に架かっている美しい月も、月自身は「天の戸＝大空」を通りながら、「雲居＝宮中」のことを見続けてきたので、さぞかし昔の嫄子様のことを思い出していることでありましょう。）

［評］　作者が不定期的であるにせよ、祐子内親王家に出仕する時間的な余裕ができたのは、夫の橘俊通が、下野《しもつけ》の守《かみ》に任命されて、単身、下向したからである。作者は、都に留まった。そういう関係で、「家事」からはある程度、解放されたのである。このような背景があったことは、日記には具体的に書かれていない。

作者は、祐子内親王のお供をして宮中に入り、念願の内侍所を訪れ、天照大神を拝むことに成功した。作者の「天皇家」とつながりたいという野望が、実現へのスタートを切ったのだろうか。

この時、祐子内親王は藤壺に滞在した。藤壺（飛香舎《ひぎょうしゃ》）は、『源氏物語』ゆかりの建物でもあった。祐子内親王の母親である嫄子女王は、本文にもあるように急死した。これに関しては、「敦康親王」を父とする皇族の「女王」であるので、姓を称するなら「源《みなもと》」であるにも関わらず、「藤原」頼通の養女として入内したことで、神罰を受けたのだというスキャンダルが存在した。

スキャンダルと言えば、嫄子の祖母に当たる定子にも存在した。定子の母は、高階貴子《たかしなのきし》であるが、曾祖父に当たる高階師尚《もろなお》は、在原業平が伊勢斎宮（恬子《やすこ》内親王）と密通して生まれた罪の子である、とする噂である。高階家の人々は、神罰を恐れて、伊勢神宮には参拝しない（できない）と言われてきた。

なお、神《かみ》さびた雰囲気を発散している「博士の命婦」は、作者と縁戚関係にある「安部長子」だろうとする説がある。

## 64　冬の女房生活日誌・その一

冬《ふゆ》に成《な》りて、月《つき》、無《な》く、雪《ゆき》も、降《ふ》らずながら、星《ほし》の光《ひかり》に、空《そら》、さすがに、隈無《くまな》く冴《さ》え渡《わた》りたる夜《よ》の限《かぎ》り、殿《との》の御方《おほんかた》に候《さぶら》ふ人々《ひとびと》と、物語《ものがたり》し明《あ》かしつつ、明《あ》くれば、立《た》ち別《わか》れ立《た》ち別《わか》れしつつ、罷《まか》でしを、思《おも》ひ出《い》でければ、

（藤原頼通の女房）月《つき》も無《な》く花《はな》も見《み》ざりし冬《ふゆ》の夜《よ》の心《こころ》に沁《し》みて恋《こひ》しきや何《な》ぞ

我《われ》も然《さ》思《おも》ふ事《こと》なるを、同《おな》じ心《こころ》なるも、をかしうて、

（孝標の女）冴《さ》えし夜《よ》の氷《こほり》は袖《そで》に未《ま》だ融《と》けで冬《ふゆ》の夜《よ》ながら音《ね》をこそは泣《な》け

［訳］　この頃の私の女房生活のエピソードを、思い出すままに、三つほど紹介しておきたい。私は、これまで詠んできた和歌の手控えを元にして、この日記を書き綴《つづ》っているのだが、三十五歳の冬には、私の女房としての人生で、終生忘れがたい思い出となった大きな語らいがあった。長久三年（一〇四二）のことである。それを書き記す前に、小さな思い出を、軽いタッチで三つほどスケッチしておきたい。いずれも、私の女房生活の一齣《ひとこま》である。

私が祐子内親王様のお供で宮中に参内して、賢恋《けんれん》の内侍所で天照大神を拝むことができた年も、冬に入っていた。空には月が照っていなかったけれども、冬の星々《ほしぼし》が燦《きら》めいていて、夜空がすみずみまで見渡せた。それを見ている時に、その前の年の冬にあった出来事を思い出していた。

その夜も、月は無かったし、雪も降っていなかったので、月の光も、雪明かりもなかった。ただし、漆《うるし》のような闇夜《やみよ》だったかと言えば、そうではなくて、星の光は一つ一つは弱くても、満天の星だったので、さすがに、空全体がすみずみまで、透明感をもって冴《さ》え返っていた。今夜と同じような星空だったのだ。その夜は、たまたま藤原頼通様にお仕えしている女房たちと一緒で、彼女たちと一晩中、語り明かしたのである。これには、少し説明が必要だろう。

祐子内親王様は、お母君が亡くなられた後は、関白の藤原頼通様の庇護を受けておられる。頼通様は「高陽院《かやのいん》」にお住まいで、土御門大路《つちみかどおおじ》という道を一つ隔てた南側にある「高《たか》倉殿《くらどの》」で、内親王様はお暮らしである。両家は親密な関係にあり、それぞれの女房たちも頻繁に交流していた。その冬の夜も、頼通様にお仕えする女房たちと、祐子内親王様にお仕えしている私たちとが、一つの場所で夜通し語り明かしたのだった。それが、去年のこんな星空の夜だった。その楽しかった夜も、あっという間《ま》に明けて、朝になったので、頼通様の女房たちは高陽院へ、私たちは高倉殿へと、別れを惜しんでは、一人ずつ戻っていった。

その夜の楽しさを、一年後の今宵、私が思い出していると、高陽院の女房から私に和歌を詠み贈ってきた。

（藤原頼通の女房）月《つき》も無《な》く花《はな》も見《み》ざりし冬《ふゆ》の夜《よ》の心《こころ》に沁《し》みて恋《こひ》しきや何《な》ぞ

（明るい月も照っておらず、花を愛《め》でていたわけでもない、去年の冬の夜に、あなたとしみじみと語り合った楽しさが、心に深く沁みついて忘れられません。あの夜のことがこんなに恋しく思い出されるのは、なぜなのでしょうか。もう一度、お会いしたくてたまりません。)

私自身が、この歌とまったく同じことを考えていた時も時だったので、「同じ心」を持つ親しい人とは、こういうものかと、面白く思われた。さらに面白かったのは、歌を寄越《よこ》した女房が、私とは女性同士なのに、まるで男女の恋人同士のように「恋《こひ》し」という言葉を使っていたことである。私も、相手の楽しい詠みぶりに応《こた》えることにして、恋歌のような返歌を詠んだ。

(孝標の女)冴《さ》えし夜の氷《こほり》は袖《そで》に未《ま》だ融《と》けで冬《ふゆ》の夜《よ》ながら音《ね》をこそは泣《な》け

(あの日、あなたと別れるのがつらくて流した涙は、冷たく冴《さ》え返った冬の夜だったので、凍ってしまいました。その氷は、一年後の今でも、まだ私の袖に融《と》けずに残っています。それどころか、その後のあなたとお逢いできない苦しさゆえに、夜通し声を上げて泣いています。今日も寒い夜ですので、去年の消え残った涙の氷の上に、新しい涙の氷が加わったことです。)

[評] 高陽院の豪華なありさまは、「駒競行幸絵巻《こまくらべぎょうこうえまき》」で描かれている。万寿《まんじゅ》元年(一〇二四)、後一条天皇が藤原頼通の高陽院に行幸され、「駒競」と「船楽《ふながく》」

を御覧になった。ただし、「駒競」の部分の絵は、現存していない。後一条天皇の母である彰子（頼通の姉）と、東宮（彰子の子、後の後朱雀天皇）も、この行幸に同行して高陽院を訪れていた。

## 65　冬の女房生活日誌・その二

御前《おまへ》に臥《ふ》して聞《き》けば、池《いけ》の鳥《とり》どもの、終夜《よもすがら》、声々《こゑごゑ》、羽振《はぶ》き騒《さわ》ぐ音《おと》のするに、目《め》も覚《さ》めて、

（孝標の女）我《わ》が如《ごと》ぞ水《みづ》の浮《う》き寝《ね》に明《あ》かしつつ上毛《うはげ》の霜《しも》を払《はら》ひ侘《わ》ぶなる

と、独《ひと》り言《ご》ちたるを、傍《かたは》らに臥《ふ》し給《たま》へる人《ひと》、聞《き》き付《つ》けて、

（同僚の女房）増《ま》して思《おも》へ水《みづ》の仮寝《かりね》の程《ほど》だにぞ上毛《うはげ》の霜《しも》を払《はら》ひ侘《わ》びける

【訳】私が久しぶりに高倉殿に参上した時の思い出である。その日も冬だった。祐子内親王様のお近くで、夜の宿直《とのい》をして、一晩を過ごした。横になって臥《ふ》していると、寝殿《しんでん》の南側にある池のほうから、鳥たちが何羽も声を上げて鳴き、羽ばたいては音を立てている

ようすが、夜通し止《や》むことがなかったので、目が冴えて眠れなかった。思わず、和歌をひとりごちた。

（孝標の女）我《わ》が如《ごと》ぞ水《みづ》の浮《う》き寝《ね》に明《あ》かしつつ上毛《うはげ》の霜《しも》を払《はら》ひ侘《わ》ぶなる

（私は、宮仕えという仕事に慣れることができず、この場所に自分がいてよいのだろうかという、中途半端な心を抱いて、今夜も眠れないでいる。お庭の池のほうからも、水鳥の鳴き声や羽ばたきの音がたえず聞こえてくるのは、あの水鳥たちも水の上に浮かびながらも、私のように、自分の本当の居場所が見つけられずにいるのだろう。そして、羽の上に次々と降ってくる霜が、払っても払っても降り続くので、全部を払い捨てることができずに、騒いでいるのだろう。）

すると、私の横で臥《ふ》していた女房が、私の歌を聞き付けて、和歌を詠んできた。

（同僚の女房）増《ま》して思《おも》へ水《みづ》の仮寝《かりね》の程《ほど》だにぞ上毛《うはげ》の霜《しも》を払《はら》ひ侘《わ》びける

（あら、聞き捨てなりませんわ。たまにしか、ここにお見えにならないあなたが、そんなことをおっしゃるなんて、自分に甘えていませんか。ほんの仮《かり》そめのお遊びのように、とびとびにしか女房のお仕事をなさらないあなたが、水鳥が羽の上に降りかかる霜を払えずに起きているように、ご自分も眠れないと嘆いているのですね。ならば、毎日、毎晩、このお屋敷で女房として働きずくめの私が、どんなに苦しい思いをして、日夜眠れずに苦しんでいるか、おわかりになりますか。

私のほうが、あなたの何倍も苦しい思いを重ねているのですよ。）

［評］『紫式部日記』に、宮仕えの苦衷を歌った紫式部の歌がある。「水鳥《みづとり》を水の上《うへ》とや余所《よそ》に見《み》む我《われ》も浮《う》きたる世《よ》を過《す》ぐしつつ」。水鳥は、水の上で楽しく遊んでいるのではない。あの水鳥と同じように、浮いた、落ち着かない心を抱えて生きている私には、水鳥の苦しみがよく理解できる、という意味である。さらに、女房仲間の「大納言の君」との和歌の贈答も、『紫式部日記』には書かれている。

（紫式部）浮《う》き寝《ね》せし水《みづ》の上《うへ》のみ恋《こひ》しくて鴨《かも》の上毛《うはげ》にさへぞ劣《おと》らぬ

（大納言の君）打《う》ち払《はら》ふ友無《ともな》き頃《ころ》の寝覚《ねざめ》には番《つが》ひし鴛鴦《をし》ぞ夜半《よは》に恋《こひ》しき

『更級日記』と競べてみると、「水」「浮き寝」「上毛」という言葉が共通しているし、親しい女房同士のやりとりという点でも似通っている。

『更級日記』のやりとりは、作者がふと漏らした辛さをそっと受け止めて、私の辛さに比べたらあなたは幸せですよ、と同僚が慰めているのである。阿吽《あうん》の呼吸の女房たちが作り上げる世界。それが、「女房文化」であろう。

## 66　冬の女房生活日誌・その三

語《かた》らふ人《ひと》同士《どち》、局《つぼね》の隔《へだ》てなる遣戸《やりど》を、開《あ》け合《あ》はせて、物語《ものがたり》など、し暮《く》らす日《ひ》、又《また》、語《かた》らふ人《ひと》の、上《うへ》に物《もの》し給《たま》ふを、度々《たびたび》、呼《よ》び下《お》ろすに、（同僚の女房）「（孝標の女）『切《せち》に、来《こ》』と有《あ》らば、行《い》かむ」と有《あ》るに、枯《か》れたる薄《すすき》の有《あ》るに、付《つ》けて、

（孝標の女）冬枯《ふゆがれ》の篠《しの》の小《を》薄《すすき》袖《そで》弛《たゆ》み招《まね》きも寄《よ》せじ風《かぜ》に任《まか》せむ

［訳］これは、初冬の頃だった。私の宮仕え仲間で、親しくしている人がいた。局《つぼね》が隣同士で、その間《あいだ》には遣戸《やりど》（引き戸）があって、局の仕切りになっている。その遣戸を双方からはずして、一日中、世間話に夢中になっていた。私には、もう一人、親しい女房仲間がいたのだが、その人は、その時、祐子内親王様の御前《ごぜん》に上《のぼ》って、詰《つ》めていた。私たち二人の話が盛り上がってきたので、その人にもぜひ話に加わってほしいと思って、「局に、下《さ》がってきてくださいな。三人で、お話ししましょうよ」と、下女を遣《つか》わして、呼ぶのだけれども、なかなか下がってこない。私からの催促が何回目かになった時、その人は、「あなたが、私に、『どうしても来てほしい』と心からおっしゃるのであれば、局に下がりま

しょう。あなたの気持ちを、言葉で示してくださいな」と返事してきたので、私は歌を詠んだ。この歌をしたためた紙を、枯れた薄《すすき》が庭先に見えたので、それを取らせて、結びつけた。

（孝標の女）冬枯《ふゆがれ》の篠《しの》の小薄《をすすき》袖弛《そでたゆ》み招《まね》きも寄《よ》せじ風《かぜ》に任《まか》せむ

（冬枯れた薄《すすき》は、風に靡《なび》いては、袖を振って、人を招き続けています。私も、あなたに何度も、「来てください」と招いたものの、断られ続けました。あなたの心は、薄が「枯《か》れ」たように、私から「離《か》れ」てしまったのでしょうか。私は、空しく袖を振り続け、手がすっかり疲れてしまいました。これ以上は、もう自分では袖は振れません。でも、風が吹いたら、その力で薄が動くこともあるでしょう。あなたの心も、風任《かぜまか》せで、こちらにお越しくださるかもしれませんね。）

【評】「切《せち》に、来《こ》」と言えば、来る、と言われて、「成り行きに任せましょう」と返事したわけである。親しいがゆえの遣《や》り取《と》りであろう。

ここでの「物語」は、世間話の意味だが、才女の揃った祐子内親王家の女房たちの中には、物語創作や和歌に長じた者も多かったであろうから、冬の日の物語談義や文学談義の楽しさが連想される。

## 67　宮廷の風雅、殿上人との季節の語らい

上達部《かんだちめ》・殿上人《てんじやうびと》などに対面《たいめん》する人《ひと》は、定《さだ》まりたる様《やう》なれば、初々《うひうひ》しき里人《さとびと》は、有《あ》り無《な》しをだに、知《し》らるべきにも有《あ》らぬに、十月朔日頃《かみなづきついたちごろ》の、いと暗《くら》き夜《よ》、不断経《ふだんぎやう》に、声良《こゑよ》き人々《ひとびと》、誦《よ》む程《ほど》なりとて、其方近《そなたちか》き戸口《とぐち》に、二人許《ふたりばか》り立《た》ち出《い》でて、聞《き》きつつ物語《ものがたり》して、寄《よ》り伏《ふ》して有《あ》るに、参《まゐ》りたる人《ひと》の有《あ》るを、（同僚の女房）「逃《に》げ入《い》りて局《つぼね》なる人々《ひとびと》、呼《よ》び上《あ》げなどせむも、見苦《みぐる》し。然《さ》はれ、唯《ただ》、折柄《をりから》こそ。斯《か》くて、唯《ただ》」と言《い》ふ、今一人《いまひとり》の有《あ》れば、傍《かたは》らにて、聞《き》き居《ゐ》たるに、大人《おとな》しく、静《しづ》やかなる気配《けはひ》にて、物《もの》など言《い》ふ、口惜《くちを》しからざンなり。

（源資通）「今一人《いまひとり》は」など問《と》ひて、世《よ》の常《つね》の、打《う》ち付《つ》けの、懸想《けさう》びてなども言《い》ひ成《な》さず、世《よ》の中《なか》の哀《あは》れなる事《こと》どもなど、濃《こま》やかに言《い》ひ出《い》でて、さすがに、厳《きび》しう、引《ひ》き入《い》り難《がた》い節々有《ふしぶしあ》りて、我《われ》も人《ひと》も、答《こた》へなどするを、（源資通）「未《ま》だ知《し》らぬ人《ひと》の有《あ》りける」など珍《めづら》しがりて、頓《とみ》に立《た》つべくも有《あ》らぬ程《ほど》、星《ほし》の光《ひかり》だに見《み》えず、暗《くら》きに、打《う》ち時雨《しぐ》れつつ、木《こ》の葉《は》に掛《か》かる音《おと》のをかしきを、（源資通）「却々《なかなか》に、艶《えん》に、をかしき夜《よ》かな。月《つき》の隈無《くまな》く明《あ》かからむも、はしたなく、目映《まば》ゆかりぬべかりけり」。

春《はる》・秋《あき》の事《こと》など言《い》ひて、（源資通）「時《とき》に従《したが》ひ、見《み》る事《こと》には、春霞《はるがすみ》、面白《おもしろ》く、空《そら》も、長閑《のどか》に

霞《かす》み、月《つき》の面《おもて》も、いと明《あ》かうも有《あ》らず、遠《とほ》う、流《なが》るる様《やう》に見《み》えたるに、琵琶《びは》の風香調《ふかうでう》、緩《ゆる》るかに弾《ひ》き鳴《な》らしたる、いといみじく聞《き》こゆるに、又《また》、秋《あき》に成《な》りて、月《つき》、いみじう明《あ》かきに、空《そら》は、霧《き》り渡《わた》りたれど、手《て》に取《と》るばかり、明《さや》かに澄《す》み渡《わた》りたるに、風《かぜ》の音《おと》、虫《むし》の声《こゑ》、取《と》り集《あつ》めたる心地《ここち》するに、箏《さう》の琴《こと》、掻《か》き鳴《な》らされたる、横笛《ゐやうでう》の吹《ふ》き澄《す》まされたるは、何《な》ぞの春《はる》と覚《おぼ》ゆかし。又《また》、然《さ》かと思《おも》へば、冬《ふゆ》の夜《よ》の、空《そら》さへ冴《さ》え渡《わた》り、いみじきに、雪《ゆき》の降《ふ》り積《つ》もり、「光《ひか》り合《あ》ひ」たるに、篳篥《ひちりき》の戦慄《わなな》き出《い》でたるは、春《はる》・秋《あき》も、皆忘《みなわす》れぬかし」と言《い》ひ続《つづ》けて、（源資通）「何《いづ》れにか、御心《みこころ》、留《とど》まる」と問《と》ふに、秋《あき》の夜《よ》に心《こころ》を寄《よ》せて、答《こた》へ給《たま》ふを、（孝標の女）「然《さ》のみ、同《おな》じ様《さま》には言《い》はじ」とて、

（孝標の女）浅緑花《あさみどりはな》も一《ひと》つに霞《かす》みつつ朧《おぼろ》に見《み》ゆる春《はる》の夜《よ》の月《つき》

と答《こた》へたれば、返《かへ》す返《がへ》す打《う》ち誦《ずん》じて、（源資通）「然《さ》は、秋《あき》の夜《よ》は、思《おぼ》し捨《す》てつるなンなりな。

今宵《こよひ》より後《のち》の命《いのち》のもしも有《あ》らば然《さ》は春《はる》の夜《よ》を形見《かたみ》と思《おも》はむ」

と言《い》ふに、秋《あき》に心寄《こころよ》せたる人《ひと》、

（同僚の女房）人《ひと》は皆春《みなはる》に心《こころ》を寄《よ》せつめり我《われ》のみや見《み》む秋《あき》の夜《よ》の月《つき》

と有《あ》るに、いみじう興《きよう》じ、思《おも》ひ煩《わづら》ひたる気色《けしき》にて、（源資通）「唐土《もろこし》などにも、昔《むかし》より、春《はる》・秋《あき》の定《さだ》めは、えし侍《はべ》らざンなるを、此《こ》の、斯《か》う、思《おぼ》し分《わ》かせ給《たま》ひけむ御心《みこころ》ども、思《おも》ふに、

故《ゆゑ》、侍《はべ》らむかし。我《わ》が心《こころ》の靡《なび》き、其《そ》の折《をり》の、哀《あは》れとも、をかしとも思《おも》ふ事《こと》の有《あ》る時《とき》、やがて、其《そ》の折《をり》の空《そら》の気色《けしき》も、月《つき》も、花《はな》も、心《こころ》に染《そ》めらるるにこそ有《あ》ンべかンめれ。春《はる》・秋《あき》を知《し》らせ給《たま》ひけむ、事《こと》の節《ふし》なむ、いみじう承《うけたまは》らまほしき。冬《ふゆ》の夜《よ》の月《つき》は、昔《むかし》より、凄《すさ》まじき物《もの》の例《ためし》に引《ひ》かれて侍《はべ》りけるに、又《また》、いと寒《さむ》くなどして、殊《こと》に見《み》られざりしを、斎宮《さいぐう》の御《おん》裳着《もぎ》の勅使《ちよくし》にて下《くだ》りしに、暁《あかつき》に上《のぼ》らむとて、日頃《ひごろ》、降《ふ》り積《つ》みたる雪《ゆき》に、月《つき》の、いと明《あ》かきに、旅《たび》の空《そら》とさへ思《おも》へば、心細《こころぼそ》く覚《おぼ》ゆるに、罷《まか》り申《まう》しに参《まゐ》りたれば、余《よ》の所《ところ》にも似《に》ず、思《おも》ひ做《な》しさへ気恐《けおそ》ろしきに、然《さ》ンべき所《ところ》に召《め》して、円融院《ゑんゆうゐん》の御世《みよ》より参《まゐ》りたりける人《ひと》の、いといみじく神《かみ》さび、古《ふる》めいたる気配《けはひ》の、いと由深《よしふか》く、昔《むかし》の古事《ふること》ども言《い》ひ出《い》で、打《う》ち泣《な》きなどして、良《よ》う調《しら》べたる琵琶《びは》の御琴《おんこと》を、差《さ》し出《い》でられたりしは、此《こ》の世《よ》の事《こと》とも覚《おぼ》えず。夜《よ》の明《あ》けなむも惜《を》しう、京《きやう》の事《こと》も、思《おも》ひ絶《た》えぬばかり覚《おぼ》え侍《はべ》りしよりなむ、冬《ふゆ》の夜《よ》の、雪降《ゆきふ》れる夜《よ》は、思《おも》ひ知《し》られて、火桶《ひをけ》などを抱《いだ》きても、必《かなら》ず、出《い》で居《ゐ》てなむ見《み》られ侍《はべ》る。御前達《おまへたち》も、必《かなら》ず、然《さ》、思《おぼ》す故《ゆゑ》、侍《はべ》らむかし。然《さ》らば、今宵《こよひ》よりは、暗《くら》き闇《やみ》の夜《よ》の、時雨《しぐれ》、打《う》ちせむは、又《また》、心《こころ》に沁《し》み侍《はべ》りなむかし。斎宮《さいぐう》の雪《ゆき》の夜《よ》に劣《おと》るべき心地《ここち》もせずなむ」など言《い》ひて、別《わか》れにし後《のち》は、（孝標の女）「誰《たれ》と知《し》られじ」と思《おも》ひしを、又《また》の年《とし》の八月《はづき》に、内裏《うち》へ入《い》らせ給《たま》ふに、終夜《よもすがら》、殿上《てんじやう》にて、御遊《おほんあそ》び有《あ》りけるに、此《こ》の人《ひと》の候《さぶら》ひけるも知《し》らず、其《そ》の夜《よ》は、下《しも》に明《あ》かして、細殿《ほそどの》の遣戸《やりど》を押《お》し開《あ》けて、見出《みい》だしたれば、暁方《あかつきがた》の月《つき》の、有《あ》るか無《な》きかに、をかしきを見《み》るに、沓《くつ》の声《こゑ》、聞《き》こえて、読経《どきやう》などする人も有《あ》り。読経《どきやう》の人《ひと》は、此《こ》の遣戸口《やりどぐち》に、立《た》ち止《と》まりて、物《もの》など言《い》ふに、答《こた》へたれば、ふと、思《おも》ひ出《い》でて、（源資通）「時雨《しぐれ》の夜《よ》こそ、片時忘《かたときわす》れず、恋《こひ》しく侍《はべ》れ」と言《い》ふに、言長《ことなが》う答《こた》ふべき程《ほど》ならねば、

（孝標の女）何然《なにさ》まで思《おも》ひ出《い》でけむ等閑《なほざり》の木《こ》の葉《は》に掛《か》けし時雨《しぐれ》ばかりを

とも言《い》ひ遣《や》らぬを、人々《ひとびと》、又《また》、来合《きあ》へば、やがて、滑《すべ》り入《い》りて、其《そ》の夜《よ》さり、罷《まか》でにしかば、諸共《もろとも》なりし人訪《ひとたづ》ねて、返《かへ》し、したりし、なども、後《のち》にぞ聞《き》く。（同僚の女房）「（資通）『有《あ》りし時雨《しぐれ》の様《やう》ならむに、如何《いか》で、琵琶《びは》の音《ね》の覚《おぼ》ゆる限《かぎ》り、弾《ひ》きて、聞《き》かせむ』となむ有《あ》る」と聞《き》くに、床《ゆか》しくて、我《われ》も、然《さ》るべき折《をり》を待《ま》つに、更《さら》に無《な》し。

【訳】 関白頼通《よりみち》様の高倉殿にお住まいの祐子《ゆうし》内親王様にお会いになるため、お見えになる上達部《かんだちめ》（公卿《くぎょう》）や殿上人《てんじょうびと》（清涼殿《せいりょうでん》への昇殿が許された人）には、しかるべき立場の女房が会って、取り次ぎをするのが決まりになっている。私のように里がちで、たまにしか内親王家に出仕しない、不慣れな女房は、そういう者が内親王家にいるということすら、やんごとないお歴々《れきれき》には知られるはずはないのである。その私が、一度だけ、高貴な殿方と親

密なお話をする機会があったのは、どういう運命の成り行きだったのであろうか。

私が三十五歳の冬、十月一日ころのことだった。この年には、内親王様の宮中参内もあり、記憶に残る出来事がたくさんあった。月初めなので、空はかなり暗かった。その夜は、不断経《ふだんぎょう》が催され、絶えることなくお経を誦《よ》み上げるお坊様たちも、交替で入れ替わっていた。今は、特に声が美しいと評判の僧が多い時刻であるということなので、私は親しい女房と二人で、不断経が催されている部屋のすぐ近くまで行って、尊いお経を聞きつつ、彼女と世間話をしながら、柱などに凭《もた》れかかってくつろいでいた。

「不断経」は、大きな願い事や、今は亡き人の追善《ついぜん》のために、一定期間、絶え間なくお経を誦み続けるもので、この時は、関白の藤原頼通様を始め、私がお仕えしている祐子内親王様、さらにその妹の禖子《ばいし》内親王様も、揃っておられた。お二人の内親王のお母様である嫄子《げんし》様の追善供養だったのである。大きな催しなので、たくさんの上達部や殿上人たちが、この高倉殿にお見えになっていた。

さて、私たち二人が、お経を聞いていると、すぐ近くまでやってきて、何事かを話しかける殿方の声がする。私は、すぐに局《つぼね》まで退散して、しかるべき立場の女房に、来訪者とのやりとりを任せたかったのだが、私と一緒にいたもう一人の女房が、この夜に限ってはなぜか積極的で、「お客様をほったらかして、奥に逃げ帰るのは、どういうものかしら。今は局に下がっている、しかるべき女房に、ここまで出てきてもらって応対してもらうというのは、時間もかかるし、とてもみっともないと思うわ。ええ、そうよ。こうなったら、この場にふさわしく、私たちで何とか対処することにしましょうよ」と言う。彼女は、実際に貴人の応対に出て、言葉を交《か》わし始めた。私はそばで、聞いていたが、その殿方は、まことに落ちついた、物静かなようすで、話をしておられる。なかなかに好ましい印象を受ける殿方だった。

そのお方は、応対している女房の陰《かげ》に隠れて気配を殺している私の存在にも気づかれたと見え、「今一人、そこにおいでのようですが、どなたでしょうか」などと言って、私を会話の中に引き込もうとする。世間の殿方の多くは、初めて出会ったばかりの女性に向かって、「昔からずっと、あなたとお近づきになりたいと思っていたのです」などと、取って付けたような嘘を口にするものであるが、このお方は、そういう恋愛じみた軽い言葉は口にせず、最近、世間で起きた、心に沁《し》みた事などを、感情を込めて話しかける。引っ込み思案の私でも、さすがに、「失礼します」などときっぱりと会話を切り上げて奥に引っ込むことができない。魅力的な何かが、このお方にはある。私も、今一人の女房も、話に引き込まれて、そのお方に尋ねられたことには返事をしたりしていると、そのお方は、「この内親王家にお仕えしている女房のほとんどを知っていますが、まだ私の知らない女房もおられたのですね」などと、私たちを珍しがって、また話しかけられる。そのため、いよいよ、すぐにはこの場を立つことがむずかしくなった。月が無いのに加えて、星の光もなく、あたりは真っ暗である。冷たい時雨《しぐれ》が降ってきて、木の葉に当たって、蕭々《しょうしょう》たる音を立てているのが、心に沁み入ってくる。そのお方は、「月の美しい夜よりも、こういう時雨に降り込められた夜のほうが、かえって風情《ふぜい》があるものですね。月があまりにも明るすぎますと、すべてが照らしだされてしまい、私たちも、お互いの顔や、ようすなども全部相手に見えてしまい、恥ずかしい思いをしますから。こういう夜のほうが、しみじみとした本音《ほんね》でお話ができるというものです」などと言う。私は、『源氏物語』の光る君と夕顔の君が、互いに素性を隠し合って交際していた事を思い出して、おかしかった。

そのお方は、ふと、まじめな口調になり、それまでとは話題を転じた。春と秋とではどちらが優れているかが、中心テーマとなったのである。私は『源氏物語』を読んで以来、紫の上と秋好中宮《あきこのむちゅうぐう》との間に繰り広げられた春と秋の挑《いど》み合いを、とても興味深く思ってきたので、このお方がどういう季節感を持っておられるのか、興味津々《きょうみしんしん》で耳を傾けていた。

そのお方は、ゆっくりと語り続けた。「私たちは、それぞれの季節の美しさをじっくりと体験しながら、すべての季節を生きてゆくことができます。春には、何と言っても春霞がたなびくようすに、風情を感じます。春の空も、のどかに霞んで見え、月の顔も、朧《おぼろ》に霞んで、明るすぎることはない。その月がゆったりと空を渡ってゆくようすは、水の上を遠くまで流れてゆくように見えます。そのような春の夜に、琵琶《びわ》の音《ね》が「風香調《ふこうじょう》」という華やかな調べで、ゆったりと春の空気の中を流れてゆくのは、まことに素晴らしい響きに聞こえるものです。春の素晴らしさの余韻が心に残っているので、暑いだけの夏も何とか耐えられます。さて、秋になりますと、月は、どこまでも澄み切って明るく輝きます。空には秋霧が立ちこめますが、月の光は霧を透《とお》して明るく照ってくるので、月のありかははっきりと見え、もしも人間に長い手があれば、お月様を我《わ》が手につかみ取ることもできそうに思えます。吹き来《く》る秋風の音も、心に沁《し》みますし、虫の声も哀れに聞こえます。秋の風物は、よりによって素晴らしい物ばかりを取り集めて陳列してあるような心地がしますな。その秋の空気の中を、十三絃の箏《そう》を掻き鳴らす音が流れ、横笛《よこぶえ》を吹き澄《す》ました音がそれと融け合って一つに絡《から》まるのを聞きますと、なぜ、春には春が素晴らしいなどと思ったのだろうと思われるほどに、秋に心を奪われます。さて、秋が最高かと言いますと、冬になればなったで、また判断が揺れ動くのです。冬の夜空は、春のような霞も、秋のような霧もかからず、どこまでも冴《さ》え返っており、月も凍っているかと思うばかりです。そこへ雪が降ってきて、月の光と照り合って、地上を白く光らせます。その空気の中を、管楽器の篳篥《ひちりき》が震えんばかりの音調で鳴り始めますのは、ぞっとするばかりに素晴らしくて、春の素晴らしさや秋の素晴らしさを忘れてしまいそうになります」などと語り続ける。そして、長い話を終えた後で、こちらに向かって、「あなた方は、どの季節に、お心を寄せられますか」と尋ねてきた。私と一緒にいた女房は、「秋が好きです」とお答えなさる。私は、同じような答えが続くと面白くないだろうと思って、春に心を寄せる歌を詠んだ。

（孝標の女）浅緑花《あさみどりはな》も一《ひと》つに霞《かす》みつつ朧《おぼろ》に見《み》ゆる春《はる》の夜《よ》の月《つき》

（春の夜《よ》の月に照らされた景色を、私は最も愛します。浅緑色の空の下に、満開の桜の花が色を添え、その二つの色彩の境界が、春霞によって融《と》けてしまい、一つに交《ま》じり合い、朧《おぼろ》に見える景色の素晴らしさは、ほかの季節では望むべくもないでしょう。）

春を良《よ》しとする意見を述べた私の和歌を、そのお方は、何度も味わうように朗唱《ろうしょう》した。そして、「なるほど、そういうことですか。では、秋の夜の素晴らしさについては、お見捨てになっておられるという理解で、よろしいでしょうか。私も、あなたの顰《ひそ》みに倣《なら》って、和歌を詠みましょうかな。

（源資通）今宵《こよひ》より後《のち》の命《いのち》のもしも有《あ》らば然《さ》は春《はる》の夜《よ》を形見《かたみ》と思《おも》はむ

（私は、老人の仲間入りをするとされる四十歳の目前なのですが、今日から後も、まだ私の寿命が続くのであれば、そうですね、春の夜に朧な月が空にかかっているのを見たら、それを今宵のあなたを思い出す「よすが」といたしましょう。）」

と言う。それを聞いていた、秋を良《よ》しとしたもう一人の女房も、笑いながら歌を詠んだ。

（同僚の女房）人《ひと》は皆春《みなはる》に心《こころ》を寄《よ》せつめり我《われ》のみや見《み》む秋《あき》の夜《よ》の月《つき》

（あら、お仲がよろしくて、結構ですこと。ここには三人しかいませんが、私を除く全員は、春に心を寄せているようですね。そういうことでしたら、秋の美しい月を心から堪能できるのは、私一人だけということになりましょうかね。何とも贅沢で、もったいないことです。）

その殿方は、私たち二人の詠んだ和歌に興じて、春と秋のどちらに軍配を上げるべきか、決めかねているようすだったが、やがて、物静かに、心のうちを洩《も》らし始めた。

「春と秋とではどちらが優れているかという難問は、我が国だけでなく、中国でも昔から論じられてきたそうですね。長い間、論議を重ねても、この問題には決着がつけられないようです。それなのに、あなた方は、それぞれ春と秋を、きっぱりと選ばれました。それには、あなた方に、春を好きになった具体的な理由や、秋に心引かれる明瞭な理由が、きっとあるのだと思います。そもそも人間というものは、自分の気持ちが強く引き寄せられ、素晴らしいとか面白いとかいう感動が、強く心に刻印されるような出来事に出会ったりしますと、その時の空のたたずまいや、月や、花などが、心に深く焼き付けられるということがあるようです。あなた方のうちお一人は、春を良しとされ、今一人は秋を良しとされた。おそらく、お二人には、それぞれ、春の大切な思い出や、秋の珍しい体験がおありなのでしょう。その貴重な体験を、ぜひともお伺いしたいものです。

先ほど、春と秋の素晴らしさを論じた時に、私は冬の季節の素晴らしさにも触れました。あなたたちは、ちょっと不思議にお感じになったかもしれません。というのは、私の大切な思い出は、冬という季節と結びついているのです。世間では、冬の月は「凄《すさ》まじき物《もの》」（殺風景なもの）の典型として、『枕草子』や『源氏物語』などにも触れられております。私自身も、冬の夜はたいそう寒いものですから、わざわざ冬の月をゆっくり眺めようという気も起こらなかったのです。ところが、あれは、万寿《まんじゅ》二年（一〇二五）のことですから、もう十七年前のことになりますでしょうか、私は二十歳を少し超《こ》したくらいの若者でありました。伊勢《いせ》の国で斎宮《さいくう》のお役目においでだった嫥子女王《せんしじょおう》様の裳着《もぎ》（女性の成人式）が執《と》り行われた。

れることになり、蔵人《くろうど》の役職であった私も、勅使《ちょくし》として十一月二十一日に都を出発いたしまして、伊勢の国に派遣され、列席いたしました。儀式は、十二月の五日のことでありました。無事に役目を終え、いよいよ暁に伊勢の国を発《た》ち、都に戻る段になりました。斎宮様にお別れの挨拶をするために、そのお屋敷に向かいました。地面には、ここ数日来《らい》の雪が、降り積もっていました。まだ暗い時分だったのですが、月と雪が照り添いまして、あたりは不思議な明るさに包まれていました。しかも、そこは都の中ではなく、旅の空でありましたので、その時に感じた心細さは、まことに大きなものがありました。そんな気持ちを抱えたまま斎宮御所《さいぐうごしょ》に参りますと、ほかの場所では感じないような荘厳さと申しますか、畏怖《いふ》の感情に捕《とら》われたのです。勅使である私は斎宮御所の中の、由緒《ゆいしょ》あるお部屋に請《しょう》じ入れられました。その時に、私と応対してくれた女房と申しますのが、まことに神々《こうごう》しい雰囲気を漂わせた女性で、今の都ではまずお目にかかれない、古き良き時代を感じさせるお方でした。何でも、円融院《えんゆういん》様（在位九六九～九八四）の御代《みよ》から斎宮様にお仕えしてきたらしいです。私が勅使として伊勢の国に下るまで、何と四十年近くも、円融天皇、花山《かざん》天皇、一条天皇、三条天皇、そして当代《とうだい》の後一条天皇まで、五人の天皇様の御代《みよ》の間中《あいだじゅう》、ずっと伊勢の神様にお仕えしてこられたことになります。まことに優雅な物腰《ものごし》で、昔の出来事などを話題にされ、昔のことを思い出しては感極まって涙を流しておりました。

私が琵琶や笛の演奏に長《た》けているという噂を、聞き及んでいたものか、この年老いた女房は、わたしの前に、よく調律してある琵琶を差し出されて、演奏を所望されました。私が、精魂を込めて演奏したことは、申すまでもありません。弾《ひ》いている私は、場所柄《がら》、季節柄《がら》、自分が弾いているとも思えぬ、入魂《にゅうこん》・入神《にゅうしん》の響きを奏《かな》でることができました。この奇蹟のような時間を少しでも長く体験していたくて、夜が明けて出発の時間になるのがもったいなく、また、早く都に戻りたいという考えなどは頭の中から消え失せてしまうほどに、強い感銘を受けたのです。こういう体験をしましてから後は、冬の夜に雪が降っていることがあれば、この日のことがおのずと思い出されまして、寒さが厳しければ木製の火桶《ひおけ》を抱いてでも暖《だん》を取って、必ず部屋の庭先にまで出て行って、外の景色を眺めておるのです。私が冬を愛するのには、こういう深い事情があったのです。あなた方も、春なら春、秋なら秋をご推奨される背景には、きっとそれを思い出さずにはいられない感動的な思い出が、おありのはずです。

また、今宵、お二人の気品ある女房と、月のない暗い夜に、時雨が寂しく降っている中で、春と秋、さらには冬の優劣を語り合い、和歌を詠みあった出来事は、私の大切な思い出となることでしょう。これから、夜の時雨に遭《あ》った時には、あなたたち二人との楽しい会話を、心の中でしみじみと思い出すことになるでしょうね。いやあ、今宵の体験は、十七年前の斎宮御所での忘れられぬ体験に、増さるとも劣らないものでした」

このように三人で語り合って、別れた後、私のほうでは、そのお方の名前を知ったが、そのお方には私の名前などは知られないようにと、細心の注意を払っていた。

その次の年（長久《ちょうきゅう》四年、一〇四三）、ということは、私は三十六歳になっていたのだが、八月に、祐子内親王様が内裏《だいり》にお入りになられた（定家の考証では、七月二十三日から八月十日まで）。前の年に内裏には火事があったので、天皇様が里内裏《さとだいり》としておられた「一条院」という建物にお入りになったのである。この時、夜を徹《てっ》して、殿上人の控《ひか》えの間《ま》で、天皇様が主宰された管絃の遊びが催された。その場に、あのお方がいらっしゃったということを知らずに、私はその夜は、女房たちの控えの間《ま》に引き籠もっていた。何げなく細殿《ほそどの》（渡り廊下）の遣戸《やりど》（引き戸）を押し開《あ》けて、外の景色を眺めていると、有明の月が、あるかなきかの細さで空にかかっているのが趣深い。それを見入っていたら、殿方の沓《くつ》の音が聞こえてきた。夜通しの遊びが終わったので、帰ってゆかれるのであろう。その沓音を響かせている人は、歩きながら、何と、お経《きょう》の一節を口誦《くちず》さんでおられる。その人は、私が外を眺めている遣戸の所で立ち止まり、人の気配を感じたものか、中にいる私に話しかけてきた。それに返事していると、殿方は、私の声に思い当たる節《ふし》があったのだろう、自分が話している相手が、去年の時雨《しぐれ》の夜に「季節問答」を繰り広げた女房だと気づいたようだった。そして、「いやあ、あの時のあなたでしたか。あの楽しかった時雨の夜の風情は、時《とき》の間《ま》たりと言えども忘れたことはないのです。また、あのような時を持ちたいと、恋しく思われてなりません」と話しかけてくる。今は、長い言葉でゆっくりと話し合うという場合ではないので、私は、すぐに和歌で返事をした。

（孝標の女）何然《なにさ》まで思《おも》ひ出《い》でけむ等閑《なほざり》の木《こ》の葉《は》に掛《か》けし時雨《しぐれ》ばかりを

（どうして、そこまで私のことを覚えていらっしゃるのでしょうか。あの時は、時雨がさっと降ってきて、木《こ》の葉を寂しい音で鳴らして、すぐに通り過ぎてゆきました。その時雨と同じように、私には軽いお言葉をかけただけで終わってしまった、と私の方では思っておりますのに。）

この歌を、全部、唱え終わらないうちに、退出なさる途中の殿方たちが、どやどやとやって来たので、その隙《すき》に、私は奥のほうに膝行《しっこう》しながら引っ込むことができた。そして、その日の晩には、内親王様が一条院を退出なさったので、私も宮中を後にして、あのお方との「その後」は無かった。あのお方のほうでは、女性から和歌を贈られたのに返歌もできなかったのを残念に思われ、時雨の夜に私と一緒だった女房を訪《たず》ね当てて、私への返歌をことづけた、という話を、その後《あと》に聞いた。その女房の話では、「あのお方は、『去年のあの時雨の夜のような情緒たっぷりの環境で、良いものを聞き分けることのできる耳をお持ちのあなた方を前に、私がこれまで修練してきた琵琶の秘曲を、知っている限り全部、入神の響きで掻き鳴らしてお耳に入れたいものです』と言っておられたわよ」ということだった。私は、むろんそういう響きを聞きたくてたまらなくて、ぜひともそのような機会が巡ってこないかと期待していたけれども、そのような奇蹟は遂に訪れなかった。

【評】『更級日記』の中でも屈指の長大なエピソードである。「このお方」は、藤原定家の考証によれば、源資通《みなもとのすけみち》（一〇〇五～六〇）である。資通は、この時三十八歳。菅原孝標女より、三歳の年長だった。後に、従二位、参議に昇った。宇多《うだ》天皇の孫に当たる源雅信《まさのぶ》（左大臣）を祖とする。蹴鞠《けまり》・琵琶・笛などの諸芸に通じた名手であり、勅撰和歌集にも四首が選ばれている。まさに、物語から脱けだしてきたような貴公子だった。『更級日記』の作者が「宮仕え」体験で得た最大の宝物。それが、源資通との語らいの「思い出」だった。

菅原孝標女が上京してきた最初に住んだ大邸宅の隣が、修子内親王のお屋敷（三条の宮）だった。ちなみに、資通は、その修子内親王に宮仕えしている女性歌人「相模《さがみ》」とも、和歌の贈答をしている。

源資通との春秋優劣論の中で作者が示した和歌「浅緑《あさみどり》花《はな》も一《ひと》つに霞《かす》みつつ朧《おぼろ》に見《み》ゆる春《はる》の夜《よ》の月《つき》」は、藤原定家が撰者の一人だった『新古今和歌集』にも選ばれている。藤原定家筆の御物本『更級日記』にも、この和歌の上に、「新古今」と書き込まれている。ところが、『新古今和歌集』の詞書《ことばがき》では、この歌は、祐子内親王が宮中の藤壺に滞在している時に、女房や殿上人たちがさまざまな話題をしている中で詠まれた、とされている。『更級日記』とは、状況がかなり異なっている。『更級日記』の時間軸や、どこが舞台なのかは、一読しただけではよくわからないことがあるので、『新古今和歌集』の撰者が『更級日記』を卒読して、読み誤った可能性がある。

なお、「春秋優劣論」は、『源氏物語』でも大きな話題を提供している。春を良しとする紫の上と、秋を良しとする秋好中宮《あきこのむちゅうぐう》との挑み合いは、六条院の時間を活性化させるためには必要な「張り合い」だった。

源資通は、「冬の月」もまた心に残ると述べ、その根拠として伊勢斎宮の思い出を語る。資通が勅使に立った時の斎宮は𡣞子《せんし》女王であるが、長元《ちょうげん》四年（一〇三一）、すなわち、資通が勅使を勤めた六年後に、𡣞子女王は「斎宮（斎王）託宣《たくせん》事件」を起こしている。女王の身体に、伊勢の神が取り憑《つ》いて、朝廷の斎宮軽視を痛烈に批判した。勝手な振る舞いのあった斎宮権頭《ごんのかみ》の夫婦も、その時に失脚している。

なお、この箇所は、二つほど本文の乱れがある。「横笛《ゐやうでう》」とした箇所の原文は、「ゐやう定」とある。また、「［光《ひか》り合《あ》ひ］」とした箇所は、「ひかりあひ」の部分が後から本文に補入されている。

## 68 時雨《しぐれ》の夜のなごり

春頃《はるごろ》、長閑《のどやか》なる夕《ゆふ》つ方《かた》、（女房）「参《まゐ》りたンなり」と聞《き》きて、其《そ》の夜《よ》、諸共《もろとも》なりし人《ひと》と、膝《ゐざ》行《い》り出づるに、外《と》に、人々参《ひとびとまゐ》り、内《うち》にも、例《れい》の人々《ひとびと》、有《あ》れば、出《い》で止《さ》いて、入《い》りぬ。彼《あ》の人《ひと》も、然《さ》や思《おも》ひけむ。しめやかなる夕暮《ゆふぐ》れを推《お》し量《はか》りて、参《まゐ》りたりけるに、騒《さわ》がしかりければ、罷《まか》づめり。

（源資通）加島見《かしまみ》て鳴門《なると》の浦《うら》に漕《こ》がれ出《い》づる心《こころ》は得《え》きや磯《いそ》の海人《あまびと》

とばかりにて、止《や》みにけり。

彼《あ》の人柄《ひとがら》も、いと健《すく》やかに、世《よ》の常《つね》ならぬ人《ひと》にて、（源資通）「其《そ》の人《ひと》は。彼《か》の人《ひと》は」なども、尋《たづ》ね問《と》はで、過《す》ぎぬ。

［訳］私が「あのお方」、いや、もう源資通《みなもとのすけみち》様と呼んでもよいだろう、その資通様と再会した年の暮れの十二月一日に、里内裏《さとだいり》の一条院でも火事があった。祐子内親王様は、二日に北隣の高陽院《かやのいん》（藤原頼通様のお屋敷）、さらには二十一日に東三条院《ひがしさんじょういん》へと、お移りになった。この東三条院での出来事である。その翌年（長久五年・寛徳《かんとく》元年、一〇四四）、つまり私が三十七歳の時だが、春の、のどやかな夕方に、「今、源資通様が、お見えになっているようだわよ」という女房仲間のご注進があったので、あの時雨の夜に、私と一緒だった女房と二人で、膝行《しっこう》しながら、お客様と会話できる位置まで、前進した。ところが、資通様の周《まわ》りにも、殿方たちがたくさん集まっておられ、簾《すだれ》の内側にも、口さがない女房たち

の目と耳があるので、私たち二人は、それ以上前に出ていって、資通様と話をするのを諦め、もと来た後《うし》ろのほうに後退するしかなかった。あのお方も、やはり私たちと同じようなお考えだったのであろうか、物静かで、ゆったりした気持ちで会話を楽しむのに恰好の夕暮れを選んで、祐子内親王様のお屋敷に参上されたに違いないのに、落ち着かない雰囲気だったので、歌を一首、詠んだだけで、そのまま帰ってしまわれた。

（源資通）加島《かしま》見《み》て鳴門《なると》の浦《うら》に漕《こ》がれ出《い》づる心《こころ》は得《え》きや磯《いそ》の海人《あまびと》

（難波《なにわ》の国の加島《かしま》は、淀川《よどがわ》の対岸にある江口《えぐち》と並ぶ遊女の里として有名です。ところが、その加島の里を横目に見ただけで通り過ぎ、海流の激しいことで知られる鳴門《なると》の浦に漕《こ》ぎ出す漁師がいます。それが、あなたをほんのちょっとだけかいま見て、それ以上に馴れ馴れしい振る舞いをせず、遠くから恋心を焦《こ》がしている私自身の比喩なのですよ。そのことを、磯に残って、私の乗った舟を見ていたあなたは、ご存じですか。）

こんな和歌を遣《や》り取《と》りしただけの仲で、終わったのであった。

とにかく、源資通様の人柄は、浮《うわ》ついたところなどなく、ことあらば好色な振る舞いをする世間一般の殿方たちとは、違っていた。だから、資通様は、私について、「あの女房は誰だ、どういう素性なのか」などとも詮索されなかったのである。こうして、私の三十七歳は終わった。

【評】藤原定家の考証では、源資通は、この時、右大弁《うだいべん》・正四位下《しょうしいげ》、九月十九日に蔵人頭《くろうどのとう》に任じられた。

「加島見《かしまみ》て」の歌の作者は、源資通か、菅原孝標女かがわかりにくい。通説では、菅原孝標女が詠んだとするが、ここでは、源資通が詠んだという立場で訳した。通説に従えば、歌の意味も変わってくる。「加島を見て鳴門の浦に漕ぎ出す漁師のように、私（孝標の女）は、あなた（源資通）に恋い焦《こ》がれて、かしがましい人々の中を通り過ぎて、戸口の近くまで伺いました。その心を、あなたはおわかりでしょうか」。女から男へ贈る歌にしては、少し強すぎて、孝標女らしくないと、私には思われる。

「加島《かしま》」は、大江匡房《まさふさ》の『遊女記《ゆうじょき》』には「蟹島」とあり、宮城《みやぎ》・如意《にょい》・香炉《こうろ》・孔《く》雀《じゃく》などの遊女の名前を挙げている。江口や神崎と並んで、遊女の里として知られる。

藤原定家筆『更級日記』では、「かしまみて」の右側に、朱点がある。定家にとって、「かしま」が意味不明の本文だったということだろう。形容詞「囂《かしま》しい」の語幹「かしま」との掛詞になっている。

なお、作者の年齢である三十七歳は、『源氏物語』で藤壺が逝去した年齢である。作者もまた、新しい人生の段階に差しかかる。その直前に、物語から脱けだしてきたような源資通の思い出を書いておく必要があったのだろう。

# VII 物詣の旅……宗教的な旅の思い出

三十八歳から四十九歳

## 69 家刀自《いえとじ》の自由と、石山詣《いしやまもうで》

今《いま》は、（孝標の女）「昔《むかし》の、由無《よしな》し心《こころ》も、口惜《くや》しかりけり」とのみ思《おも》ひ知《し》り果《は》て、親《おや》の、物《もの》へ、率《ゐ》て参《まゐ》りなどせで、止《や》みにしも、もどかしく思《おも》ひ出《い》でらるれば、今《いま》は、偏《ひとへ》に、豊《ゆた》かなる勢《いきほ》ひに成《な》りて、双葉《ふたば》の人《ひと》をも、思《おも》ふ様《さま》に、傅《かしづ》き生《お》ほし立《た》て、我《わ》が身《み》も、みくらの山《やま》に積《つ》み余《あま》るばかりにて、「後《のち》の世《よ》までの事《こと》をも、思《おも》はむ」と思《おも》ひ励《はげ》みて、十一月《しもつき》の二十余日《はつかあまり》、石山《いしやま》に参《まゐ》る。

雪《ゆき》、打《う》ち降《ふ》りつつ、道《みち》の程《ほど》さへをかしきに、逢坂《あふさか》の関《せき》を見《み》るにも、（孝標の女）「昔《むかし》、越《こ》えしも、冬《ふゆ》ぞかし」と、思《おも》ひ出《い》でらるるに、其《そ》の程《ほど》しも、いと荒《あら》う吹《ふ》いたり。

（孝標の女）逢坂《あふさか》の関《せき》の関風《せきかぜ》吹《ふ》く声《こゑ》は昔聞《むかしき》きしに変《か》はらざりけり

関寺《せきでら》の、厳《いか》めしう造《つく》られたるを、見《み》るにも、其《そ》の折《をり》、粗造《あらづく》りの御顔《おほんかほ》ばかり見《み》られし折《をり》、思《おも》ひ出《い》でられて、年月《としつき》の過《す》ぎにけるも、いと哀《あは》れなり。

打出《うちいで》の浜《はま》の程《ほど》など、見《み》しにも変《か》はらず。暮《く》れ掛《か》かる程《ほど》に、詣《まう》で着《つ》きて、斎屋《ゆや》に下《お》りて、御堂《みだう》に上《のぼ》るに、人声《ひとごゑ》もせず、山風《やまかぜ》、恐《おそ》ろしう覚《おぼ》えて、行《おこな》ひ止《さ》して、打《う》ち微睡《まどろ》みたる夢《ゆめ》に、（夢の中の人）「中堂《ちゆうだう》より、麝香《ざかう》、賜《たま》はりぬ。疾《と》く、彼処《かしこ》へ告《つ》げよ」と言《い》ふ人《ひと》有《あ》るに、打《う》ち驚《おどろ》きたれば、（孝標の女）「夢《ゆめ》なりけり」と思《おも》ふに、（孝標の女）「良《よ》き事《こと》ならむかし」と思《おも》ひて、行《おこな》ひ明《あ》かす。

又《また》の日《ひ》も、いみじく雪降《ゆきふ》り荒《あ》れて、宮《みや》に語《かた》らひ聞《き》こゆる人《ひと》の、具《ぐ》し給《たま》へると、物語《ものがたり》して、心細《こころぼそ》さを慰《なぐさ》む。

三日《みか》候《さぶら》ひて、罷《まか》でぬ。

［訳］　いつの間にか、私も三十八歳になっていた（寛徳二年、一〇四五）。世の中は大きく動いており、後朱雀《ごすざく》天皇がお亡《な》くなりになり、後冷泉《ごれいぜい》天皇が即位された。この日記には書かなかったが、私の両親はすでにこの世の人ではなく、夫（橘俊通《としみち》）が任期を終えて、下野《しもつけ》の国（栃木県）から都に戻ってきた。息子（仲俊《なかとし》）も生まれている。

この年齢になって、自分の来《こ》し方《かた》を顧《かえり》みた私には、「物心がついた昔から、心の中のほとんどは、物語への強烈な憧れに占《し》められていた。そのように、物語に終始した私の人生は、まことに残念だった。別の生き方もありえたのではないか」という思いが、頻繁に湧き起こってくるようになった。そういう冷静な心境になってみると、若い頃に物詣《ものもうで》をできなかったことが惜しまれる。親たちは、私を引っ張ってでも、どうして神社や仏閣などに物詣させてくれなかったのかと、文句の一つも言いたくなるのだが、両親とも、すでにこの世の人ではないので、面と向かって言うこともできない。しかも、元はと言えば、私自身の心の持ち方の問題なのだから、今ではひたすら、「来世《らいせ》で極楽往生することを、これからの人生の最重要の目的としよう」と決心して、仏教のお勤めにも本腰を入れ始めた。幸いに、夫が国司であった時代に、蓄財に成功している。私たち一家は、経済的に見ても裕福になった。幼い子どもも、何一つ不十分なことがないように、金銭を惜しまずに大切に育てることができる。我が身も、因幡《いなば》の国（鳥取県東部）にあるという「みくらの山」ではないが、「御蔵《みくら》」に品物が余るほどの財産家になった。この資金があれば、思う存分、物詣に励むことができる。

この日記にも、しばらく物詣の思い出を書き続けることにしよう。まず、三十八歳になった年の十一月二十日過ぎに、石山寺に参拝した。

冬のこととて、雪がちらほら降っているので、ふだんは退屈な道中の景色までにも、風情が感じられる。逢坂《おうさか》の関《せき》を越える時に、十三歳で、物語への夢と憧れで胸を一杯に膨らませて、この関所を通って上京した時のことが、自然と思い出された。あれは、もう二十五年も前のことになっている。いや、まだ二十五年しか経《た》っていない、と言うべきか。あの時も、近江《おうみ》の国に入ったあたりから、ずっと雪が降りしきっていた。そう思ったとたんに、風が突然強くなり、嵐のように感じられたのは、不思議なことだった。

（孝標の女）逢坂《あふさか》の関《せき》の関風《せきかぜ》吹《ふ》く声《こゑ》は昔聞《むかしき》きしに変《か》はらざりけり

（この逢坂の関所を吹く関風《せきかぜ》は、二十五年前に聞いたのと同じ寂しい音で吹きすぎてゆく。関風は変わらないのに、私は変わった……。）

変わった、変わらない、ということで言えば、二十五年前に、私がここを通って都に入った時には、関寺《せきでら》はまだ建造中で、丈六《じょうろく》（高さが一丈六尺）の仏様もまだ制作の途中で完成していなかった。その後、お寺も完成し、仏像も伽藍の中に安置された。それは、私が上京した二年後だったのだが、その後、私は関寺の前を通る機会に一度も恵まれなかったのである。改めて、時間の流れについて、感慨を深くした。

琵琶湖のほとりの「打出の浜《うちでのはま》」（滋賀県大津市）のあたりは、二十五年前の記憶と変わっていなかった。日が暮れかかる頃に、石山寺に辿り着いて、参詣者が斎戒沐浴《さいかいもくよく》するための「斎屋《ゆや》」に下りて、心身をお清めしてから本堂に上った。人の声がまったくしない、寂《せき》とした堂の外では、山風が恐ろしいほどに吹きしきっている。思わず勤行《ごんぎょう》を中断して、うとうとした夢の中に、「中堂《ちゅうどう》から麝香《じゃこう》を授かりました。このことを、すぐに早く、あそこへ教えなさい」と言った人がいた。その声にはっとして、目が覚めて、「今のは夢だったのか」と気づいた。解釈の難しい夢ではあるが、きっと吉夢《きちむ》なのだろうと思って、目が覚めた後は、熱心に勤行に励んだ。

その次の日も、ひどく雪が降り、風も荒々しく吹いた。祐子内親王様のお屋敷で、私が親しくさせていただいている女房が、この時、私と一緒に参拝していらっしゃるのだが、二人でいろいろと世間話をして、寂しさを慰め合った。

その次の日まで参籠《さんろう》し、都合三日間のお籠《こ》もりをして、石山寺を退出した。

［評］本書は、ここで大きな区切りを迎えている。「親《おや》の、物《もの》へ、率《ゐ》て参《まゐ》りなどせで、止《や》みにしも、もどかしく思《おも》ひ出《い》でらるれば」の部分で、父親と母親

が亡くなっていることが、報告される。『源氏物語』でもしばしば用いられている、死亡告知の手法である。「今《いま》は、偏《ひとへ》に、豊《ゆた》かなる勢《いきほ》ひに成《な》りて」の部分で、受領である夫の働きで、生活が裕福になったことを読者に報告している。「双葉《ふたば》の人《ひと》をも、思《おも》ふ様《さま》に、傅《かしづ》き生《お》ほし立《た》て」の部分で、子どもたち（仲俊たち）の誕生を指し示している。「双葉」とあるので、一人ではなく、二人だろうか。夫と子どもの名前こそ明記していないものの、ここで初めて、夫である橘俊通と、子どもたちが点描されている点に注目したい。

作者は、三十八歳にして、幼い子の母親になっている。作者にとっては、高貴なお方の「乳母《めのと》」となるのが、人生の最終目標である。この年（寛徳二年、一〇四五）には、後朱雀天皇の第五女の正子《せいし》内親王が誕生している。そのような皇族の乳母となる道は、なかったのだろうか。本人が無理でも、姉の忘れ形見である姪たちに、「乳母」となる夢は託され続けたのかもしれない。

作者が石山寺の夢で授かった「麝香《じゃこう》」は、『うつほ物語』に用例がある。舶来の高価な品物の代表である。

## 70 都の華やぎを後に、初瀬詣《はつせもうで》

其《そ》の返《かへ》る年《とし》の十月二十五日《かみなづきはつかあまりいつか》、大嘗会《だいじやうゑ》の御禊《ごけい》と罵《ののし》るに、初瀬《はつせ》の精進《さうじ》始《はじ》めて、其《そ》の日《ひ》、京《きやう》を出《い》づるに、然《さ》るべき人々《ひとびと》、（兄弟たち）「一代《いちだい》に一度《ひとたび》の見物《みもの》にて、田舎世界《ゐなかせかい》の人《ひと》だに見《み》る物《もの》を。月日《つきひ》、多《おほ》かり。其《そ》の日《ひ》しも、京《きやう》を振《ふ》り出《い》でて行《い》かむも、いと物狂《ものぐる》ほしく、流《なが》れての物《もの》語《がたり》とも成《な》りぬべき事《こと》なり」など、兄弟《はらから》なる人《ひと》は、言《い》ひ腹立《はらだ》てど、児《ちご》どもの親《おや》なる人《ひと》は、（夫の橘俊通）「如何《いか》にも、如何《いか》にも、心《こころ》にこそ有《あ》らめ」とて、言《い》ふに従《したが》ひて、出《い》だし立《た》つる心《こころ》延《ば》へも、哀《あは》れなり。共《とも》に行《ゆ》く人々《ひとびと》も、いといみじく物床《ものゆか》し気《げ》なるは、いとほしけれど、（孝標の女）「物見《ものみ》て、何《なに》にかは、せむ。斯《か》かる折《をり》に詣《まう》でむ志《こころざし》を、然《さ》りとも、思《おぼ》しなむ。必《かなら》ず、仏《ほとけ》の御験《おほんしるし》を見《み》む」と思《おも》ひ立《た》ちて、其《そ》の暁《あかつき》に、京《きやう》を出《い》づるに、二条《にでう》の大路《おほち》をしも、渡《わた》りて行《い》くに、先頭《さき》に、御燈《みあかし》持《も》たせ、伴《とも》の人々《ひとびと》、浄衣《じやうえ》姿《すがた》なるを、許多《そこら》、桟敷《さじき》どもに移《うつ》るとて、行《い》き違《ちが》ふ馬《むま》も、車《くるま》も、徒歩人《かちびと》も、「彼《あ》れは、何《な》ぞ」「彼《あ》れは、何《な》ぞ」と、安《やす》からず、言《い》ひ驚《おどろ》き、嘲《あさ》み笑《わら》ひ、嘲《あざけ》る者《もの》どもも有《あ》り。

良頼《よしより》の兵衛《ひやうゑ》の督《かみ》と申《まう》しし人《ひと》の家《いへ》の前《まへ》を過《す》ぐれば、其《そ》れ、桟敷《さじき》へ渡《わた》り給《たま》ふなるべし、門《かど》広《ひろ》う、押《お》し開《あ》けて、人々《ひとびと》、立《た》てるが、（藤原良頼の従者たち）「彼《あ》れは、物詣人《ものまうでびと》なンめりな」

「月日《つきひ》しもこそ、世《よ》に多《おほ》かれ」と笑《わら》ふ中《なか》に、如何《いか》なる心有《こころあ》る人《ひと》にか、「一時《ひととき》が目《め》を肥《こ》やして、何《なに》にかは、せむ。いみじく思《おぼ》し立《た》ちて、仏《ほとけ》の御徳《おほんとく》、必《かなら》ず見給《みたま》ふべき人《ひと》にこそ有《あ》ンめれ。由《よし》無《な》しかし。物見《ものみ》で、斯《か》うこそ思《おも》ひ立《た》つべかりけれ」と、忠実《まめ》やかに言《い》ふ人《ひと》、一人《ひとり》ぞ有《あ》る。

道《みち》、顕証《けんそう》ならぬ前《さき》にと、夜深《よぶか》う出《い》でしかば、（一行の者）「立《た》ち遅《おく》れたる人々《ひとびと》も待《ま》ち、いと恐《おそ》ろしう、深《ふか》き霧《きり》をも、少《すこ》し晴《は》るけむ」とて、法性寺《はふしやうじ》の大門《だいもん》に立《た》ち止《と》まりたるに、田舎《ゐなか》より、物見《ものみ》に上《のぼ》る者《もの》ども、水《みづ》の流《なが》るる様《やう》にぞ見《み》ゆるや。すべて、道《みち》も、避《さ》り敢《あ》へず。物《もの》の心《こころ》、知《し》り気《げ》も無《な》き、奇《あや》しの童《わらは》べまで、引《ひ》き避《よ》きて行《ゆ》き過《す》ぐるを、車《くるま》を、驚《おどろ》き嘲《あさ》みたる事《こと》、限《かぎ》り無《な》し。此《これ》らを見《み》るに、（孝標の女）「実《げ》に、如何《いか》に、出《い》で立《た》ちし道《みち》なり」とも覚《おぼ》ゆれど、一向《ひたぶる》に、仏《ほとけ》を念《ねん》じ奉《たてまつ》りて、宇治《うぢ》の渡《わた》りに、行《い》き着《つ》きぬ。

其処《そこ》にも、猶《なほ》しも、此方様《こなたざま》に渡《わた》りする者《もの》ども、立《た》ち込《こ》みたれば、舟《ふね》の楫《かぢ》、取《と》りたる男《をのこ》ども、舟《ふね》を待《ま》つ人《ひと》の、数《かず》も知《し》らぬに、心驕《こころおご》りしたる気色《けしき》にて、袖《そで》を掻《か》い捲《まく》りて、顔《かほ》に当《あ》てて、棹《さを》に押《お》し掛《か》かりて、頓《とみ》に、舟《ふね》も寄《よ》せず、嘯《うそぶ》いて見回《みまは》し、いといみじう澄《す》みたる様《さま》なり。無《む》期《ご》に、え渡《わた》らで、つくづくと見《み》るに、『紫《むらさき》の物語《ものがたり》』に、宇治《うぢ》の宮《みや》の娘《むすめ》どもの事有《ことあ》るを、（孝標の女）「如何《いか》なる所《ところ》なれば、其処《そこ》にしも住《す》ませたるならむ」と、床《ゆか》しく思《おも》ひし所《ところ》ぞかし。

（孝標の女）「実《げ》に、をかしき所《ところ》かな」と思《おも》ひつつ、辛《から》うじて渡《わた》りて、殿《との》の御領所《ごらうしよ》の宇治殿《うぢどの》を、入《い》りて見《み》るにも、（孝標の女）「浮舟《うきふね》の女君《をんなぎみ》の、斯《か》かる所《ところ》にや有《あ》りけむ」など、先《ま》づ、思《おも》ひ出《い》でらる。

夜深《よぶか》く出《い》でしかば、人々《ひとびと》、困《こう》じて、「やひろうち」と言《い》ふ所《ところ》に留《とど》まりて、物食《ものく》ひなどする程《ほど》にしも、伴《とも》なる者《もの》ども、（伴の者）「高名《かうみやう》の栗駒山《くりこまやま》には有《あ》らずや。日《ひ》も、暮《く》れ方《がた》に成《な》りぬめり。主達《ぬしたち》、調度《てうど》、取《と》り御座《おは》さうぜよや」と言《い》ふを、いと物恐《ものおそ》ろしう聞《き》く。

其《そ》の山《やま》、越《こ》え果《は》てて、贄野《にへの》の池《いけ》の辺《ほと》りへ行《い》き着《つ》きたる程《ほど》、日《ひ》は、山《やま》の端《は》に掛《か》かりにたり。（一行の者）「今《いま》は、宿取《やどと》れ」とて、人々《ひとびと》、散《あか》れて、宿求《やどもと》むる。所《ところ》、半端《はした》にて、（一行の者）「いと賤《あや》し気《げ》なる、下種《げす》の小家《こいへ》なむ有《あ》る」と言《い》ふに、（孝標の女）「如何《いか》がは、せむ」とて、其処《そこ》に宿《やど》りぬ。（宿の者）「皆人々《みなひとびと》、京《きやう》に罷《まか》りぬ」とて、賤《あや》しの男《をのこ》、二人《ふたり》ぞ居《ゐ》たる。其《そ》の夜《よ》も、寝《い》も寝《ね》ず。此《こ》の男《をのこ》、出《い》で入《い》りし歩《あり》くを、奥《おく》の方《かた》なる女《をんな》ども、（宿の女）「何《な》ど、斯《か》く、し歩《あり》かるるぞ」と問《と》ふなれば、（宿の男）「否《いな》や、心《こころ》も知《し》らぬ人《ひと》を宿《やど》し奉《たてまつ》りて、（宿の男）『釜《かま》はしも、引《ひ》き抜《ぬ》かれなば、如何《いか》にすべきぞ』と思《おも》ひて、え寝《ね》で、回《まは》り歩《あり》くぞかし」と、寝《ね》たると思《おも》ひて、言《い》ふ。聞《き》くに、いとむくむくしく、をかし。

翌朝《つとめて》、其処《そこ》を立《た》ちて、東大寺《とうだいじ》に寄《よ》りて、拝《をが》み奉《たてまつ》る。

石上《いそのかみ》も、真《まこと》に、古《ふ》りにける事《こと》、思《おも》ひ遣《や》られて、無下《むげ》に、荒《あ》れ果《は》てにけり。

　其《そ》の夜《よ》、山辺《やまのべ》と言《い》ふ所《ところ》の寺《てら》に宿《やど》りて、いと苦《くる》しけれど、経《きやう》、少《すこ》し誦《よ》み奉《たてまつ》りて、打《う》ち休《やす》みたる夢《ゆめ》に、いみじく止事無《やんごとな》く、清《きよ》らなる女《をんな》の御座《おは》するに、参《まゐ》りたれば、風《かぜ》、いみじう吹《ふ》く。見付《みつ》けて、打《う》ち笑《ゑ》みて、（夢の中の女）「何《なに》しに御座《おは》しつるぞ」と問《と》ひ給《たま》へば、（夢の中の孝標の女）「如何《いか》でかは参《まゐ》らざらむ」と申《まう》せば、（夢の中の女）「其処《そこ》は、内裏《うち》にこそ有《あ》らむとすれ。博士《はかせ》の命婦《みやうぶ》をこそ、良《よ》く語《かた》らはめ」と宣《のたま》ふ、と思《おも》ひて、嬉《うれ》しく、頼《たの》もしくて、いよいよ念《ねん》じ奉《たてまつ》りて、初瀬川《はつせがは》など打《う》ち過《す》ぎて、其《そ》の夜《よ》、御寺《みてら》に、詣《まう》で着《つ》きぬ。祓《はら》へなどして、上《のぼ》る。三日《みか》候《さぶら》ひて、「暁《あかつき》、罷《まか》でむ」とて、打《う》ち眠《ねぶ》りたる夜《よ》さり、御堂《みだう》の方《かた》より、（夢の中の声）「すは、稲荷《いなり》より賜《たま》はる験《しるし》の杉《すぎ》よ」とて、物《もの》を投《な》げ出《い》づる様《やう》にするに、打《う》ち驚《おどろ》きたれば、夢《ゆめ》なりけり。

　暁《あかつき》、夜深《よぶか》く出《い》でて、え泊《と》まらねば、奈良坂《ならさか》の此方《こなた》なる家《いへ》を尋《たづ》ねて、宿《やど》りぬ。此《これ》も、いみじげなる小家《こいへ》なり。（一行の者たち）「此処《ここ》は、気色《けしき》有《あ》る所《ところ》なンめり。ゆめ、寝《い》ぬな」『れう《慮》がい《外》』の事《こと》、有《あ》らむに、あな畏《かしこ》、脅《おび》え騒《さわ》がせ給《たま》ふな。息《いき》もせで、臥《ふ》させ給《たま》へ」と言ふを聞くにも、いといみじう侘《わ》びしく、恐《おそ》ろしうて、夜《よ》を明《あ》かす程《ほど》、千年《ちとせ》を過《す》ぐす心地《ここち》す。辛《から》うじて、明《あ》け立《た》つ程《ほど》に、（一行の者）「此《これ》は、盗人《ぬすびと》の家《いへ》なり、主《あるじ》の女《をんな》、気色《けしき》有《あ》る事《こと》をしてなむ有《あ》りける」など言《い》ふ。

【訳】　石山寺に詣でた翌年、私が三十九歳の年の最大の思い出は、大和《やまと》の国の初瀬《はつせ》にある長谷寺《はせでら》に参拝したことである。この年（寛徳三年・永承《えいしょう》元年、一〇四六）には、前の年に即位なさった後冷泉《ごれいぜい》天皇様が大嘗祭《だいじょうさい》を催しあそばした。毎年、その年に収穫された穀物を神々に献じる「新嘗祭《にいなめさい》」は、十一月の「中《なか》の卯《う》の日《ひ》」（二回目の卯の日）に行われる。その新嘗祭のうち、天皇様がご在位中に一度かぎり執《と》り行われるのが「大嘗祭」であり、まことにもって「一代《いちだい》の盛儀《せいぎ》」である。その盛儀に先立って、天皇様は、十月二十五日に、賀茂川で斎戒のための「御禊《ごけい》」をなさる。文武百官《ぶんぶひゃっかん》を従えて宮中を出発し、二条大路《にじょうおおじ》を東へ進み、賀茂川に到着されるのである。世間は、この「大嘗祭の御禊」についての話題で持ちきりである。

ところが、私には強い思いがあって、この「御禊の日」の数日前から、初瀬詣《もうで》のために、斎戒して身を清め始めていた。そして、御禊の当日の朝を選んで、都を出発することにした。両親も亡くなっているので、私に意見を差し挟《はさ》める人は、ほとんどいない。けれども、意見を言える数少ない一人である私の兄（定義《さだよし》）などは、「天皇様が一代で一回限り催される、一代の盛儀だよ。田舎《いなか》くんだりに住んでいる田舎者たちですら、この盛儀を一目《ひとめ》拝みたいと、大挙して都を目指して上京してきているというのに、その逆の動きをするなんて、お前はいったい何を考えているんだ。ほかにも、旅に出るのにふさわしい日は、いくらでもあるではないか。よりによって、御禊の日の当日に、これからまさに始まろうとしている盛儀から目を背けて、都から逃げ出すように出てゆくというのは、分別ある人間の振舞いとは、とうてい思えないな。とってもおかしな人がいた、という悪い評判となって、後々《あとあと》まで、お前のすることは語り伝えられるだろうよ」などと、腹立たしげに言って、私に翻意を迫った。けれども、私の子どもから見て父親に当たる人、簡単に言えば、私の夫（橘俊通）は、「世間がどう思おうが、兄弟がどう言おうが、結局は、自分の心が大切なんだからね。あなたの好きにして、いいんじゃないの」と言ってくれ、私の意向に反対せず、初瀬に送り出してくれた。その思いやりは、ありがたかった。

私のお供をして初瀬まで付いてきてくれる従者たちも、その本心としては、一代の盛儀を見物したいという好奇心があるようなのに、それと正反対の方角へ、物詣のお供をさせられるのは、可哀相《かわいそう》ではあるけれども、私はきっぱりと、思い切ったのである。「たとえ見物をして、一日の満足を得たとして、それが、私の人生にとってどんな意味を持つというのだろうか。御禊を見たら、今生《こんじょう》での幸福が得られるのだろうか。来世《らいせ》での極楽往生が保証されるのだろうか。そんなことはないだろう。こういう日に、世間の雰囲気に流されず、参詣に出発する私の志《こころざし》を、これまでは私にこれといったお恵みを施してはくださらなかった仏様であっても、さすがに殊勝な心がけだと感心してくださることだろう。今行《ゆ》けば、きっと、仏様から瑞兆《ずいちょう》を授かるだろう」と、気持ちを奮い立たせて、御禊の日の暁、まだ空が暗い時分に都を出発したのだった。天皇様が御禊のために文武百官に守られて賀茂川まで、西から東へとお越しになる、まさにその二条大路を、私たち一行は、東から西へという逆向きに、進んでいった。牛車《ぎっしゃ》の前を歩き、「おし、おし」と声を出して先駆《さき》を追う者の手には、仏様に献納する燈明《とうみょう》を持たせている。供の者たちは、やはり仏様に仕えることを示すために、白い浄衣《じょうえ》を着せている。この二条大路で、間《ま》もなく始まる御禊の行列を桟敷《さじき》で見物しようとして、たくさんの人たちが、西から東へと押し寄せて来る。その大河のような流れは、すべて馬や牛車や、徒歩で歩く下人たちなのである。私たちの一行だけが、東から西へと向かっている。だから、すれ違う。次から次へと、違う集団と私たちはすれ違い続ける。中には、私たちを見て、すれ違いざまに、「あれは、誰だろう」「なんで、逆向きに進んでいるのだろう」と、何か、不穏《ふおん》な行動を私たちが取っているかのように言って驚いたり、嘲笑したり、しまいには悪口を言う者たちまでいた。

兵衛《ひょうえ》の督《かみ》である藤原良頼《よしより》様とおっしゃった方のお屋敷の前に、差しかかった。良頼様は、今から二年前にお亡くなりになった藤原隆家《たかいえ》様のご長男である。隆家様は、「中《なか》の関《かん》白《ぱく》」と称された道隆《みちたか》様の子で、あの中宮定子《ちゅうぐうていし》様の弟に当たっておられた。私がお仕えしてきた祐子内親王様は、この定子様のお孫様に当たっておられるのだ。その良頼様も、これから屋敷を出発して、桟敷に移って御禊を御覧になろうとしておられるのだろう。お屋敷の門が、広々と開け放たれている。そして、従者たちが、たくさん立っている。私たち一行を見た彼らの多くが、「あの連中は、どこかへ物詣《ものもうで》に出かけるようだな」とか、「物詣に出かける日は、仰山《ぎょうさん》あるだろうに、わざわざ今日と来たもんだ」などと嘲笑《あざわら》っている。ところが、その中に、たった一人ではあるが、どういうしっかりした心の持ち主なのだろうか、本気で私たちを評価してくれた人がいたではないか。「御禊を見物して、一時的に目を楽しませて、それで何か本質的なことが好転するのだろうか。その点、あの人たちは、殊勝にも御禊を見物する楽しみを断念して、物詣を思い立たれたものと見える。仏様の御《ご》利益《りやく》を、必ずやお受けする方たちではないだろうかと、お見受けいたしますぞ。見物などは、人生の本質という観点から見れば、どうでもよくて、つまらないことです。我々も、見物などは止《よ》して、あの人たちのように物詣を思い立つべきだったのではないか」。

都から脱出する姿を、なるべく目立たせないようにするために、私たちはまだ暗いうちに出発したので、準備が整わず、屋敷の中に残って、遅れて出発した者たちもいた。その者たちが来るのを待って、合流しようということで、平安京を脱《ぬ》けたすぐの所にあり、奈良へ向かう道筋である法性寺《ほっしょうじ》の大門《だいもん》に牛車を停《と》めて、後から追いかけてくる者たちを待ち受けた。もう一つ、恐ろしいほどに立ちこめている霧が晴れるのを待とうという目的もあった。

法性寺の大門で都から南下してくる供の者たちを待っている間にも、田舎から都へと、大嘗祭の御禊を見物しようと北上してゆく者たちの人数があまりにもたくさんなので、大きな水の流れが、南から北へ、田舎から都へと迸《ほとばし》り流れているような気がしてくる。途絶《とだ》えることなく人波は流れ続け、なおかつ、その勢いは激しい。南へ向かう私たちが、避《よ》けきれないほどの人数である。よく見ると、彼らのほとんどは、大嘗祭の御禊を見たとしても、何が何だか理解できないであろう者たちで、中には子どもまで交《ま》じっている。私たちは、かろうじて、人々の奔流から身を反《そ》らし、やっとのことで切り抜けた。そうすると、私たちとすれ違う者たちの示す反応と言ったら、都の中でと同じで、驚愕《きょうがく》と嘲笑ばかりだった。こういう反応に接すると、「こんな者たちにまで、例外なく笑われるとは。本当に、何だって、こんな時期に出発したのだろうか」と、一度は強い気持ちで思い立った初瀬詣の意欲が、ぐらつきそうになる。けれども、そういう自分の心の弱さを振り切ろうと、ひたすら仏様に心の中で祈り続けた。やっとのことで、宇治川の渡し場（現在の平等院のあたり）に行き着いた。

宇治川を渡る手段としては、宇治橋もあるが、私たちは舟で渡る予定だった。ところが、この渡し場でも、対岸からこっち側に、つまり田舎から都へと渡ろうとする者たちがほとんどで、大混雑をきわめている。舟の楫《かじ》を操《あやつ》る渡《わた》し守《もり》（船頭）たちは、舟に乗りたいと殺到する客が多いので有頂天《うちょうてん》になっているようだった。袖をまくりあげ、額《ひたい》を棹《さお》に押し当てて、体を預けるようにしているばかりで、なかなか舟を川岸に寄せようとはせず、客をじらせている。いい気になって、何か舟唄《ふなうた》のようなものを歌いながら、あたりを睥睨《へいげい》し、何とも澄ましきった振る舞いである。このありさまでは、私たちは、いつになったら宇治川の向こう岸に渡れるか、見当も付かない。そのため、たっぷりある時間に任せて、あたりをじっくりと観察することができた。

このあたりは、「紫の物語」と呼ばれる『源氏物語』の舞台となったところである。宇治十帖では、「八《はち》の宮《みや》」の三人の娘たちの物語が、この宇治川のほとりで繰り広げられる。

私は、この物語を何回も、何十回も、繰り返し耽読《たんどく》してきたけれども、読みながら、「この宇治という場所を、いったいどういう理由で、作者の紫式部が物語の舞台にしようという発想を得たのだろうか。大君《おおいぎみ》、中《なか》の君《きみ》、そして浮舟《うきふね》を、なぜ、作者はこの宇治に住まわせたのだろうか」と、紫式部という物語作者の創作心理に、興味を持っていたのだった。長い時間、この渡し場で宇治十帖に思いを馳せていると、なるほど、紫式部がこの場所を舞台にしたのも道理だ、と納得できた。やっとのことで、宇治川の対岸に渡ることができた。浮舟も、匂宮に抱かれて舟に乗り、雪の夜に、月に照らされながら、この宇治川を渡ったのだった。

渡りきったところに、藤原頼通様の宇治殿《うじどの》（後の平等院）がある。私がお仕えしてきた祐子内親王様は、頼通様の庇護を受けておられる。その縁故で、私たちも宇治殿に入って、中を拝見することが許された。それにつけても、手習《てならい》巻で、宇治川に入水《じゅすい》して死のうとした浮舟が、人事不省《じんじふせい》となって大雨の中、発見されたのが、この宇治殿の近くであったのだと、まず思い出され、またまた『源氏物語』の世界に思いを馳《は》せた。「物詣《ものもうで》」の始まりは、宇治の「物語」の回想なのでもあった。

この日は、暁方に、まだ暗い時間に都を発《た》ったものだから、一行の者たちの疲労は甚《はなは》だしかった。それで、「やひろうち」（野路地《やいろち》、京都府城陽市）というところに、休息して、軽い食事を摂《と》ったりした。すると、供《とも》の者たちが、「ここは、山賊が暴れることで有名な栗《くり》駒山《こまやま》ではないでしょうか。日も暗くなってきたようです。山賊たちが現れる、危険な時間帯です。皆さん、早くお食事の道具などは早く片づけて、ここをすぐに離れられるようにしてください」と脅《おど》かすのを、本当に恐ろしいと思いながら聞いた。『源氏物語』の薫大《かおるだい》将《しょう》や匂宮《におうみや》も、盗賊に襲われる危険とは常に背中合わせで、宇治の女君たちと逢うために往還されたのだ。

私たちは少しでも安全な所まで行こうと急いで、恐ろしい栗駒山を越えてからも先へと進み、「贄野《にえの》の池《いけ》」（京都府綴喜《つづき》郡井手町、現在は存在しない）のほとりまで辿り着いた。この時、既に夕日は、西の山の端《は》に沈もうとしていた。「こうなったら、宿を取るしかない」と、供の者たちは四方八方に散り、手分けして、私たち一行が泊まれそうな宿を捜した。ところが、このあたりは、家を探し出して宿泊するには不都合であるし、宿泊できなければできないで困るし、何とも中途半端な場所だった。「ひどく粗末な、下賤の者が住んでいる小家が、一軒だけありました」と報告するので、「そこしかないなら、しかたないでしょう」というわけで、そこに泊まることにした。宿を借りた家に、男は、みすぼらしい服を着た下男が二人しかいなかった。彼らの言葉をそのまま使えば、「この家の主人たちは、皆、都で行われる大嘗祭の御禊を見物に参りました」、というわけだった。私は、出発する前の夜も、緊張感からであろうか眠れなかったが、この日の夜もまた、あまりの劣悪な環境のために眠れない。この家の下男が、何度も家を出たり入ったりしていて、落ち着かなくうろついている。奥の部屋に引き籠もっている、この家の下女たちが、「あんた、なんで、そんなに、さっきから、うろちょろ、うろちょろしているの」と尋ねる声が聞こえてくる。すると、下男は、「見た目は身分が高そうだから、泊めてくれと言うのを断れなかったけれども、どういう素性とも知れない連中に、一夜の宿をお貸しした結果として、朝になったら、大切な釜《かま》を盗まれなどしていたら、どうしようもないなと心配して、今夜は一睡もしないで、連中を警戒して、見張りに精を出しているというわけさ」などと、私たちが熟睡して、何も聞いていないものと思い込んで、ひそひそ話どころか、普段通りの粗放な声で話している。それを聞いている私は、彼らに対する本能的な恐怖感を感じる一方で、それと矛盾する滑稽さがこみ上げてきて、笑いをこらえるのが大変だった。

その翌朝、その家を出立して、奈良の東大寺に立ち寄って、「奈良の大仏」として有名な盧舎那仏《るしゃなぶつ》を礼拝《らいはい》申し上げた。

石上神宮《いそのかみじんぐう》(奈良県天理市)にも詣《もう》でたが、これは「布留《ふる》」という場所に建立《こんりゅう》されているので、和歌では「石上古《いそのかみふる》き」などというように、「石上《いそのかみ》」は「ふる」(古《ふる》・経《ふ》る・降《ふ》る)の枕詞《まくらことば》として用いられている。だから、私も、この神宮が今では時代から取り残された古色蒼然《こしょくそうぜん》たる存在になっているのではないかと思ってきたのだが、実態もその通りで、ここまで荒廃してもよいのかと思うほどに荒れ果《は》てていた。

二日目の夜は、「山辺《やまのべ》」という所のお寺(現在の奈良県天理市西井戸堂《にしいどうどう》町にあった寺か)に泊まった。これまでの二日間の旅で、私は疲労困憊《こんぱい》していたけれども、お経《きょう》を、少しだけだが心を込めて読誦《どくじゅ》した。その後、疲れのためか、つい眠り込んだ夢の中で、たいそう高貴で、近寄りがたい気品のある女性がいらっしゃるのが見えた。夢の中の私が、思い切ってそのお方の近くまでお伺いしたところ、突然、風が強く吹いてきた。その女性は、私の姿を見つけて、にっこりと微笑《ほほえ》まれた。そして、「そなたは、何を求めて、ここまで来たのじゃ」という御下問《ごかもん》があった。夢の中の私が、「理由は自分でもわかりませんが、どうしても、ここにお伺いしたかったのです」と申し上げた。すると、その女人は、「そなたは、宮中にご奉仕する予定になっておるようじゃ。今は内侍所《ないしどころ》に奉仕している、そなたも知っておろう、博士《はかせ》の命婦《みょうぶ》という女官《にょうかん》に、よく相談してみるとよかろうぞ」とおっしゃった。

そういう夢を見て、目が覚めた。とてもうれしくて、物詣を思い立った甲斐《かい》があったと、自分の未来が好転したと感じられ、いっそう心を込めて仏様にお祈り申し上げた。

次の日、初瀬川《はつせがわ》などを通り過ぎて、その日の夜に、初瀬の長谷寺（奈良県桜井市）に到着した。祓殿《はらえどの》でお祓《はら》いをしてから、御堂《みどう》に上った。三日間、長谷寺に参籠《さんろう》して、その最後の日の暁に、このお寺を退出する予定になっていた。その最後の夜に、御堂のほうから、「ほら、これを受け取るがよい。伏見稲荷《ふしみいなり》から、そなたに授けられた『験《しるし》の杉《すぎ》』であるぞ」という声と共に、その声の主は、何かの物体を私のほうに投げ出すようなそぶりをした。はっとして目を覚ますと、それは夢なのであった。私は、しばらくこの夢の意味がわからなかった。長谷寺ならば、「二本《ふたもと》の杉」が有名で、離れ離れになっていた人たちが、ここで再会できることの喩えに用いられる。『源氏物語』の玉鬘《たまかずら》巻がそうだった。

明け方の、まだ暗い時分に長谷寺を退出した。途中には、泊まれるような所がなかったので、奈良坂の都に近い側に、家があるのを見つけ出して、そこに宿を取ることにした。奈良坂は、盗賊が出没するという噂があり、母親が元気だった頃も、盗賊の難を恐れて、初瀬に詣でることに反対したものだった。往路に、贄野で宿った家も粗末だったけれども、この復路の宿も、ひどくむさ苦しい小家だった。供の者が、「この家には、どうにも不審なところがある」と警戒感を剝《む》き出しにした。そして、仲間同士で、「おい、今日は、絶対に眠るでないぞ」、「思ってもみないことが起きるかもしれないぞ」と、話し合っている。そして、私たちには、「恐れながら申し上げます。何が起きても、脅《おび》えて大騒ぎしたり、大きな声を出したりしないようにして下さい。息を殺して、じっと横になっていらしてくださいと」と言う。それを聞くにつけても、これ以上はないほどに心細い。恐怖の一夜が明けるのを待つ気持ちと言ったら、千年もの長い時間のように感じた。やっとのことで朝が来て、空が明るくなり始めた。一睡もせずに警戒していた供の者たちが、「やはり、ここは盗賊の住みかでした。女主人が、夜通《よどお》し、不審な行為をしていましたからな」などと報告した。

［評］　大嘗祭は、天皇が一度しか行えない、重要な儀式である。大正時代の大嘗祭の記録である森鷗外の『盛儀私記《せいぎしき》』（一九一五年）を読むと、大嘗祭という儀式がいかに特別な意味を持った「盛儀」であるかが、理解できる。わざわざ、その日を選んで都を離れた作者には、よほどの思いがあったのだろう。そもそも、作者は、「高貴なお方の乳母になる」という一生の夢があった。大嘗

祭は、天皇制の根幹に関わる重要儀式である。

「藤原良頼《よしより》」は、定子の弟である藤原隆家の長男。父である道隆の急死で、権力の頂点から失脚（九九六年）した隆家は、九州に左遷されたが、大陸から攻めてきた「刀伊《とい》の入寇《にゅうこう》」（一〇一九年）を撃退するなど、波瀾万丈の人生を生き、作者が初瀬詣に出発するわずか二年前の寛徳《かんとく》元年（一〇四四）に没していた。そして、『更級日記』のこの場面が描いている永承《えいしょう》元年（一〇四六）の二年後に、その子の良頼も死去している（永承三年、一〇四八）。

良頼の屋敷の前にたむろしていた人々の多くが、大嘗祭から逃げ出すように逆方向へ向かう作者の一行を嘲笑するが、ただ一人、作者の行動を称賛した人物がいた。この場面は、『徒然草』第四十一段を連想させる。兼好が、上賀茂《かみがも》神社で行われる「競《くら》べ馬《うま》」を見物に行ったところ、樗《おうち》の木の枝に上って見物している法師がいたが、木の上で居眠りしては落ちそうになっていた。人々が、法師の愚かしさをあざ笑っていたところ、兼好が、「無常の到来はすぐそこまで迫っているのに、見物騒ぎで時間を浪費している私たちには、法師を笑う資格はない。私たちの愚かしさは、あの法師を上回っている」という正論を吐き、周囲の人々に称賛された、という場面である。兼好が『更級日記』を読んでいた可能性を考えるのは、楽しい。兼好は、菅原孝標女の行動に触発されて、『徒然草』第四十一段に書かれている競べ馬見物の記憶を蘇らせたのかもしれない。

それとは対照的に、一代の盛儀に背を向ける作者の行動を、兄の定義が強く批判している。定義は、父親の孝標が文章博士にも大学頭にもならなかった（なれなかった）のと対照的に、文章博士と大学頭を兼ねた逸材である。だからこそ、妹の「愚行」が許せなかったのだろう。

盗賊の話題が、往路と復路で、二度繰り返されていて、読者の笑いを誘う。このあたりは、物語的と言うよりは、説話的であり、滑稽である。貴族社会でのみ生活している者の目には入らない階層の者たちが、都から離れて物詣をする作者の目に飛び込んでくる。華麗な宮廷で生活していた光源氏の目に、須磨や明石の海人たちが新鮮に映ったように、そして、宇治を舞台とする宇治十帖が、女房や従者たちの行動心理に重きを置いているように、菅原孝標女の目には社会の「基底部」が見えてくる。

歴史年表を見れば明らかなように、この頃には、東国で反乱が起こったり、各地の国司の苛斂誅求《かれんちゅうきゅう》に対して民衆が抗議活動を起こしたりしている。時代は、確実に動きつつあった。そのことと、『更級日記』の「盗賊」の記事は、深く関連しているのだろう。

なお、長谷寺で、伏見稲荷の「験《しるし》の杉」を授かって夢を見た作者は、都への帰路に、なぜ伏見稲荷に立ち寄って祈らなかったのかと、後悔することになる（【84 夢は、みんな壊れた】参照）。

## 71 宇治川の網代《あじろ》

いみじう風《かぜ》の吹《ふ》く日《ひ》、宇治《うぢ》の渡《わた》りをするに、網代《あじろ》、いと近《ちか》う、漕《こ》ぎ寄《よ》りたり。

（孝標の女）音《おと》にのみ聞《き》き渡《わた》り来《こ》し宇治川《うぢがは》の網代《あじろ》の波《なみ》も今日《けふ》ぞ数《かぞ》ふる

【訳】先ほど、初瀬詣の思い出を書いた時に、宇治川の渡し場についても触れた。その初瀬詣のことではないけれども、今、思い出したので、この機会に、宇治川の別の思い出を書いておきたい。

激しい冬風が吹き荒れている日に、宇治川の渡し場を舟で渡った。宇治川の冬の風物詩として有名な「網代《あじろ》」のすぐ傍《そば》を、舟は通った。竹を組んで簀《す》を作り、そこに「氷魚《ひお》」という、小さな鮎《あゆ》を追い込んで捕《つか》まえるのだ。私は、次のような歌を詠んだ。

（孝標の女）音《おと》にのみ聞《き》き渡《わた》り来《こ》し宇治川《うぢがは》の網代《あじろ》の波《なみ》も今日《けふ》ぞ数《かぞ》ふる

（宇治川の網代は、これまで何十年も噂でだけ聞いて、和歌や物語の描写を理解したつもりになっていたが、まさか、ここまで風の音が激しい環境の中に設置されているとは思わなかった。冬風が強く吹き付けるので、網代に打ち寄せる波の数は無数にあるが、今日はそれをまぢかに見ているので、数えられるほどだ。）

【評】『更級日記』の書き方は、一つのテーマを書いた直後に、挿入的に、時系列を無視して、別のエピソードを記すという点にあるようだ。

## 72 鞍《くら》馬《ま》の春秋

二年《ふたとせ》三年《みとせ》、四年《よとせ》五年《いつとせ》、隔《へだ》てたる事《こと》を、次第《しだい》も無《な》く、書《か》き続《つづ》くれば、やがて、続《つづ》き立《だ》ちたる修行者《すぎやうじや》めきたれど、然《さ》には有《あ》らず。年月《としつき》、隔《へだ》たれる事《こと》なり。

春頃《はるごろ》、鞍馬《くらま》に籠《こ》もりたり。山際《やまぎは》、霞《かす》み渡《わた》り、長閑《のどやか》なるに、山《やま》の方《かた》より、僅《わづ》かに、野老《ところ》など、掘《ほ》り持《も》て来《く》るも、をかし。出《い》づる道《みち》は、花《はな》も皆《みな》、散《ち》り果《は》てにければ、何《なに》とも無《な》きを、十月許《かみなづきばか》りに詣《まう》づるに、道《みち》の程《ほど》、山《やま》の景色《けしき》、此《こ》の頃《ころ》は、いみじうぞ勝《まさ》る物《もの》なりける。山《やま》の端《は》、錦《にしき》を広《ひろ》げたる様《やう》なり。滾《たぎ》りて流《なが》れ行《ゆ》く水《みづ》、水晶《すいしやう》を散《ち》らす様《やう》に、湧《わ》き返《かへ》るなど、何《いづ》れも優《すぐ》れたり。詣《まう》で着《つ》きて、僧坊《そうばう》に行《い》き着《つ》きたる程《ほど》、掻《か》き時雨《しぐ》れたる紅葉《もみぢ》の、類無《たぐひな》くぞ見《み》ゆるや。

（孝標の女）奥山《おくやま》の紅葉《もみぢ》の錦外《にしきほか》よりも如何《いか》に時雨《しぐ》れて深《ふか》く染《そ》めけむ

とぞ見遣《みや》らるる。

［訳］この日記に記す物詣については、一つ一つの間隔はかなり空《あ》いており、二、三年置き、あるいは四、五年置きの間隔でお参りしたのを、ここにまとめて書いている。しかも、どこにお参りしたのが先で、どこが後《あと》だったかという順序も、正確ではなく書いてい

る。だから、この部分だけ読めば、私が次から次へと物詣を繰り返しており、さながら各地を行脚《あんぎゃ》・遍歴《へんれき》する修行僧のようだという印象を与えるかもしれないが、実際はそうではないのだ。間隔が飛び飛びなのを連続して書いているので、実際とは違う印象を与えているかもしれないので、そのことをここで申し上げておく。大嘗祭の御禊の日に初瀬に詣《もう》でたのは、私が三十九歳の年だった。ここから先は、四十歳から五十歳までの十年間の物詣の思い出を、ぽつりぽつりと書いてみたい。

さて、ある年の春に、鞍馬寺《くらまでら》に詣でて、お籠《こ》もりをした。『源氏物語』若紫《わかむらさき》巻で、光る君が紫の上を見初《みそ》めた「北山《きたやま》」が、ここだった。山の稜線《りょうせん》が空と接するあたりが、ぼんやり霞んでいて、何とものどかな気持ちになる。お寺の奥には、鬱蒼《うっそう》とした鞍馬山の原生林が広がっている。量はそんなに多くはないが、山から掘り出した物だと言って、「野老《ところ》」という山芋を持ってくるのも、いかにも山里という感慨を深くする。鞍馬寺を退出して、都に戻る山道は、完全に桜も散ってしまっており、何の風情もなかった。若紫巻では、光る君が都に戻る時には、晩春になっていたけれども、まだ桜の花が残っていたとあるのに。

冬の初めである十月に、もう一度、鞍馬寺に詣でたところ、この頃、つまり晩秋から初冬にかけては、途中の山の景色はまさに見どころ満載だった。春には、霞んでいた山の稜線が空と接するあたりも、秋は色鮮やかな錦《にしき》を広げたように秀麗だった。川は、勢いよくほとばしり流れていて、岩に当たって飛び散った泡が、まるで水晶のようにきらきらしているのなどは、どの季節のどの景色と比較しても素晴らしい。美しい景色に感嘆しながら山道を進み、鞍馬寺の僧坊に辿り着いた時に、私を歓迎するかのように、さっと時雨《しぐれ》が降ってきた。その時雨に濡れると、山の紅葉の色がいっそう濃くなったように見える。その風情が、これまた絶品だった。即興で詠んだ和歌を口誦《くちず》さみつつ、私はいつまでも鞍馬山の紅葉を堪能《たんのう》し続けていた。

（孝標の女）奥山《おくやま》の紅葉《もみぢ》の錦外《にしきほか》よりも如何《いか》に時雨《しぐ》れて深《ふか》く染《そ》めけむ

（秋には、都にいても、紅葉の美しさに心引かれる。ところが、ここ鞍馬山のような奥山では、錦のような紅葉の秀麗さが余所《よそ》と比べて、たぐいまれである。時雨の降り方や、時雨の色の染め方に、ほかとどのような違いがあって、ここまで美しい紅葉の色に染め上げられるのだろうか。）

［評］『源氏物語』でも、巻と巻の間で、時間の空白が設定されている場合がある。一方、前の巻と、次の巻との時間軸が連続して描かれる場合もある。では、『源氏物語』に深く学んだ『更級日記』が、『源氏物語』的な書き方をして

いるかと言えば、必ずしもそうでないように思われる。『源氏物語』の五十四帖は、「年立《としだ》て」という時間軸を確立しており、光源氏の人生や薫の人生に添って、語られてゆく。その中で、時間の空白があったり、時間がさかのぼったり、同じ時期に起きた出来事を、複数の巻で書いたりしている。一方、『更級日記』の場合には、「時間軸」よりは「構想」の方に重きを置いている。このあたりでは、「物詣」というトピックに属する事柄が続けて書かれているので、必ずしも時間軸には沿っていないと、作者が読者に注意を喚起しているわけである。

「構想」を「時間軸」よりも重視する菅原孝標女の方法は、時間というものの概念を変容させてゆく。私たちが『浜松中納言物語』などを読むと、「輪廻転生」がモチーフなので、時間軸が融解しているような感覚に陥る。同時に、日本と中国の空間の隔たりも、融解している。三島由紀夫は、「幼年時代とは時間と空間の紛糾した舞台である」(『仮面の告白』)と述べている。この「幼年時代」の時間と空間に近いのが『浜松中納言物語』であり、遠いのが『源氏物語』である。ならば、五十二歳の晩年から、十三歳の少女時代までさかのぼり、「時間軸」よりも「構想」を重視して書き紡がれた『更級日記』の特異な凝縮性は、どのように説明すればよいのか。三島に倣《なら》って言えば、「老年時代から回顧する人生は、時間と空間の紛糾した舞台であった」という、孝標女なりの「仮面の告白」が試みられているのではないだろうか。

なお、水の飛沫《しぶき》を「水晶」に喩えるのは、『枕草子』にも見られる。

## 73 石山寺、再訪

二年《ふたとせ》ばかり有《あ》りて、又《また》、石山《いしやま》に籠《こ》もりたれば、終夜《よもすがら》、雨《あめ》ぞ、いみじく降《ふ》る。(孝標の女)「旅居《たびゐ》は、雨《あめ》、いと難《むつ》かしき物《もの》」と、聞《き》きて、蔀《しとみ》を押《お》し上《あ》げて見《み》れば、有明《ありあけ》の月《つき》の、谷《たに》の底《そこ》さへ曇《くも》り無《な》く、澄《す》み渡《わた》り、雨《あめ》と聞こえつるは、木《き》の根《ね》より、水《みづ》の流《なが》るる音《おと》なり。

(孝標の女)谷川《たにがは》の流《なが》れは雨《あめ》と聞《き》こゆれど外《ほか》より異《け》なる有明《ありあけ》の月《つき》

[訳] 初めて石山寺に参拝してから、二年ほど後に、再び石山寺に詣《もう》でたことがあった。夜通《よどお》し、雨が激しく降り続く音が聞こえていた。私は、「旅先で雨に降り込《こ》められるのは、

気が塞《ふさ》ぐものだ」と思いながら、雨音《あまおと》を聞いていた。朝が近づいてきたので、蔀《しとみ》を押し上げて、外のようすを見てみた。すると、空には雨雲はなく、有明の月が照っているではないか。月の光は、石山寺が建っている巨岩の下に広がっている谷の底まで、澄明《ちょうめい》に照らし出している。私は、あれっと、不思議に思った。雨が降った形跡は、まったくない。ならば、夜通し、私が聞いていた、あの激しい雨の音は何だったのだろうか。耳を澄ますと、「雨音」と私が聞いていたのと同じ音が、今も聞こえている。それは何と、木の根《ね》を分《わ》けて、泉の水が流れる音であったのだ。

(孝標の女)谷川《たにがは》の流《なが》れは雨《あめ》と聞《き》こゆれど外《ほか》より異《け》なる有明《ありあけ》の月《つき》

(谷川が流れる音は激しいので、雨の音かと聞き紛《まが》われる。けれども、ほかのどこでも見られないような美しい有明の月が照っているので、今は雨が降っていないと断言できるのだ。)

【評】石山寺は、名前の通り、硅灰石《けいかいせき》(珪灰石)という巨石の上に立てられた寺である。だから、見下ろす崖の下の「谷」は深い。『更級日記』の文体の特徴は、東海道の旅の記録で顕著だった「叙景」の清冽さにあるが、この石山寺では「音」を描いている。音楽性のある文体、言うならば「叙音」ないし「抒音」

の清冽さである。

## 74 初瀬、再訪

又《また》、初瀬《はつせ》に詣《まう》づれば、初《はじ》めに、こよなく物頼《ものたの》もし、所々《ところどころ》に、設《まう》けなどして、行《い》きも遣《や》らず。山城《やましろ》の国《くに》、柞《ははそ》の森《もり》などに、紅葉《もみぢ》、いとをかしき程《ほど》なり。初瀬川《はつせがは》渡《わた》るに、

（孝標の女）初瀬川《はつせがは》立《た》ち帰《かへ》りつつ訪《たづ》ぬれば杉《すぎ》の験《しるし》も此《こ》の度《たび》や見《み》む

と思《おも》ふも、いと頼《たの》もし。

三日候《みかさぶら》ひて、罷《まか》でぬれば、例《れい》の奈良坂《ならさか》の此方《こなた》に、小家《こいへ》などに、此《こ》の度《たび》は、いと、類《るい》、広《ひろ》ければ、え宿《やど》るまじうて、野中《のなか》に、仮初《かりそめ》に庵造《いほつく》りて、据《す》ゑたれば、人《ひと》は、唯《ただ》、野《の》に居《ゐ》て、夜《よ》を明《あ》かす。草《くさ》の上《うへ》に、行縢《むかばき》などを打《う》ち敷《し》きて、上《うへ》に、筵《むしろ》を敷《し》きて、いと儚《はかな》くて、夜《よ》を明《あ》かす。頭《かしら》も、しとどに露置《つゆお》く。暁方《あかつきがた》の月《つき》、いといみじく澄《す》み渡《わた》りて、世《よ》に知《し》らず、をかし。

（孝標の女）行方《ゆくへ》無《な》き旅《たび》の空《そら》にも遅《おく》れぬは都《みやこ》にて見《み》し有明《ありあけ》の月《つき》

［訳］「有明の月」と言えば、石山寺だけでなく、初瀬でも思い出がある。初瀬に、二度目のお籠もりをしに行った時のことである。

今回は、夫（橘俊通）が私に協力して、一緒に旅の段取りを付けてくれたので、最初の初瀬詣《もうで》の時とは比べものにならないくらい、安心して移動できた。途中で、何箇所も、おもてなしまでしてくれるので、なかなか先へと進むこともできかねるほどである。山城《やましろ》の国の柞《ははそ》の森《もり》（京都府相楽郡精華町）などで、紅葉が見頃《みごろ》を迎えていた。初瀬川を渡った時に、私は期待を込めて、こう詠んだ。

（孝標の女）初瀬川《はつせがは》立ち帰《かへ》りつつ訪《たづ》ぬれば杉《すぎ》の験《しるし》も此《こ》の度《たび》や見《み》む

（初瀬川の川波が岸に当たっては戻ってゆくように、私も長谷寺に立ち戻って、再びお参りする。最初のお参りの時には、伏見稲荷の「験《しるし》の杉」を授かった霊夢を見た。その「験の杉」のもたらす御利益に、今度こそあずかりたいものだ。）

こう歌った時には、私は御利益を確信していた。

三日間、長谷寺にお籠《こ》もりをして、退出した。都に戻る途中、一回目の初瀬詣の帰途に泊まった、奈良坂の都側にある「盗賊の家」には泊まらなかった。私たち一行の人数が多くて、あの小家には全員が入れないからである。それで、野原に、急ごしらえの庵《いおり》を仮設して、私たちはその中で一夜《いちや》を明かした。供の者たちは野宿《のじゅく》して、朝が来るのを待っている。私たちは「庵」の中とは言っても、草の上に行縢《むかばき》（毛皮で作った足に巻き付ける覆《おお》い）などを敷いて、その上に筵《むしろ》を敷き、そんな簡易すぎる寝床で、夜を明かすのである。夜明けには、野原に置く夜露・朝露が私たちの髪の毛にまで置いたので、びっしょりになった。そんな朝に、見上げた空に架かっていた有明の月の風情が、今も忘れられない。石山寺で見たのと同じように澄明きわまりなく、私は生まれて初めて「有明の月」を見たかのように、心に沁みて美しいと感じた。

（孝標の女）行方無《ゆくへな》き旅《たび》の空《そら》にも遅《おく》れぬは都《みやこ》にて見《み》し有明《ありあけ》の月《つき》

（あてどなく心細い旅の空でも、自分に遅れずに付いてきてくれるのは、都で見ていたのと同じ有明の月である。今は、野宿同然の旅の空ではあるが、初瀬詣を終えた私の心は、満足感で一杯で、自分にいつも付いてきてくれる有明の月を見ると、うれしく感じられる。）

［評］　二回目の初瀬詣には、夫も同行してくれたのだろう。仮屋を作って泊まるのは、上総の国から上京する旅でも描かれていたように、同行者が多く、

旅慣れもしている受領（国司階級）の得意とするところである。夫は、自分が大きな国の国司に任命される現世利益を祈ったことだろう。

## 75　家庭生活の満足と、期待

何事《なにごと》も、心《こころ》に叶《かな》はぬ事《こと》も無《な》き儘《まま》に、斯様《かやう》に、立《た》ち離《はな》れたる物詣《ものまうで》をしても、道《みち》の程《ほど》を、「をかし」とも、「苦《くる》し」とも見《み》るに、自《おの》づから心《こころ》も慰《なぐさ》め、然《さ》りとも、頼《たの》もしう、差《さ》し当《あ》たりて、「嘆《なげ》かし」など覚《おぼ》ゆる事《こと》ども無《な》い儘《まま》に、唯《ただ》、幼《をさ》なき人々《ひとびと》を、「何時《いつ》しか、思《おも》ふ様《さま》に仕《し》立《た》てて見《み》む」と思《おも》ふに、年月《としつき》の過《す》ぎ行《ゆ》くを、心許無《こころもとな》く、「頼《たの》む人《ひと》だに、人《ひと》の様《やう》なる慶《よろこ》びしては」とのみ思《おも》ひ渡《わた》る心地《ここち》、頼《たの》もしかし。

［訳］　私の四十歳代を振り返ってみると、さまざまな面で、こちらの願いが叶わないということはなく、平穏な日々が続いていたと総括できる。だからと言って、単純・単調な日々だったかと言えば、そうではない。これまで書いてきたように、都から遠出をして石

山寺・鞍馬寺・長谷寺などに物詣《ものもうで》を繰り返したので、道中での見聞が「面白い」とも、「苦しい」とも感じられた。そのことで、私の心は慰められ、生きる活力を取り戻すことができた。そんな安易な気持ちからなされた物詣ではあるが、お寺では未来を期待してもよさそうな霊夢《れいむ》を授かった。当面の問題として、「ここが不満である」と思う、具体的な問題点も存在しない。そこで、私の生んだ子どもたちを、「早く、一人前の大人に成長させて、その成り行く末をこの目で見届けたいものだ」と思うに付け、時間の流れる速さがいささか遅く感じられ、じれったくなる。さらに、「私たち家族の経済的な大黒柱である夫（橘俊通）の身に、外《ほか》の人たちが受けているような慶事があって、都から近くて、しかも実入《みい》りのよい大国の国司に任命されてほしい」ということばかりが気がかりである心境は、我ながら幸福な妻であり、幸福な母親であると信じられ、自分の人生にも「これでよかったのだ」という自信を持つことができたのだった。

［評］「幼き人々」とあるので、少なくとも二人の子どもがいることがわかる。男児は、仲俊《なかとし》。そのほかに、おそらく女子が一人か二人、最大で三人、いたのだろう。夫の俊通は、別の女性との間に、少なくとも娘を一人儲《もう》けている

（後述の【81　夫、信濃の国司となる】参照）。

『徒然草』第七段には、「夕《ゆふ》べの陽《ひ》に子孫《しそん》を愛《あい》して、栄《さか》ゆく末《すゑ》を見《み》むまでの命《いのち》を有《あ》らまし、ひたすら世《よ》を貪《むさぼ》る心《こころ》のみ深《ふか》く、物《もの》の哀《あは》れも知《し》らず成《な》り行《ゆ》くなむ、浅《あさ》ましき」とある。兼好が批判的に述べた「子孫の繁栄を願う老人」の生き方を、『更級日記』の作者はしている。『更級日記』で繰り返し語られる神仏のお告げは、「子孫の繁栄」という現世利益をもたらすと期待されたのだった。

## 76　越前《えちぜん》に下った女友達

古《いにしへ》、いみじう語《かた》らひ、夜《よる》・昼《ひる》、歌《うた》など詠《よ》み交《か》はしし人《ひと》の、有《あ》り有《あ》りても、いと昔《むかし》の様《やう》にこそ有《あ》らね、絶《た》えず言《い》ひ渡《わた》るが、越前《ゑちぜん》の守《かみ》の嫁《よめ》にて、下《くだ》りしが、掻《か》き絶《た》え、音《おと》もせぬに、辛《から》うじて、便《たよ》り尋《たづ》ねて、此《これ》より、

（孝標の女）絶《た》えざりし思《おも》ひも今《いま》は絶《た》えにけり越《こし》の辺《わた》りの雪《ゆき》の深《ふか》さに

と言《い》ひたる、返《かへ》り事《ごと》に、

（越前の友）白山《しらやま》の雪《ゆき》の下《した》なる細石《さざれいし》の中《なか》の思《おも》ひは消《き》えむ物《もの》かは

【訳】　昔から、とても私と気が合って、親密に語り合い、夜となく昼となく、和歌を詠み交《か》わしたりした仲の女性がいた。長い時間が経《た》つと、二人がしょっちゅう顔を合わせることもなくなり、かつてのように頻繁にやり取りすることはなくなった。それでも、途絶《とだ》えることなく交際は続いていた。その女性が、越前《えちぜん》（福井県の東部）の国司の妻となって、任国に下っていった後は、ぱったりと、音信不通になってしまった。私はそれが残念でならなかったので、たまたま越前に下る用事のある人がいたので、その人にことづけて、懐かしい女友だちに和歌を贈った。まず、私の歌。

（孝標の女）絶《た》えざりし思《おも》ひも今《いま》は絶《た》えにけり越《こし》の辺《わた》りの雪《ゆき》の深《ふか》さに

（私たち二人の間で燃えていた「思ひ」（友情）という「火《ひ》」は、今では完全に燃え尽き、消えてしまいましたね。あなたが雪深いことで知られる越前の国に赴かれて以来。雪の冷たさが、あなたの心から「思ひ」（友情）という熱い「火」を消してしまったのでしょうか。種火《たねび》は、まだ残っていませんか。）

こう詠んだところ、先方からは、次のように返事があった。

（越前の友）白山《しらやま》の雪《ゆき》の下《した》なる細石《さざれいし》の中《なか》の思《おも》ひは消《き》えむ物《もの》かは

（越《こし》の国にある白山《はくさん》は、今は冬ですから、白く冷たい雪にあたり一面が覆《おお》われていますけれども、雪の下に埋《う》もれている、ちっぽけな石には、火山である白山が雪に埋もれても内部に巨大な火を宿しているように、石の中で「思ひ」（友情）という熱い「火」を燃やし続けているのですよ。今は、あなたと頻繁に文通できる環境にいないだけで、あなたへの「思ひ」を忘れているわけではありません。）

［評］　祐子内親王家での宮仕え仲間であろうか。【66　冬の女房生活日誌・その三】で、女房の休息所である局の仕切りを開け放って語り合ったという女房仲間かもしれない。『更級日記』の作者は、父親も夫も受領だった。同僚の女房もまた、おそらく受領の娘として生まれ、受領の妻となり、受領の母となって生きてゆくのだろう。

「石の中の火」の喩えは、面白い。禅語にも、「石中《せきちゅう》、火あり、打たざれば発せず」というものがある。「火打ち石」という石の中に火は内在しているが、打ち合わせなければ火は発生しない、という意味だろう。心の中に「思ひ（友情）」という「ひ（火）」は燃えていても、それを言葉として口にしたり、文字に書き記したりしなければ、「思ひ（友情）」という「ひ（火）」が存在することは証明できない。そのことを、菅原孝標女は相手に訴えたのである。

なお、『源氏物語』の作者である紫式部も、父親の赴任地である越前に下ったことがあり、「白山」を詠んだ歌を残している。『源氏物語』蓬生《よもぎう》巻にも、雪が深いことに関連して「越《こし》の白山《しらやま》」が出てくる。

## 77 西山で孤独を思う

三月《やよひ》の朔日頃《ついたちごろ》に、西山《にしやま》の奥《おく》なる所《ところ》に行《い》きたる、人目《ひとめ》も見《み》えず、長閑長閑《のどのど》と霞《かす》み渡《わた》りたるに、哀《あは》れに、心細《こころぼそ》く、花《はな》ばかり、咲《さ》き乱《みだ》れたり。

（孝標の女）里遠《さととほ》み余《あま》り奥《おく》なる山路《やまぢ》には花見《はなみ》にとても人来《ひとこ》ざりけり

［訳］　越前の国司の妻となって去った友だちもそうだったが、親身に話し合う友が近く

にいないという孤独な状況は、まことに辛《つら》いものがある。

三月の月初《つきはじ》めの頃に、西山《にしやま》の奥まで行ったことがある。ここには、かつて亡父が常陸《ひたち》の国から任期を終えて上京してからしばらく、亡母も含めて、家族で暮らしたことがあった。その父も母も、今はいない。

西山の奥には、人影も見えず、人の声も聞こえなかった。春霞がのどやかに棚引いていて、桜の花ばかりが、美しく、だけれども心細そうに、咲き乱れていた。この桜は、誰にも見られず、誰にも誉《ほ》められずに咲いている。私は、そんな桜の花に、いつしか自分自身の孤独を投影させていた。


（孝標の女）里遠《さととほ》み余《あま》り奥《おく》なる山路《やまち》には花見《はなみ》にとても人来《ひとこ》ざりけり

（今、私がいる西山は、人が住んでいる場所からはあまりにも遠いので、こんな山奥までは、いくら桜の花が美しいからと言って、誰も来てくれない。私も、花も、孤独を嚙みしめている。）


【評】相談できる女友達が、身近にいない辛さが語られている。

「長閑長閑《のどのど》と」が、きわめて「のどか」である意味だということは、文脈から容易にわかるが、珍しい言葉である。古語辞典でも、「のどのど（と）」の用例として、『更級日記』のこの箇所を挙げているものがある。それ以前には、少ないのだろう。源順《みなもとのしたごう》に、「長閑長閑《のどのど》と匂《にほ》へ我《わ》が宿桜花《やどさくらばな》をりからす人来《ひとこ》ぬ山里《やまさと》に」という歌があるが、これは超絶技巧を駆使した「碁盤歌《ごばんうた》」の一首であり、下の句の意味が解釈しにくい。「のんびりと」という意味の「のどのど」は説話などに用例があるが、「のどか」という意味の「のどのど」はきわめて珍しい。

## 78　太秦《うずまさ》に籠もる

世《よ》の中《なか》、難《むつか》しう覚《おぼ》ゆる頃、太秦《うづまさ》に籠《こ》もりたるに、宮《みや》に語《かた》らひ聞《き》こゆる人《ひと》の御許《おんもと》より、文《ふみ》有《あ》る、返《かへ》り事《ごと》、聞《き》こゆる程《ほど》に、鐘《かね》の音《おと》の聞《き》こゆれば、

（孝標の女）繁《しげ》かりし憂《う》き世《よ》の事《こと》も忘《わす》られず入相《いりあひ》の鐘《かね》の心細《こころぼそ》さに

と書《か》きて、遣《や》りつ。

［訳］　夫との夫婦仲も、宮仕えも、うまくいっていない時期があり、いっそ世の中との

交わりを断とうかとまで思い詰《つ》めたことがあった。その頃、太秦にお籠もりして、自分の心の整理をしようと思っていたところ、祐子内親王様のお屋敷で宮仕えしている時に、私と親しくしていたお方から、手紙をもらった。そんなに思い詰めないで、こちらにも顔を出すように、という内容だった。それへの返事をお書きしている時に、ちょうど鐘の音が聞こえてきたので、心に浮かんだ歌があった。

（孝標の女）繁《しげ》かりし憂《う》き世の事《こと》も忘《わす》られず入相《いりあひ》の鐘《かね》の心細《こころぼそ》さに

（夫や子どもたちのことでも、宮仕えのことでも、辛かったことの多い我が身の煩悩《ぼんのう》を思い切ろうとして、私はこの太秦の広隆寺《こうりゅうじ》に来ています。今も、日暮れのことゆえ、入相《いりあい》の鐘が鳴っていますが、その響きの何と心細いことでしょう。この鐘の音を聞いただけで、煩悩が消えるどころか、自分を苦しめている事柄《ことがら》が、いくつも心に浮かんできて、耐えきれそうにありません。）

こう書いて、先方には送り返した。

【評】　この「世の中」は、夫婦関係なのか、それとも夫婦関係に限定されない「世の中」なのか。それとも、宮仕えの悩みなのか。おそらく、全部含んでいるのだろう。祐子内親王のコネで、夫の橘俊通を、立派な国の国司に任命してほしいのに、なかなか成功しない。それやこれやで、夫との仲や、祐子内親王家との関係がこじれたのかもしれない。だからこそ、おそらく受領階級の夫を持つ宮仕えの仲間からの励ましの手紙がうれしかったのだろうし、彼女に「私の辛さは簡単には消えません」と甘えたくもなったのだろう。

なお、『枕草子』に、次のような段があり（『春曙抄』本による）、状況が似ている。

《清水《きよみづ》に籠《こ》もりたる頃《ころ》、蜩《ひぐらし》の、いみじう鳴《な》くを、哀《あは》れと聞《き》くに、態《わざ》と、御《おん》使《つか》ひして、宣《のたま》はせたりし。唐《から》の紙《かみ》の、赤《あか》みたるに、

（中宮定子）「山近《やまちか》き入相《いりあひ》の鐘《かね》の声毎《こゑごと》に恋《こ》ふる心《こころ》の数《かず》は知《し》るらむものを。こよなの、長居《ながゐ》や」と、書《か》かせ給《たま》へる。紙《かみ》などの無礼《なめ》気《げ》ならぬも、取《と》り忘《わす》れたる旅《たび》にて、紫《むらさき》なる蓮《はちす》の花弁《はなびら》に、書《か》きて、参《まゐ》らする。》

# 79　同僚の女房たちとの友情

うらうらと長閑《のどか》なる宮《みや》にて、同《おな》じ心《こころ》なる人《ひと》、三人《みたり》許《ばか》り、物語《ものがたり》などして、罷《まか》でて、又《また》の日《ひ》、徒然《つれづれ》なる儘《まま》に、恋《こひ》しう、思《おも》ひ出《い》でらるれば、二人《ふたり》の中《なか》に、

（孝標の女）袖《そで》濡《ぬ》るる荒磯波《あらいそなみ》と知《し》りながら共《とも》に潜《かづ》きをせしぞ恋《こひ》しき

と聞《き》こえたれば、

（女房仲間）荒磯《あらいそ》は漁《あさ》れど何《なに》の貝無《かひな》くて潮《うしほ》に濡《ぬ》るる海女《あま》の袖《そで》かな

今一人《いまひとり》、

（別の女房仲間）海松布生《みるめお》ふる浦《うら》に有《あ》らずは荒磯《あらいそ》の波間数《なみまかぞ》ふる海女《あま》も有《あ》らじを

同《おな》じ心《こころ》に、斯様《かやう》に言《い》ひ交《か》はし、世《よ》の中《なか》の、憂《う》きも、辛《つら》きも、をかしきも、互《かたみ》に、言《い》ひ語《かた》らふ人《ひと》、筑前《ちくぜん》に下《くだ》りて後《のち》、月《つき》の、いみじう明《あ》かきに、斯様《かやう》なりし夜《よ》、宮《みや》に参《まゐ》りて、会《あ》ひては、つゆ微睡《まどろ》まず、眺《なが》め明《あ》かいし物《もの》を、恋《こひ》しく思《おも》ひつつ、寝入《ねい》りにけり。宮《みや》に参《まゐ》り、会《あ》ひて、現《うつつ》に、有《あ》りし様《やう》にて有《あ》り、と見《み》て、打《う》ち驚《おどろ》きたれば、夢《ゆめ》なりけり。月《つき》も、山《やま》の端近《はちか》う、成《な》りにけり。（孝標の女）「覚《さ》めざらましを」と、いと眺《なが》められて、

（孝標の女）夢覚《ゆめさ》めて寝覚《ねざめ》の床《とこ》の浮《う》く許《ばか》り恋《こ》ひきと告《つ》げよ西《にし》へ行《ゆ》く月《つき》

【訳】 春のお日様がうららと照っていて、のどかな空気に包まれた祐子内親王家に、久しぶりに出仕した。人生観や価値観を共有している親しい三人だけで、世間話をしていると、話題は尽きることがなかった。宮様のお屋敷を退出した次の日、楽しい語らいをする人が身の周りには誰もいないので、所在なく、昨日まで、話し相手になってくれた二人のことが思い出され、恋しくなったので、その二人に詠み贈った。

（孝標の女）袖濡《そでぬ》るる荒磯波《あらいそなみ》と知《し》りながら共《とも》に潜《かづ》きをせしぞ恋《こひ》しき

（海女《あま》たちは、波の荒い磯《いそ》で海に潜《もぐ》って仕事をすると、着ている物が波に濡れてしまうことを知っています。私たちも、宮仕えをすれば、たくさんの辛い目に遭《あ》って、海女のように、涙で袖が濡れることを知っていながら、一緒に女房として働いてきましたよね。私が、細々《ほそぼそ》とでも宮仕えを続けられたのは、あなたたちと一緒だったからです。）

すると、一人から返事があった。

（女房仲間）荒磯《あらいそ》は漁《あさ》れど何《なに》の貝無《かひな》くて潮《うしほ》に濡《ぬ》るる海女《あま》の袖《そで》かな

（海女たちが潮水で袖をびっしょり濡らしながら、獲物《えもの》を漁《あさ》っても、岩がごつごつした荒磯では「貝《かい》」一つ見つかりません。私たちも、苦しい思いに耐えて宮仕えしても、何の働き「甲斐《がい》」もなくて、苦しかったことです。）

もう一人も、海女の生活と女房勤めの日々を重ね合わせた返事を送ってきた。

（別の女房仲間）海松布《みるめ》生《お》ふる浦《うら》に有《あ》らずは荒磯《あらいそ》の波間《なみま》数《かぞ》ふる海女《あま》も有《あ》らじを

（「海松布《みるめ》」という海藻《かいそう》が生《は》えていなければ、海女たちも、荒磯に打ち寄せる波が、沖へと戻り始めてから再び押し寄せてくるまでの短い時間を見澄《みす》まして、獲物を獲《と》ろうとはしないでしょう。私たちも、あなたを含めて三人で、苦しい女房勤めの束《つか》の間《ま》の休息で、「見る目《みめ》」（会う機会）があったからこそ、この仕事を何とかやって来られたのだと思います。）

このように、同じ価値観と人生を持った者同士だからこそ、不思議と気の合う三人であった。三人が顔を合わせた時には、大は、政治の世界から、小は、自分たちの家族の問題まで、辛いことや、恨めしいこと、面白かったことなどを、三人が持ち寄っては、それをめぐっていつまでも語り合ったものだ。

その三人組の一人が、「夫が、筑前《ちくぜん》の国（福岡県の北西部）の国司になったので」と言って、九州まで下っていった。その後、月がたいそう明るく照っている晩があった。「こういう夜には、祐子内親王様のお屋敷で、女房同士として、一睡もすることなく、月に触発されて会話が尽きなかったものを」と、彼女のことを恋しく思っているうちに、いつの間にか、私は眠ってしまっていたようだ。夢の中で、内親王家のお屋敷に上ると、筑前の国にいるはずの彼女がいた。久しぶりに会った彼女は、筑前の国に下る以前とまったく変わっていなかった。と思った途端に目が覚めた。すべては、夢だったのである。いつの間《ま》にか、空に架かっていた月も、西の山の端《は》に沈もうかとする頃だった。私は、「思《おも》ひつつ寝《ぬ》ればや人《ひと》の見《み》えつらむ夢《ゆめ》と知《し》りせば覚《さ》めざらましを」という小野小町《おののこまち》の和歌を思い出し、目が覚める以前にも増して、筑前にいる友のことを思い続けたのだった。小町の歌は、「恋しい人のことを思いながら眠ったので、自分の心が通じて、夢の中に恋しい人が現れてくれた。それが夢だとわかっていたら、ずっと覚めないで、あの人と逢い続けていたかった」という意味である。

そして、歌を詠んだ、

（孝標の女）夢覚《ゆめさ》めて寝覚《ねざめ》の床《とこ》の浮《う》く許《ばか》り恋《こ》ひきと告《つ》げよ西《にし》へ行《ゆ》く月《つき》

（西へ沈もうとしている月よ、お前は、ずっと私がどんな思いで日々を過ごしているか、空の上から見ていたことだろう。ならば、どこまでも西へ向かって旅をして、筑前の国にいる友を見つけて、彼女に告げておくれ。都では、私があなたの夢を見て喜んだのも束《つか》の間《ま》、目が覚めてからあなたを恋しくて泣き始めた涙が止まらず、とうとう寝床が涙の水に浮いてしまうほどになってしまった、と。）

【評】作者が詠んだ「袖濡《そでぬ》るる荒磯波《あらいそなみ》と知《し》りながら共《とも》に潜《かづ》きをせしぞ恋《こひ》しき」の歌は、『源氏物語』葵《あおい》巻で、六条御息所《ろくじょうのみやすどころ》が詠んだ歌を意識している。

袖濡《そでぬ》るるこひぢとかつは知《し》りながら下《お》り立《た》つ田子《たご》のみづからぞ憂《う》き

「こひぢ」は、「泥土《こひぢ》」と「恋路《こひぢ》」の掛詞であり、「みづから」には「水《みづ》」と「自《みづか》ら」が掛けられている。「袖濡《そでぬ》るる……と知《し》りながら」という構文が『源氏物語』と『更級日記』とでは一致しているし、「田子」（農夫）を「海女」に変えれば、たちどころに『更級日記』の歌が出現する。六条御息所が苦しんでいた恋の泥沼を、孝標女は「宮仕えの苦しさ」に喩えて歌っているのだ。

また、孝標女が詠んだ「夢覚《ゆめさ》めて寝覚《ねざめ》の床《とこ》の浮《う》く許《ばか》り恋《こ》ひきと告《つ》げよ西《にし》へ行《ゆ》く月《つき》」の歌は、『紫式部集』に見られる歌とも似通っている。

（筑紫へ行く人）西《にし》の海《うみ》を思《おも》ひ遣《や》りつつ月見《つきみ》れば唯《ただ》に泣《な》かるる頃《ころ》にもあるかな

（紫式部）西《にし》へ行《ゆ》く月《つき》の便《たよ》りに玉章《たまづさ》の書《か》き絶《た》えめやは雲《くも》の通《かよ》ひ路《ぢ》

受領の娘、受領の妻、受領の母たちは、北へも、東へも、そして西へも行かねばならない。

## 80　和泉の国への舟旅

然《さ》るべき様《やう》有《あ》りて、秋頃《あきごろ》、和泉《いづみ》に下《くだ》るに、淀《よど》と言《い》ふよりして、道《みち》の程《ほど》の、をかしう、哀《あは》れなる事《こと》、言《い》ひ尽《つ》くすべうも有《あ》らず。

高浜《たかはま》と言《い》ふ所に、留《とど》まりたる夜《よ》、いと暗《くら》きに、夜《よ》、甚《いた》う更《ふ》けて、舟《ふね》の楫《かぢ》の音《おと》、聞《き》こゆ。問《と》ふなれば、遊女《あそび》の来《き》たるなりけり。人々《ひとびと》、興《きよう》じて、舟《ふね》に、差《さ》し着《つ》けさせたり。遠《とほ》き火《ひ》の光《ひかり》に、単衣《ひとへ》の袖《そで》、長《なが》やかに、扇《あふぎ》、差《さ》し隠《かく》して、謡《うた》、歌《うた》ひたる、いと哀《あは》れに見《み》ゆ。

又《また》の日《ひ》、山《やま》の端《は》に、日《ひ》の掛《か》かる程《ほど》、住吉《すみよし》の浦《うら》を過《す》ぐ。空《そら》も一《ひと》つに霧《き》り渡《わた》れる、松《まつ》の梢《こずゑ》も、海《うみ》の面《おもて》も、波《なみ》の寄《よ》せ来《く》る渚《なぎさ》の程《ほど》も、絵《ゑ》に描《か》きても、及《およ》ぶべき方《かた》無《な》う、面白《おもしろ》し。

（孝標の女）如何《いか》に言《い》ひ何《なに》に喩《たと》へて語《かた》らまし秋《あき》の夕《ゆふ》べの住吉《すみよし》の浦《うら》

と見《み》つつ、綱手《つなで》引《ひ》き過《す》ぐる程《ほど》、返《かへ》り見《み》のみせられて、飽《あ》かず覚《おぼ》ゆ。

冬《ふゆ》に成《な》りて、上《のぼ》るに、大津《おほつ》と言《い》ふ浦《うら》に、舟《ふね》に乗《の》りたるに、其《そ》の夜《よ》、雨《あめ》・風《かぜ》、岩《いは》も動《うご》く許《ばか》り、降《ふ》り乱《ふ》吹《ぶ》きて、雷《かみ》さへ鳴《な》りて轟《とどろ》くに、波《なみ》の立《た》ち来《く》る音《おと》なひ、風《かぜ》の吹《ふ》き惑《まど》ひたる様《さま》、恐《おそ》ろし気《げ》なる事《こと》、「命《いのち》、限《かぎ》りつ」と、思《おも》ひ惑《まど》はる。丘《をか》の上《うへ》に、舟《ふね》を引《ひ》き上《あ》げて、夜《よ》を明《あ》かす。雨《あめ》は、止《や》みたれど、風《かぜ》、猶《なほ》、吹《ふ》きて、舟《ふね》、出《い》ださず。行方《ゆくへ》も無《な》き丘《をか》の上《うへ》に、五日六日《いつかむいか》と、過《す》ぐす。辛《から》うじて、風《かぜ》、些《いささ》か止《や》みたる程《ほど》、舟《ふね》の簾《すだれ》、捲《ま》き上《あ》げて、見渡《みわた》せば、夕潮《ゆふしほ》、唯満《ただみ》ちに満《み》ち来《く》る様《さま》、取《と》りも敢《あ》へず。入江《いりえ》の鶴《たづ》の、声惜《こゑを》しまぬも、をかしく見《み》ゆ。国《くに》の人々《ひとびと》、集《あつ》まり来《き》て、（現地の人）「其《そ》の夜《よ》、此《こ》の浦《うら》を出《い》でさせ給《たま》ひて、石津《いしづ》に着《つ》かせ給《たま》へらましかば、やがて、此《こ》の御舟《おんふね》、名残《なごり》無《な》く成《な》りなまし」など言《い》ふ、心細《こころぼそ》う、聞《き》こゆ。

（孝標の女）荒《あ》るる海《うみ》に風《かぜ》より先《さき》に舟出《ふなで》して石津《いしづ》の波《なみ》と消《き》えなましかば

**［訳］** さまざまな物詣《ものもうで》の思い出を中心に、私の三十代後半から四十代前半の人生を振り返ってきたが、その回想の最後に、和泉《いずみ》の国（大阪府の南部）への旅の思い出を書き記しておきたい。私が四十二歳の時（永承四年、一〇四九）に、兄の定義《さだよし》が和泉の守となって、赴任していった。そこを訪ねたのである。

都を出発したのは、秋だった。「淀《よど》」（京都市伏見区淀町）という渡し場から、舟に乗った。

舟の中から、淀川の両岸に開けている秋景色は、とても素晴らしいものだったので、道中、まったく退屈しなかった。感興は、筆舌に尽くしがたいものがあった。

淀川を下った水無瀬《みなせ》のあたりに「高浜《たかはま》」（大阪府三島郡島本町）という船着き場があり、そこに停泊した。その夜は月もなく、とても暗かったが、ひどく夜が更《ふ》けてから、私たちの乗っている舟に漕ぎ寄ろうとしている舟楫《ふなかじ》の音が聞こえてきた。従者が、「来たのは誰か」と尋ねている声が聞こえてきた。その返事も聞こえてきたが、何と、遊女が舟に乗って近づいてきたのだった。この高浜は、「江口《えぐち》」（大阪市東淀川区）と並び、遊女で名高い所だった。男たちは面白がって、遊女たちの乗った小舟を、自分たちの舟に着けさせた。私が見ていると、燈火が遠いので、はっきりとは見えないのだが、かえってぼんやりした明かりに風情があった。彼女たちの単衣《ひとえ》の袖の部分は長く垂らしてあり、扇で顔を隠して、謡《うた》を披露している。その姿が、とてもしみじみと感じられた。

その翌日も、船旅を続けた。西の山の端《は》に夕陽が沈みそうになる頃、有名な「住吉《すみよし》の浦《うら》」を過ぎた。ここは、住吉大社（大阪市住吉区）の近くで、古来、多くの歌人たちが和歌を詠んできた。何よりも、『源氏物語』の光る君が、明石の君と結ばれたのも、この住吉明神のお力《ちから》だった。明石の入道は、住吉明神から授かった不思議な夢を信じて、我が娘を光る君と娶《めあわ》せ、二人の間に生まれた姫君が「国母《こくぼ》」（天皇の母親）となる無上の幸福を手に入れた。私は、天照大神《あまてらすおおみかみ》をめぐる不思議な夢を何度も見てきた。私も、『源氏物語』における明石の入道のような立場に立つことが、果たしてできるのだろうか。

住吉の浦は、海も空も、ひとしなみに霧が立ちこめている。「住吉の松」は、和歌に良く詠まれている。その松の梢《こずえ》の緑も、海の表面の青も、浜辺に寄せてくる波の白も、目に鮮やかで、絵に描こうとしても描き尽くしきれない素晴らしさである。

（孝標の女）如何《いか》に言《い》ひ何《なに》に喩《たと》へて語《かた》らまし秋《あき》の夕《ゆふ》べの住吉《すみよし》の浦《うら》

（この素晴らしさは、どのような言葉で表現したらよいのだろうか。そして、この素晴らしさを、どのようなものに喩えれば、ここにいない人にも伝えられるのだろうか。そのことが見当もつかないほどに、住吉の浦の秋の夕暮れの美しさは、神韻縹渺《しんいんひょうびょう》としている。）

私がこのような和歌を口ずさんだのは、『伊勢物語』第六十八段で、住吉の浜をめぐって、

雁鳴《かりな》きて菊《きく》の花咲《はなさ》く秋《あき》はあれど春《はる》の海辺《うみべ》に住吉《すみよし》の浜《はま》

（住吉の浜は、雁《かり》が鳴き、菊の花が咲く秋も風情があって素晴らしいが、春の海辺を見ると、春が一番だと感じられる。）

という歌が詠まれていることに対して、異議申し立てをしたかったからである。秋の住吉

の浜の素晴らしさに驚嘆した者として、どうしても秋の住吉の浜を称賛したかった。私は、住吉の浦の秋の情緒に、ずっと浸っていたかったけれども、舟はどんどん住吉から遠ざかっていった。『源氏物語』須磨《すま》巻には、「筑紫《つくし》の五節《ごせち》」という女性が、光る君のいる須磨の浦を立ち去りがたく思ったけれども、彼女の乗った舟を操縦するための綱手は引かれ、やがて遠ざかったという場面がある。この箇所を私は思い出し、物語の世界の出来事に、改めてリアリティを感じたことだった。

和泉の国には、冬まで滞在した。いよいよ都に戻ることになり、「大津《おおつ》」(大阪府泉大津市)という浦から舟に乗った。ところが、その夜から、雨風が激しく吹き荒れたのである。誇張ではなくて、大きな岩までが吹き飛ばされそうな勢いの暴風だった。雷までが鳴りとどろき、波が衝撃音を伴って打ち寄せてくる響きもものすごく、風の勢いも治まるどころか募《つの》る一方で、私は心から恐怖を感じ、ここで私の寿命もとうとう尽きてしまった、とまで覚悟した。『源氏物語』須磨の巻末で暴風雨と高潮に襲われた光る君の恐怖が、今の私の身の上に起きたのだ。人々は、舟が沖へ流されないように、高い丘の上に引き上げて、嵐の一夜を明かした。その夜は何とか明けたけれども、風はさらに吹き募るので、舟を漕ぎ出すこともできない。進むに進めず、戻るに戻れず、この丘の上で五日も六日も、無駄に過ごした。やっとのことで、風の勢いが少し弱まった時間帯に、舟の中で私たちが過ごしている屋形《やかた》の簾《すだれ》を巻《ま》き上げて、外の景色を眺め渡したところ、夕潮がものすごい勢いでひたすら満ちて来ている。それまで入江に羽を休めていた鶴《たず》たちが、突然に居場所を満潮《みちしお》に奪われたため一斉に飛び立ち、声の限りに鳴きしきっているようすも、面白く感じられた。というのは、『源氏物語』の澪標《みおつくし》巻で、光る君と明石の君とが住吉の浦で行き違う場面で、「入江の鶴《たづ》」が鳴きしきる情景が印象的だからだ。私は、ここでまたしても、『源氏物語』の世界が自分の生きている世界と「地続き」であることを痛感したのだった。兄の部下に当たる和泉の国の国庁《こくちょう》の役人たちがやってきて、「いやあ、あの晩に、この大津の浦をお漕ぎ出されになって、「石津《いしづ》」（大阪府堺市）の港に向かっていらっしゃったならば、そのまま この御舟は、あとかたもなく海の藻屑《もくず》と消えていたことでございましょう」などと言うのを、私は不安な気持ちで聞いていた。そのような思いを歌に詠んだ。

（孝標の女）荒《あ》るる海《うみ》に風《かぜ》より先《さき》に舟出《ふなで》して石津《いしづ》の波《なみ》と消《き》えなましかば

（荒れ始めた海に、まだ風が強く吹いていないからといって船出をしていたのならば、石津の波間に消えてしまったことだろう。そうなったなら、と思うだけで、心が震《ふる》えることだ。）

［評］ この時に作者が感じた「心の震え」は、やがて現実のものとなって、作者を襲った。それが、『更級日記』の最後のテーマとなる「夫の死」である。

「和泉《いずみ》の国」への「逍遙《しょうよう》」は、『伊勢物語』の第六十七段と第六十八段でも語られている。ただし、第六十七段では「河内《かわち》の国」で歌を詠み、第六十八段では「摂津の国」の「住吉《すみよし》の郡《こおり》」で歌を詠んでいる。『更級日記』でも、和泉の国に滞在中の思い出は省略されていて、往路と復路の思い出が書かれている。『伊勢物語』と同じような書き方である。

「高浜」では、遊女に対する観察が鋭い。箱根でもそうだったが、作者には「遊女」という存在に引きつけられる心性があるのだろう。そのことと、夢で何度も神仏のお告げを受けていることとは、決して無関係ではないと思う。どちらも、作者に非日常の世界を垣間見せてくれるものだからだ。

嵐の描写は、『源氏物語』野分《のわき》巻をも重ねている。『更級日記』の「雨《あめ》・風《かぜ》、岩《いは》も動《うご》く許《ばか》り、降《ふ》り乱《ふ》吹《ぶ》きて」という箇所は、野分巻の、「風《かぜ》こそ、実《げ》に、巌《いはほ》も吹《ふ》き上《あ》げつべき物《もの》なりけれ」を踏まえている。野分巻では、木の枝や、屋根の瓦《かわら》までが飛んでいる。また、『更級日記』の「雷《かみ》さへ鳴《な》りて轟《とどろ》くに、波《なみ》の立《た》ち来《く》る音《おと》なひ、風《かぜ》の吹《ふ》き惑《まど》ひたる様《さま》、恐《おそ》ろし気《げ》なる事《こと》、『命《いのち》、限《かぎ》りつ』と、思《おも》ひ惑《まど》はる」の箇所は、『源氏物語』須磨巻の「雷《かみ》、鳴《な》りひらめく」や「かくて世《よ》は尽《つ》きぬるにや」、明石《あかし》巻の「雷《かみ》の鳴《な》りひらめく」や「世《よ》は尽《つ》きぬべきにや」などとある場面を重ねている。

# VIII 姨捨山の月……物語を求め続けて、今

五十歳から五十二歳

## 81 夫、信濃の国司となる

世《よ》の中《なか》に、とにかくに、心《こころ》のみ尽《つ》くすに、宮仕《みやづか》へとても、元《もと》は、一筋《ひとすぢ》に仕《つかうまつ》り付《つ》かばや、如何《いか》が有《あ》らむ。時々《ときどき》、立《た》ち出《い》でば、何《なに》なるべくもなかンめり。齢《とし》は、やや時過《さだす》ぎ行《ゆ》くに、若々《わかわか》しき様《やう》なるも、付無《つきな》う覚《おぼ》え成《な》らるるうちに、身《み》の病《やまひ》、いと重《おも》く成《な》りて、心《こころ》に任《まか》せて、物詣《ものまうで》などせし事《こと》も、えせず成《な》りたれば、邂逅《わくらば》の立《た》ち出《い》でも絶《た》えて、永《なが》らふべき心地《ここち》もせぬ儘《まま》に、（孝標の女）「幼《をさな》き人々《ひとびと》を、如何《いか》にも、如何《いか》にも、我《わ》が有《あ》らむ世《よ》に、見置《みお》く事《こと》もがな」と、臥《ふ》し起《お》き、思《おも》ひ嘆《なげ》き、頼《たの》む人《ひと》の慶《よろこ》びの程《ほど》を、心許無《こころもとな》く、待《ま》ち嘆《なげ》かるるに、秋《あき》に成《な》りて、待《ま》ち出《い》でたる様《やう》なれど、思《おも》ひしには有《あ》らず、いと本意無《ほいな》く、口惜《くちを》し。

親《おや》の折《をり》より、立《た》ち帰《かへ》りつつ見《み》し東路《あづまぢ》よりは、近《ちか》き様《やう》に聞《き》こゆれば、如何《いか》がはせむにて、程《ほど》も無《な》く、下《くだ》るべき事《こと》ども、急《いそ》ぐに、門出《かどで》は、娘《むすめ》なる人《ひと》の、新《あたら》しく渡《わた》りたる所《ところ》に、八月《はづき》十余日《とをかあまり》に、す。後《のち》の事《こと》は知《し》らず、其《そ》の程《ほど》の有様《ありさま》は、物騒《ものさわ》がしきまで、人多《ひとおほ》く、勢《いきほ》ひたり。

［訳］　早いもので、私は五十歳になっていた。天喜《てんぎ》五年（一〇五七）のことである。夫（橘俊通）は、下野《しもつけ》の国の国司の任を終えた後、十二年近くも次の任地が決まらなかったので、我が家の倉に満ちあふれていた財産も、いささか心細くなってきていた。

この世を生きてゆくこと、あるいは、この世に生きていることは、こんなにも苦しみが続くものかと溜息が出るほどに、悩みの種は尽きない。私の宮仕えにしても、それを最初から自分の天職とする覚悟で熱心に勤めていたのならば、どうだったのだろうか。今の私よりも、もっと幸福な人生がありえたのではないだろうか。ところが、実際の私ときた日には、時たま、思い出したかのようにとびとびにしか出仕しなかったので、宮仕えがもたらす可能性のあった「女の幸福」などは、得られるべくもなかった、と結論してもよいようだ。

私の年齢は、積もる一方で、少しずつ「女の盛り」が過ぎ去ってゆく。気持ちだけは若いつもりで、若い人たちに交じって振る舞うのも、みっともないことだと、思わされることが多くなった。年齢は正直なもので、私の体はあちこちにガタが来て、病気がちになり、しかもその病気がだんだんひどくなってきた。三十歳代後半から四十歳代にかけては、物詣《ものもうで》の旅を何度も思い立ったけれども、もう遠いところまで参拝することはできなくなった。それどころか、ごく稀《まれ》に外出することさえ難儀になってしまった。もう私の人生は終わりが近いのか、という心境である。私が心の中で願うことと言えば、「私の生んだ子どもたちが、まだ幼いので、どうにかして、本当にどうにかして、自分の目が黒いうちに、彼らが一人前の大人になるのを見届けたい」ということだけを、明け暮れ、嘆くのだった。子どもたちが立派になるには、経済的な基盤が必要で、そのためにも、十二年間も任国が決まらない夫に、早く次の国司の任命があってほしいが、今年もまた駄目だろうかと、大いなる不安に駆られながら待ち続けた。

その年、つまり私が五十歳になった年の秋、七月三十日に、夫の俊通《としみち》は、五十六歳で、信濃《しなの》の国の国司に任命された。待ち遠しかった待望の慶事が、やっと我が家に訪れたのだが、都から近い国ではなかった。願っていた国ではなかったのが不本意で、そういう運命に対して、文句の一つも言いたくなる。

けれども、私の亡き父親が任国として都と往還した上総《かずさ》の国や常陸《ひたち》の国、さらに夫の以前の赴任地である下野の国よりは都に近い所に信濃の国はあると聞いているので、「この運命を受け容《い》れるしかないだろう」というように思いを奮い起こして、まもなく夫が信濃の国へ下向する準備を急いだ。実際の出発に先立ち、私の娘が、最近結婚して、その夫と共に暮らすために新築した家に移ることになり、そこへの「門出」は八月の中旬に行った。その後の私たち夫婦には、いったい何が起こるのか、神ならぬ人間にはわかるはずもなかったが、この門出のようすは、人々がたくさん集まって、会話が大声で飛び交《か》い、活気溢れる盛大なものだった。

［評］　信濃の国と言えば、『伊勢物語』では第八段の「浅間《あさま》の嶽《たけ》」、『源氏物語』では帚木《ははきぎ》巻の「園原《そのはら》」が連想される。帚木は、遠くからは見えるけれども、近づいたら見えなくなってしまう不思議な木で、信濃の国の園原に生えているとされる。

それにしても、突然の「娘」の登場には驚かされる。それで、作者の産んだ娘ではなく、夫が他の女性との間に作った娘だとするのが有力である。その場合には、【78　太秦《うずまさ》に籠もる】の冒頭にある「世《よ》の中《なか》、難《むつか》しう覚《おぼ》ゆる頃」の「世の中」を、夫婦の中に限定して解釈することになる。

突然の登場は、『源氏物語』でもしばしば用いられる手法であり、「その頃、○○という人物がいた」というふうにして、宇治十帖では「八《はち》の宮《みや》」（橋姫《はしひめ》巻）や「横川《よかわ》の僧都《そうず》」（手習《てならい》巻）が、突然に登場してくる。『源氏物語』では、構想の問題であり、作者に新たな構想が芽生えた時に、新しい人物が突然に顔を出す。『更級日記』では、夫との結婚も明確に書かれていなかったことから明らかなように、その場面の描写に必要になった時に初めて、その存在が明らかにされる。

## 82　夫と息子の旅立ち、不吉な人魂《ひとだま》

二十七日《はつかあまりなぬか》に下《くだ》るに、男《をとこ》なるは、添《そ》ひて下《くだ》る。紅《くれなゐ》の、擣《う》ちたるに、萩《はぎ》の襖《あを》、紫苑《しをん》の織物《おりもの》の指貫《さしぬき》、着《き》て、太刀《たち》、佩《は》きて、後《しり》に立《た》ちて、歩《あゆ》み出《い》づるを、其《それ》も、織物《おりもの》の青鈍色《あをにびいろ》の指貫《さしぬき》、狩《かり》

衣《ぎぬ》、着《き》て、廊《らう》の程《ほど》にて、馬《むま》に乗《の》りぬ。罵《ののし》り満《み》ちて、下《くだ》りぬる後《のち》、こよなう徒然《つれづれ》なれど、送《おく》(人々)「いと甚《いた》う、遠《とほ》き程《ほど》ならず」と聞《き》けば、前々《さきざき》の様《やう》に、心細《こころぼそ》くなどは覚《おぼ》えで有《あ》るに、(送りの人々、又《また》の日《ひ》、帰《かへ》りて、(送りの人々)「いみじう煌々《きらきら》しうて、下《くだ》りぬ」など言《い》ひて、(送りの人々)「此《こ》の暁《あかつき》に、いみじく大《おほ》きなる人魂《ひとだま》の立《た》ちて、京様《きやうざま》へなむ来《き》ぬる」と語《かた》れど、(孝標の女)「供《とも》の人《ひと》などの、にこそは」と思《おも》ふ。忌々《ゆゆ》しき様《さま》に、思《おも》ひだに寄《よ》らむやは。

【訳】　八月二十七日、夫は正式に信濃の国に旅立った。私の子どものうち、男の子(仲《なか》俊《とし》)は、父親に付き添って、信濃に下ることになった。十五、六歳になった我が子の出で立ちは、母親である私の目には颯爽《さっそう》と映った。光沢のある紅色の衣に、萩《はぎ》(表が蘇芳《すおう》で、裏が青)の豪華な狩衣《かりぎぬ》を着て、紫苑《しおん》(経糸《たていと》が青、緯糸《よこいと》が濃紫《こむらさき》)の指貫《さしぬき》(袴)を履《は》き、太刀《たち》を腰に下げて、父親の後ろに付き従って歩き出した。前を歩くその父親(私の夫)は、指貫も狩衣もどちらも青鈍色《あおにびいろ》(青みを帯びた藍色《あいいろ》)で、年配者らしく落ちついた着こなしだった。もちろん、二人の着物は、私の見立てである。

寝殿造《しんでんづく》りの渡り廊下のところで、馬に乗った。一行が賑々《にぎにぎ》しく出立していった後は、家の中は静まりかえり、私には何もすることがなくなった。残った人々が、私に、「心配することはありません。信濃の国は、そんなにひどく遠いところではありませんから」と慰めごとを言って聞かせるので、これまで父親や夫の赴任を見送った時とは違って、不安に感じることもなかった。その翌日に、途中まで見送りに付いていった者たちが、屋敷に戻ってきた。彼らは、「まことにご立派で、綺羅綺羅《きらきら》しく、下ってお行きになりました」と報告してあとで、「そう言えば、今朝《けさ》、まだ暗いうちに、まことに大きな人魂《ひとだま》が現れて、都のほうへ飛んできたのです」と語る。人魂は、人間の命が亡くなる時に、その身体から脱けだして飛ぶとされる、青い火の玉のことである。私は一瞬、不吉な予感にとらわれたけれど、それがまさか私にとって大切な人の死の予兆であろうなどとは考えも及ばず、たくさん引き連れていった従者のうちの誰かの人魂であろうか、と軽く考えて済ませたのだった。

［評］　藤原定家の考証は、息子の仲俊の経歴をたどっており、寛治《かんじ》元年（一〇八七）に筑後権守《ちくごのごんのかみ》に任じられるまで書き記している。「人魂《ひとだま》」は、『万葉集』に用例があるが、人間の死の前兆としては、中世の『とはずがたり』にも見られる。辞書類では、「ひとだま」に「流星」という意味も

掲げられており、『更級日記』でも、夜空がまだ暗い時間帯に、流星が都の方角へ流れていったのではないか、という解釈もなされている。

## 83 夫の死

今《いま》は、（孝標の女）「如何《いか》で、此《こ》の若《わか》き人々《ひとびと》、大人《おとな》びさせむ」と思《おも》ふより外《ほか》の事《こと》、無《な》きに、返《かへ》る年《とし》の四月《うづき》に、上《のぼ》り来《き》て、夏《なつ》・秋《あき》も、過《す》ぎぬ。九月二十五日《ながつきはつかあまりいつか》より、患《わづら》ひ出《い》でて、十月五日《かみなづきいつか》に、夢《ゆめ》の様《やう》に見做《みな》いて思《おも》ふ心地《ここち》、世《よ》の中《なか》に、又《また》、類有《たぐひあ》る事《こと》とも覚《おぼ》えず。初瀬《はつせ》に、鏡奉《かがみたてまつ》りしに、臥《ふ》し転《まろ》び、泣《な》きたる影《かげ》の見《み》えけむは、此《これ》にこそは有《あ》りけれ。嬉《うれ》し気《げ》なりけむ影《かげ》は、来《き》し方《かた》も無《な》かりき。今行《いまゆ》く末《すゑ》は、有《あ》ンべい様《やう》も無《な》し。

二十三日《はつかあまりみか》、儚《はかな》く、雲《くも》・煙《けぶり》に為《な》す夜《よ》、去年《こぞ》の秋《あき》、いみじく仕立《した》て、傅《かしづ》かれて、打《う》ち添《そ》ひて下《くだ》りしを、見遣《みや》りしを、いと黒《くろ》き衣《きぬ》の上《うへ》に、忌々《ゆゆ》し気《げ》なる物《もの》を着《き》て、車《くるま》の供《とも》に、泣《な》く泣《な》く、歩《あゆ》み出《い》でて行《ゆ》くを、見出《みい》だして思《おも》ひ出《い》づる心地《ここち》、すべて、喩《たと》へむ方無《かたな》き儘《まま》に、やがて、夢《ゆめ》路《ち》に惑《まど》ひてぞ思《おも》ふに、其《そ》の人《ひと》や、見《み》にけむかし。

［訳］　夫が信濃の国に赴任してから後は、「どうにかして、私の子どもたちを、一人前に育てたい」ということだけが、私の人生の懸案になった。ところが、その翌年（天喜六年・康平《こうへい》元年、一〇五八）の四月に、夫は任地である信濃の国から、特にどこが悪いというわけではないようだが、ひどく体調を崩して、元気が無く、都に戻ってきた。夏と秋の期間は、一進一退を繰り返して、何とか乗り切った。

あと数日で秋も終わりという九月二十五日になって、みるみる体調が悪化した。それから、十日も経《た》たない十月五日、夫は、はかない夢が唐突に途切れるように、五十七歳の人生をあっけなく終えたのだった。それを茫然《ぼうぜん》と見守るしかなかった私の気持ちは、この世で味わった人がこれまで一人もいないであろう、悲しみの極致であった。夫の死を目の前にして、突然、一つの記憶が蘇ってきた。もう二十五年くらい昔のことになるが、亡くなった母親が直径が一尺もある鏡を鋳《い》させて、初瀬《はつせ》（長谷寺《はせでら》）の観音様に奉納したことがあった。その時に代参した僧は、私の喜びに満ちた姿と、悲しみに泣き崩れる姿が、二つながら鏡に映っている夢を見た、と報告したのだった。あの時、僧が見たという、身もだえて伏しまろび、泣きじゃくる姿は、今、五十一歳の私の人生で、現実のものとなった。あの時、僧が見たという、もう一つの私の喜ばしい姿は、これまでもなかったし、これからも実現することは、まず、あるだろうとも思われない。

十月二十三日の夜、夫の亡骸《なきがら》を荼毘《だび》に付した。この日、火葬された夫は、煙となって空に昇り、しばし雲となって漂った。葬儀に参列するため、息子が、黒い喪服を着て、見るからに忌《い》まわしい、袖無しの白衣を羽織《はお》って、亡骸を火葬場へと運んでゆく柩《ひつぎ》の車のお供をして、泣きながら歩いて行くのが見えた。去年の秋、豪華な衣装を着せてあげ、大勢に守られて、まだ元気だった夫の後から付き従い、意気揚々《ようよう》と信濃の国に旅立ってゆくのを見送った姿とはあまりにも対照的で、私は今日の息子を正視できなかった。あの時、私が感じた妻や母親としての晴れがましさを思い出すと、今の悲しさが喩えようもないほどに巨大に感じられる。私は、悲しみに打ちひしがれたまま、ずっと悪い夢を見ているような心境に留まっており、自分が現実世界に足を付けて生きているという実感が湧かない。そんな情け無い私を、雲となって昇った夫は、雲の上から見下ろして、どのように思っていたことだろうか。

［評］『源氏物語』には、「おどろおどろしからぬ病《やまひ》」という、不思議な病気がある。ここが悪い、ここが痛いという、明瞭な原因があるわけではない、ただ、そこはかとなく気分が優れず、それがいつまでも改善されないという病気である。こういう病気が、最も深刻であり、命に関わる重病である。夫の俊通の病気に関しては、信濃の冬の厳しさで体調を崩したのだろうと考えられているが、帰京した時には既に治癒不能の「おどろおどろしからぬ病」となっていたと、考えたい。

人間の死は、『源氏物語』では、「燈火《ともしび》が消える」「泡が消える」「露が消える」などと喩えられているが、死者を見送った人の視点に立つ時には「夢の心地《ここち》」とか「夢路《ゆめぢ》に惑《まど》ふ」という言い方が好まれる。

『更級日記』の「夢」は、神仏の不思議なお告げが語られる「霊的世界との通路」でもあり、生者と死者との間の「通路」でもあった。

死んでしまった夫であるが、「其《そ》の人《ひと》や、見《み》にけむかし」とある。『源氏物語』では、「天翔《あまが》ける」という言葉が、死者の霊魂が空を翔けりながら、下界に生きている者たちを見守っている、という意味で何度か用いられている。『更級日記』の場合は、火葬されて空に昇り、雲や煙となった亡夫の魂が、下界に残った作者たちを、天翔けりながら見ている、と感じたのだろう。

## 84　夢は、みんな壊れた

昔《むかし》より、由無《よしな》き物語《ものがたり》・和歌《うた》の事《こと》をのみ、心《こころ》に占《し》めて、夜《よる》・昼《ひる》、思《おも》ひて、行《おこな》ひをせましかば、いと斯《か》かる夢《ゆめ》の世《よ》をば、見《み》ずもや有《あ》らまし。初瀬《はつせ》にて、前《まへ》の度《たび》、（夢の中の声）「稲荷《いなり》より賜《たま》ふ験《しるし》の杉《すぎ》よ」とて、投《な》げ出《い》でられしを、出《い》でし儘《まま》に、稲荷《いなり》に詣《まう》でたらましかば、斯《か》からずや有《あ》らまし。

年頃《としごろ》、「天照御神《あまてるおほんかみ》を念《ねん》じ奉《たてまつ》れ」と見《み》ゆる夢《ゆめ》は、「人《ひと》の御乳母《おほんめのと》して、内裏《うち》辺《わた》りに有《あ》り、帝《みかど》・后《きさき》の御陰《おほんかげ》に隠《かく》るべき」様《さま》をのみ、夢解《ゆめと》きも合《あ》はせしかども、其《そ》の事《こと》は、一《ひと》つ叶《かな》はで、止《や》みぬ。唯《ただ》、悲《かな》し気《げ》なりと見《み》し鏡《かがみ》の影《かげ》のみ、違《たが》はぬ、哀《あは》れに、心憂《こころう》し。斯《か》うのみ、心《こころ》に物《もの》の叶《かな》ふ方《かた》無《な》うて、止《や》みぬる人《ひと》なれば、功徳《くどく》も作《つく》らずなどして、漂《ただよ》ふ。

［訳］私は昔から、正確には十三歳の時から、「物語」、そして、物語で大切な役割を果たしている「和歌」のことばかりを、大切な宝物だと心の中で信じ続けてきた。周囲の者たちは、「物語や和歌などは、人間が幸福になるためには何の役にも立たない。そんなつまらないものに騙《だま》されないで、本当の宝物は神様や仏様であることに気づきなさい」と忠告した。もしも私がその教えに従って、夜も昼も、ひたすら仏教のお勤めをし続けて、五十一歳になっていたならば、どうなっていただろう。少なくとも今、私が直面している夫の死という悲しい悪夢には、遭《あ》わずに済んでいたかもしれない。初瀬（長谷寺）には、私自身、二度もお籠もりをしたが、最初の折に、「これが伏見稲荷から授かった『験《しるし》の杉』じゃ」という声と共に、何かがこちらに投げ出された不思議な夢を見た。その時、都への帰路、直《ただ》ちに伏見稲荷大社に参拝していたら、縁起の良い夢のお告げが現実のものとなって、今のような不幸な思いはしなくとも済んだのではないか。

また、私が二十代の半ばからずっと、「天照大神《あまてらすおおみかみ》に祈り申し上げなさい」ということは、夢にも見たし、人からも言われてきた。夢解《ゆめと》き（夢の内容を解釈すること）を専門としている者に、この夢を占わせたところ、「高貴なお方様の御乳母《おんめのと》となって、天皇様やお后《きさき》様の篤《あつ》いご庇護を受けることになるであろうことの予兆である」という旨《むね》ばかり、判《はん》じたものだった。そのことは、まったく実現しないで終わってしまった。ただ、悲しげに泣き伏す鏡の一面だけが、現実のものとなってしまった。ああ、何と情けないことであろう。このように、何一つ心から願ったことが、実現せずに終わってしまう私は、「絶対の不如意《ふにょい》」という言葉を体現して生きてきたと言える。

私の人生は、失敗に終わるものとして、最初から決定していた。来世での往生に繋《つな》がるような功徳《くどく》も、何一つ作ることもせず、ふらふらと人生という水の上を、根無し草《ねなしぐさ》のように流されてきただけであった。

私は、『源氏物語』のヒロイン「浮舟《うきふね》」に憧れて生きてきた。今にして思う。私は「浮雲《うきぐも》」、あるいは「天雲《あまぐも》」だったのだ。雲のように、時間の中をはかなく漂いながら、これまで生きてきたし、これからも漂い続けるしかないのだろう。

［評］『更級日記』も最終場面に差しかかろうとする頃になって、これまで何度も書かれてきた「不思議な夢」の謎解きがなされた。霊夢は、作者が高貴なお方の「乳母《めのと》」になるという世俗的な生き方を意味していたのである。極楽往生ではなかった。いや、「夢」それ自体は、来世での往生につながる宗教的

な意味を持っていたのかもしれない。「夢解き」をした人が、乳母となる予兆だと解釈したのを、作者も信じたというのが、正確だろう。

高貴なお方の乳母となるには、自分のお乳が出ることが条件だから、自分自身の出産と、高貴なお方の誕生とが、同時に起きなければならない。

だから、結婚時期にも慎重にならざるを得ず、晩婚となり、橘俊通との結婚を決意したのが、三十三歳の時だったのかもしれない。

『源氏物語』に登場する明石の入道は、夢のお告げを信じ、光源氏の失脚と明石への来訪という、千載一遇の好機を摑《つか》み取った。そのような奇蹟が、『源氏物語』ならぬ現実世界では起きなかった、ということだろう。

## 85　阿弥陀仏の夢

さすがに、命《いのち》は、憂《う》きにも絶《た》えず、永《なが》らふめれど、（孝標の女）「後《のち》の世《よ》も、思《おも》ふに叶《かな》はずぞ有《あ》らむかし」とぞ、うしろめたきに、頼《たの》む事《こと》、一《ひと》つぞ有《あ》りける。天喜三年十月十三日《てんぎさんねんかみなづきとをかあまりみか》の夜《よ》の夢《ゆめ》に、居《ゐ》たる所《ところ》の家《や》の端《つま》の庭《には》に、阿弥陀仏《あみだぼとけ》、立《た》ち給《たま》へり。定《さだ》かには見《み》え給《たま》はず、霧一重《きりひとへ》、隔《へだ》たれる様《やう》に、透《す》きて見《み》え給《たま》ふを、せめて、絶間《たえま》に見奉《みたてまつ》れば、蓮華《れんげ》の座《ざ》の、土《つち》を上《あ》がりたる、高《たか》さ三尺《さんざく》・四尺《しさく》、仏《ほとけ》の御丈《おほんたけ》、六尺《ろくさく》ばかりにて、金色《こんじき》に光《ひか》り輝《かがや》き給《たま》ひて、御手《おほんて》、片《かた》つ方《かた》をば、広《ひろ》げたる様《やう》に、今片《いまかた》つ方《かた》には、印《いん》を作《つく》り給《たま》ひたるを、異人《ことひと》の目《め》には、見付《みつ》け奉《たてまつ》らず、我一人《われひとり》、見奉《みたてまつ》るに、さすがに、いみじく気恐《けおそ》ろしければ、簾《すだれ》の許近《もとちか》く、寄《よ》りても、え見奉《みたてまつ》らねば、仏《ほとけ》、（阿弥陀仏）「然《さ》は、此《こ》の度《たび》は帰《かへ》りて、後《のち》に、迎《むか》へに来《こ》む」と宣《のたま》ふ声《こゑ》、我《わ》が耳一《みみひと》つに聞《き》こえて、人《ひと》は、え聞《き》き付《つ》けず、と見《み》るに、打《う》ち驚《おどろ》きたれば、十四日《とをかあまりよか》なり。此《こ》の夢許《ゆめばか》りぞ、後《のち》の頼《たの》みとしける。

［訳］　夫の死によって、人の世の無常と、人間の命のはかなさを痛感した私ではあったが、まことに不思議なことに、どんなに生きることが辛《つら》くても、そう簡単には死なせてもらえないのが命であるということも、また、人の世の真実であった。ただし、私には自分が「生きている」という実感はない。何だか悪い夢を見ているような、ふわふわと空中を漂っているような気持ちで、命を永らえているだけである。私は、「こんなことでは、来世での極楽往生もできないだろう」と、不安でならない。だが、こんな私にでも、たった

一つだけではあるが、来世での幸福を得られるのではないかと、期待できる根拠があるのだ。そのことを、ここで書いておきたい。

時間は、夫の死の前までさかのぼる。あれは、手元にあるメモによれば、天喜《てんぎ》三年（一〇五五）十月十三日の夜のことだった。私が住んでいる屋敷の軒先の庭に、何と阿弥陀仏が立っていらっしゃる、という夢を見たのである。ただし、阿弥陀仏のお姿は、はっきりとは拝見申し上げることはできない。私と阿弥陀仏との間には、何か霧のようなものが薄く懸かっていて、その薄い霧のベールのようなものを通して、阿弥陀仏のお姿を透《す》かし見ることができたのだ。私は、必死に、霧のようなものの隙間《すきま》から、お姿を拝み続けた。阿弥陀仏は、「阿弥陀来迎図《あみだらいごうず》」に描かれているのと同じお姿だった。蓮華《れんげ》の台座の上に座っていらっしゃるのだが、その台座は地面に付いておらず、高さ、三〜四尺（九十〜百二十センチ）の空中に浮いていらっしゃる。阿弥陀仏の背の高さは、およそ六尺（約一メートル八十センチ）ほどで、まばゆいばかりの金色《こんじき》の光を放っておられた。そのお手を見ると、片一方の手（右手）は、広げたように上げておられ、もう片一方（左手）は、印《いん》を結んでおられる。私には阿弥陀仏のお姿が見えているのに、屋敷にいる私以外の人々の目には見えていないようなのが不思議だった。私一人が、阿弥陀仏を拝見しているということは、私一人のために、阿弥陀仏はここまでお姿を現して来て下さったのだ。私に極楽へのお迎えが来たのは嬉しいのだが、今、すぐにこの世を後《あと》にできるだろうかと思うと、ひどく恐ろしい感じもして、私の体は感激と恐怖でぶるぶると震えた。その時には、まだ夫も元気だったし、子どもたちの行く末を見届けたいという、現世への希望が、まだ強く残っていたのである。

私は足がすくんでしまい、阿弥陀仏がいらっしゃる庭に近い、部屋の隅に掛けてある簾のところまで膝行《しっこう》していって、拝み申し上げることすらできなかった。すると、阿弥陀仏は、「そうか、まだ、この世でしたいこと、見たいことが、そなたには残っているようだな。そういうことであるならば、今回は、このまま極楽に引き返そう。また後で、そなたを迎えに来ることにしよう」とおっしゃるお声が、私の耳にありありと聞こえた。けれども、私以外の家人にも、女房たちにも、そのお言葉は聞こえていないようだった。

ここで、私の夢は覚めた。はっと我に返ると、既に十月十四日の朝になっていた。この夢一つが、今の私にとって、極楽往生できるかもしれないという希望のよりどころとなっている。夫の死を目の当《ま》たりに見た今となっては、現世への未練や執着は残っていない。阿弥陀仏を、心安らかにお迎えすることができるだろう。

［評］「さすがに、命《いのち》は、憂《う》きにも絶《た》えず、永《なが》らふめれど」は、心ならずも生きながらえている老女の嘆きであり、たとえば『源氏物語』桐壺巻に語られている、桐壺更衣《きりつぼこうい》の母親（「母北《ははきた》の方《かた》」）の嘆きと重なるものがある。

この嘆きのどん底で、初めて、純粋に宗教的な霊夢が語られる。極楽往生のお迎えである。だが、現世での幸福に執着する作者は、お迎えを見送った。その夢を見た時点では、夫がまだ生きていたからである。夢を見た日が明記されているのは、作者が「夢日記」のようなものを付けていたからなのか。この『更級日記』は、旅日記、歌日記、そして夢日記の綴《つづ》れ織《お》りの趣きがある。

ところで、極楽には、上品上生《じょうぼんじょうしょう》から下品下生《げぼんげしょう》まで、九つのランクがある。阿弥陀仏の右手と左手の形から、作者が迎えられる極楽は、上品下生、中品下生、下品下生の三つのうちのどれか、ということになる。今までの作者の信仰態度に当て嵌《は》めれば、控え目に「下品下生」を暗示しているのだろうか。

# 86 更級《さらしな》の姨捨山《おばすてやま》

甥《をひ》どもなど、一所《ひとところ》にて、朝夕《あさゆふ》、見《み》るに、斯《か》う、哀《あは》れに悲《かな》しき事《こと》の後《のち》は、所々《ところどころ》に成《な》りなどして、誰《たれ》も見《み》ゆる事《こと》、難《かた》う有《あ》るに、いと暗《くら》い夜《よ》、六郎《ろくらう》に当《あ》たる甥《をひ》の来《き》たるに、珍《めづら》しう覚《おぼ》えて、

（孝標の女）月《つき》も出《い》でで闇《やみ》に暗《く》れたる姨捨《をばすて》に何《なに》とて今宵《こよひ》訪《たづ》ね来《き》つらむ

とぞ言《い》はれにける。

［訳］今は、阿弥陀仏のお迎えを、心静かに待ち侘びる五十歳代前半の日々を送っている私であるが、「お迎え」と言えば、こんなことがあった。

亡き夫が元気だった頃には、私の子どもたちや、若くして亡くなった姉が形見として残した姪《めい》（姉の娘）たち、さらには甥《おい》たちも、一つ屋根の下に住んでいて、朝晩、彼らと顔を合わせて、まことに賑《にぎ》やかに暮らしていた。ところが、こういう悲しい出来事（夫の死）があってからは、別々に離れて暮らすようになったりして、私は一人でいることが多くなり、家族や親族の顔を見る機会も、極端に減ってしまった。

私は、いつの間にか、『大和物語』にある姨捨山《おばすてやま》（現在の冠着山《かむりきやま》）に捨てられた老女の心境に、自分の気持ちを重ねるようになっていた。姨捨山は、亡き夫の最後の任国である信濃の国の更級《さらしな》の里にある。幼い時に親を亡くして孤児となった甥を、母親替わりに養育した老女がいた。甥は、結婚した後で、自分の妻の悪口を信じて、母親代わりの伯母《おば》を、更級の姨捨山に連れて行って捨ててしまう。ところが、美しい月を見ているうちに、人間としての真っ当な心を取り戻し、一度は捨てた伯母を連れ戻したという。その時に詠まれた歌が、『古今和歌集』にも入っている。

我《わ》が心《こころ》慰《なぐさ》めかねつ更級《さらしな》や姨捨山《をばすてやま》に照《て》る月《つき》を見《み》て

（私は、自分の心を慰めることなどできない。更級にある姨捨山に照り渡る美しい月を見ていると、幸福だった昔のさまざまなことがしきりに思い出されて、今の不幸が耐えきれなくなり、心が千々《ちぢ》に乱れてしまうので。）

私は、家族から捨てられたわけではないが、姨捨山に捨てられた老女の心が、自分自身の悲しみとして理解できる。彼女は、自分を捨てた甥が、心を改めて「お迎え」に来てくれた時、どんなにうれしかったことだろう。

ある夜のこと、その日は月も無くて、とても暗い夜だったのだが、甥っ子が突然に会いに来てくれた。彼は、その父親から見て六男《ろくなん》に当たる子で、私が、我が子同然に可愛がっていたのだった。その甥っ子の顔を見た瞬間、「まあ、珍しいこと。うれしいわ」と言ってしまった。そして、姨捨山に捨てられて、一人で悲しみに沈んでいた老女が、自分を迎えに来てくれた甥っ子を見て、「救われた」と感極まった心情を、私もまた体験したのだった。歌が、自然と口をついて出た。

（孝標の女）月《つき》も出《い》でで闇《やみ》に暗《く》れたる姨捨《をばはすて》に何《なに》とて今宵《こよひ》訪《たづ》ね来《き》つらむ

（明るい月が照っていると、心が悲しくなると言われる姨捨山では、月の無い日にはいっそう心が暗くなることだろう。お前が、どういうつもりで、今宵、訪ねてきてくれたのかわからないけれども、今日は月の暗い日なので、これまで伯母さんの心は闇のように真っ暗だったのが、お前という「月」がやって来てくれたので、心も明るくなったよ。わざわざ来てくれてありがとう。お前私をどこへ連れて行ってくれるというので、お迎えに来てくれたのかい。）

［評］　甥は、作者を現世に引き戻すために現れた。出家して小野の山里に籠もる浮舟を、現世に引き戻そうとする薫が手紙を言づけた、浮舟の異父弟（小君《こぎみ》）のような役どころを、この「六郎に当たる甥」は果たしているのだろう。阿

弥陀仏が迎え取ろうとしている来世の幸福か、六郎が迎え取ろうとしている現世での幸福か。『更級日記』の作者は、この時までに五十数年（推定五十二歳）を生きてきて、『源氏物語』夢浮橋《ゆめのうきはし》巻の末尾で、浮舟の置かれている立場と一致した。作者は少女時代から、浮舟に憧れを抱いてきた。今、二人の人生はぴったり重なったのだ。この後、孝標女はどう生きるか。それが、そのまま、夢浮橋巻以後の浮舟が、どのように生きるかという問題だったのである。人間関係か、宗教的な孤絶か。

そして、この場面にいたって、『更級日記』というタイトルの由来も明らかになる。「姨捨山」という言葉が指し示す『古今和歌集』に、「更級や」とあるからである。この巧妙なタイトルは、おそらく作者自身が命名したものだろう。

なお、本文の「六郎」は、藤原定家筆の御物本では「六らう」とあるが、「ら」も「う」も、はっきりとはしない。それで、「六はら（六波羅）」の誤写とする説もある。私は、「六郎」のままで解釈できると思う。あるいは、兄の定義の子か。定義には、たくさんの子どもがいたようで、高辻家・五条家・東坊城家・唐橋家などの祖となっている。なお、作者の「弟」は、この『更級日記』にはまったく書かれていないけれども、「基円《きえん》」という僧である。基円は、菅原道真が大宰府で死去した後で葬られた安楽寺の別当となった人物である。

## 87 孤独を生きる

懇《ねんご》ろに語《かた》らふ人《ひと》の、斯《か》うて後《のち》、訪《おとづ》れぬに、

(孝標の女)今《いま》は世《よ》に有《あ》らじ者《もの》とや思《おも》ふらむ哀《あは》れ泣《な》く泣《な》く猶《なほ》こそは経《ふ》れ

十月許《かみなづきばか》り、月《つき》の、いみじう明《あ》かきを、泣《な》く泣《な》く眺《なが》めて、

(孝標の女)隙《ひま》も無《な》き涙《なみだ》に曇《くも》る心《こころ》にも明《あ》かしと見《み》ゆる月《つき》の影《かげ》かな

[訳] 甥っ子が、わざわざ訪ねてきてくれて、私が「人の世」という人間関係の中で、まだ居場所を持っていることに改めて気づかせてくれた。けれども、出た月は、必ず沈む。満月は、必ず欠けてゆく。甥っ子が来た喜びも束《つか》の間《ま》、彼が帰った後は、またしても長い孤独の日々が始まった。かつて頻繁に交流していた友がいたのだが、私が夫を亡くし、ひ

とりぽっちになって久しいというのに、先方からは何の音沙汰もない。そこで、こちらから打診してみた。

（孝標の女）今《いま》は世《よ》に有《あ》らじ者《もの》とや思《おも》ふらむ哀《あは》れ泣《な》く泣《な》く猶《なほ》こそは経《ふ》れ

（あなたにとっての私は、もはや「この世に生きていない人」同然なのですか。私は、毎日泣き明かしながらも、こうして生き続けておりますのに。あなたとの交流が、私には生きる糧《かて》となっていますのよ。）

今年も、十月が巡ってきた。夫が亡くなった月である。姨捨山の月ほどではないが、都で見る月も心に沁《し》みる。これ以上はないほどの透明な明るさで輝く月を見ているうちに、私は例によって涙にくれはじめた。その思いは、いつの間にか和歌の形を取った。

（孝標の女）隙《ひま》も無《な》き涙《なみだ》に曇《くも》る心《こころ》にも明《あ》かしと見《み》ゆる月《つき》の影《かげ》かな

（とだえることなく流れ続ける涙で、私の目は曇《くも》りっぱなし。そのうえ、私の心ときたら、真っ暗闇。そんな私の目にも、今宵の月の光は明るく感じられる。この月は、仏教で悟りの境地に喩えられるものなのだろうか。それとも、光る君が明石《あかし》の地で眺めた物語的な世界なのだろうか。）

［評］「泣く泣く」という言葉を持つ和歌が、『源氏物語』須磨巻にある。藤

壺の歌である。藤壺は、夫である桐壺院と死別し、後見人と頼む光源氏は失脚した。

見しは無《な》く有《あ》るは悲しき世の果《は》てを背《そむ》きし甲斐《かひ》も泣《な》く泣《な》くぞ経《ふ》る

（かつて夫婦として連れ添った桐壺院は、この世の人ではなく、生き残っているあなた（光源氏）は失脚して悲しい境遇となり、私は出家した甲斐も無く、泣く泣く毎日を過ごしているのです。）

『更級日記』の作者もまた、人間関係の消滅によって、「泣く泣く」生きている。その悲哀の根幹には、人間関係の中核に位置すべき自分自身までもが「今《いま》は世《よ》に有《あ》らじ者《もの》」になってしまうのではないか、という不安がある。世界は、しっかりした意志と強い願いを持った人間が、作り出す主観的なものである。意志が雲散霧消すれば、たちどころに、世界を作り出す「肝腎な自分」すらも消滅しかねない。

二首目の「明かし」には、地名の「明石」がかすめられているようにも思う。そこで、物語という人間関係への執着が示されている可能性もあると考えて、訳してみた。むろん、宗教的な悟りの比喩だとも解釈でき、それだと、霧越しに阿弥陀仏を拝んだ夢を、涙越しに眺めた明月に置き換えたことになる。

## 88 移り行く刻《とき》と、人生の悲哀

年月《としつき》は、過《す》ぎ、変《か》はり行《ゆ》けど、夢《ゆめ》の様《やう》なりし程《ほど》を思《おも》ひ出《い》づれば、心地《ここち》も惑《まど》ひ、目《め》も掻《か》き暗《くら》す様《やう》なれば、其《そ》の程《ほど》の事《こと》は、又《また》、定《さだ》かにも覚《おぼ》えず。人々《ひとびと》は皆《みな》、外《ほか》に住《す》み散《あか》れて、古里《ふるさと》に一人《ひとり》、いみじう心細《こころぼそ》く、悲《かな》しくて、眺《なが》め明《あ》かし侘《わ》びて、久《ひさ》しう訪《おとづ》れぬ人《ひと》に、

（孝標の女）茂《しげ》り行《ゆ》く蓬《よもぎ》が露《つゆ》に濡《そぼ》ちつつ人《ひと》に訪《と》はれぬ音《ね》をのみぞ泣《な》く

尼《あま》なる人《ひと》なり。

（孝標の女）世《よ》の常《つね》の宿《やど》の蓬《よもぎ》を思《おも》ひ遣《や》れ背《そむ》き果《は》てたる庭《には》の草叢《くさむら》

［訳］　歳月は過ぎ行き、万物《ばんぶつ》は流転《るてん》する。玄宗《げんそう》皇帝と楊貴妃《ようきひ》の悲恋を記した『長恨歌《ちょうごんか》伝《でん》』には、「時移《ときうつ》り、事去《ことさ》り、楽《たの》しみ尽《つ》きて、悲《かな》しみ来《きた》る」という有名な一文があるし、『古

今和歌集』の仮名序《かなじょ》にも、「時移《ときうつ》り、事去《ことさ》り、楽《たの》しび、悲《かな》しび、行《ゆ》き交《か》ふ」とある。私の人生も、さまざまな出来事が走馬燈のように繰り広げられ、喜びや悲しみが入り交《ま》じったものであったけれども、最後に待ち受けていたのは、夫の死という大いなる悲哀感だった。夢が途切れるようにしてあっけなく夫の命が消滅した前後のことも、夫の死という衝撃的な出来事と同じように、定かな記憶として固まっていない。というのは、当時のことを、あれこれ思い出そうとすると、心が激しく動揺して、涙が溢れ出てきてしまうので、思い出すことが苦しくて、思い出すことを極力避けてきたからである。

前にも書いたけれども、大勢の家族と一緒に暮らしていた屋敷から、一人去り、二人去りして、今は、荒れ果てた「古里《ふるさと》」に私一人で暮らしている。不安でたまらず、悲しくて、ぼんやり庭の景色を眺めてばかりで毎日が暮れ、きちんとしたことが何もできないので、辛《つら》い日々である。それで、永く音信が絶えている友に、こちらから和歌を送ってみた。

（孝標の女）茂《しげ》り行《ゆ》く蓬《よもぎ》が露《つゆ》に濡《そぼ》ちつつ人《ひと》に訪《と》はれぬ音《ね》をのみぞ泣《な》く

（私の庭は、手入れもしないので、荒れ放題で、蓬《よもぎ》が生い茂っています。その蓬に露がびっしりと置くように、私は荒れ果てた庭を眺めながら、懐旧の涙に浸っています。『源氏物語』の蓬生《よもぎう》巻で、荒れ果てた庭園に住んでいる末摘花《すえつむはな》を、光る君が数年ぶりに訪ねてくださったように、あなたが訪れてくださったならば、一人で泣いてばかりいる私の涙も乾《かわ》くかもしれません。ぜひ、お訪《たず》ねください。）

私が歌を送った相手というのは、今は尼になっている友なのだった。私は、切ない思いが溢れてきたので、もう一首、歌を詠んで、彼女に送った。

（孝標の女）世《よ》の常《つね》の宿《やど》の蓬《よもぎ》を思《おも》ひ遣《や》れ背《そむ》き果《は》てたる庭《には》の草叢《くさむら》

（私が住んでいる家に生い茂っている、一面の蓬を、想像してみてくださいな。私はあなたとは違って、出家していない俗人です。けれども、姿こそ俗人ではありますが、心の底からこの世を捨てきっています。この世のすべてを捨てきった私の眺めている庭の草叢《くさむら》を、思いやってください。きっと、尼であるあなたの住んでおられる庭の草叢《くさむら》よりも、私の家の草叢《くさむら》のほうが、蓬の高さも、露の多さも、増していることでしょう。）

この歌にあるように、「世の常」、つまり、出家せず普通に生きることは、どんなに難しいことだろう。私の人生は、「普通でない」生き方に憧れる物語《ものがたり》と、この世で「普通」に生きる喜びをもたらす物詣《ものもうで》の両極を、行きつ戻りつすることに終始したと言える。私の人生は、普通の生き方に憧れつつも、普通でない生き方であったと、今は、まとめることができるだろう。この感慨を胸に、この日記を閉じることにしよう。

［評］　二首目は、作者の歌か、「尼なる人」の返歌か。二つの説がある。『源氏物語』賢木《さかき》巻に、出家した藤壺の詠んだ歌がある。

大方《おほかた》の憂《う》きにつけては厭《いと》へども何時《いつ》かこの世《よ》を背《そむ》き果《は》つべき

（人の世の普通の辛さゆえに、私は出家しましたけれども、本当に、この世を「背き果て」るのは、いつになることでしょうか。）

この歌のように、出家して尼になることと、世の中を「背《そむ》き果《は》て」ることとは別次元である。『更級日記』の作者は、尼になってはいないけれども、「背き果て」ている。作者は、歌を送った相手である尼に向かって、「尼であるあなたよりも、俗人の私のほうが、世の中を背き果てているのですよ」と訴えているのではないだろうか。つまり、二首目の歌も、作者の歌だと考えたい。

## 89　藤原定家の奥書《おくがき》・その一

常陸《ひたち》の守《かみ》、菅原孝標《すがはらのたかすゑ》の女《むすめ》の日記《にき》なり。母《はは》、倫寧朝臣《ともやすあそん》の女《むすめ》。傅《ふ》の殿《との》の母上《ははうへ》の姪《めひ》なり。『夜半《よは》の寝覚《ねざめ》』『御津《みつ》の浜松《はままつ》』『自《みづか》ら悔《く》ゆる』『朝倉《あさくら》』などは、此《こ》の日記《にき》の人《ひと》の作《つく》られたる、とぞ。

［訳］　この『更級日記』の本文を、ここまで筆写してきた私、藤原定家《ていか》から、この写本を目にするであろう読者の方々に、申し上げる。この『更級日記』の作者は女性で、その父親は、常陸の国の守《かみ》などを勤めた菅原孝標《すがわらのたかすえ》である。作者の母親は、藤原倫寧《ともやす》の娘である。「藤原倫寧《ともやす》の娘」の中には、東宮傅《とうぐうふ》（皇太子の世話役）を勤めた「藤原道綱《みちつな》」の母親もいて、彼女は『蜻蛉日記』を著している。だから、『更級日記』は、『蜻蛉《かげろう》日記』の作者から見れば、姪の手になるものである。

この『更級日記』の作者は、いくつかの物語の作者でもあり、『夜半《よわ》の寝覚《ねざめ》』（『夜《よる》の寝覚《ねざめ》』、一部が現存）、『御津《みつ》の浜松《はままつ》』（『浜松中納言物語』、大部分が現存）、『自《みずか》ら悔《く》ゆる』（現存せず）、『朝倉《あさくら》』（現存せず）などの作者である、と伝えられている。

［評］　この「奥書」を書いた藤原定家は、『新古今和歌集』を代表する歌人であり、『源氏物語』や『古今和歌集』『伊勢物語』『土佐日記』などの本文校訂を行った古典学者であるだけでなく、『松浦宮物語《まつらのみや》』の作者であると目されている。その『松浦宮物語』は、『浜松中納言物語』の大きな影響下にある。だから、この奥書の内容には、信憑性が高いと思う。

『源氏物語』に憧れた少女は、『源氏物語』の読者であるだけで満足できず、新しい物語群の作者へと変貌した。そのことは、『更級日記』には、一言も書かれていない。だが、それは、紀貫之の『土佐日記』に、作者が有名な歌人であることが書かれていないことと同じである。

## 90　藤原定家の奥書・その二

先年《せんねん》、此《こ》ノ草子《さうし》ヲ、伝《つた》ヘ得《え》タリ。件《くだん》ノ本《ほん》、人《ひと》ノ為《ため》ニ、借《か》リ失《うしな》ハル。仍《よ》ツテ、件《くだん》ノ本《ほん》ヲ書《しょ》写《しゃ》セル人《ひと》ノ本《ほん》ヲ以《も》ツテ、更《さら》ニ之《これ》ヲ書《か》キ留《とど》ム。伝々《でんでん》之間《のかん》ニ、字《じ》ノ誤《あやま》リ甚《はなは》ダ多《おほ》シ。不審《ふしん》ノ事等《こととう》ハ、朱《しゅ》ヲ付《ふ》ス。若《も》シ証本《しょうほん》ヲ得《え》バ、之《これ》ヲ見合《みあ》ハスベシ。時代《じだい》ヲ見合《みあ》ハセンガ為《ため》ニ、旧記等《きうきとう》ヲ勘《かんが》ヘ付《ふ》ス。

［訳］　私は以前、この『更級日記』の写本を貰い受けたことがあった。ところが、その大切な写本を貸してほしいという人がいたので、貸したところ、借りた人が紛失してしまった。そこで、私が以前持っていた『更級日記』の写本を基に、他人が書き写していた写本を借りて、それを改めて私が書き写したのが、この写本である。私が最初に手に入れた本も、何人かが筆写を繰り返していたのであろうし、この写本は、私が知っているだけでも二回、筆写されている。何度も書き写すと、どんなに細心の注意を払っていても、文字の写し間違いは避けられない。正直言って、この写本には、文字の間違いが非常にたくさんあるようだ。私が筆写しながら、「この本文は間違っているのではないか」と疑問に感じた箇所には、朱で点を打っておいた。もしも、信頼できる『更級日記』の写本が発見されたならば、見合わせて点検し、正しい本文に戻したいと思う。なお、『更級日記』の書かれた時代について、古い時代の記録類を調べて考証するために、本文の横や、写本の

末尾に、いささか私自身の考察を書き付けておいた。読者の参考になれば幸いである。

［評］藤原定家自筆の「御物本《ぎょぶつぼん》」（宮内庁三の丸尚蔵館蔵）には、綴じ違えによる錯簡がある。私は、展覧会のガラスケース越しにしか見た経験はないが、書影（写真）で見る限り、錯簡は修正されておらず、綴じ違えられた状態のままで保存されている。

本文が始まっていきなり、右下に「虫食い」の跡があるのには驚かされる。また、かなり大きな墨の汚れが何箇所かにあることにも、驚かされる。それらを見ていると、藤原定家が、今、目の前で書き写しているかのような「現在性」を感じる。『更級日記』は、生きている。

# 解説

島内景二

『更級日記』は、菅原孝標女という女性が、十三歳の少女時代から五十二歳の晩年までを振り返った日記である。彼女が生まれた寛弘五年（一〇〇八）は、『紫式部日記』に書かれている記事によって、紫式部が『源氏物語』を執筆中であったことが判明している。物語文学の全盛期に生まれた菅原孝標女は、まさに「物語の申し子」であり、『源氏物語』を同時代文学として読んだ。そのことが、彼女の人生を決定づけた。「物語の申し子」は、最強の『源氏物語』の読者へと成長し、さらには『源氏物語』と拮抗し、『源氏物語』を超える物語の作者へと彼女を押し上げた。

ただし、菅原孝標女は、『更級日記』で、「物語賛歌」を高らかに歌い上げたのではなかった。むしろ、「物語への幻滅」を書き綴っていると、これまでは理解されてきた。それは、本心なのか、演技《ポーズ》なのか。「本心」と取ることで、『更級日記』は近代人好みの古典文学になった。挫折で終わる「女の一生」という理解である。ただし、自然主義的な「女の一生」の多くが、奔放な男女関係の果てに不幸な結末が訪れるのとは違って、近代人が愛した『更級日記』は、静かな諦観や寂寥で満たされているのが特徴だと言える。

神西清《じんざいきよし》（一九〇三〜五七）は、現在では翻訳家として知られるが、小説も書いた。私は神西の小説集『恢復期《かいふくき》』（角川書店・飛鳥新書、一九四七年）を愛蔵している。扉には、神西の端麗な毛筆で、「中村眞一郎様　清」という献呈署名がある。表題作を含む四編の短編が収められているが、その中に『見守る女』という、日記のスタイルで書かれた作品がある。主人公は、友人から『更級日記』を勧められるが、勧めた人は、「ぼおどれえるだって敵《かな》わないことよ」と言ったので、主人公は、「おお、そんな可怕《こわ》いもの」と笑ったのだが、「読んでみるとそう大仰《おおぎょう》な文句を持出《もちだ》す筋合《すじあい》の物でもない」と気づく。

「それはそうとあの日記は、随分と気に入ってしまった。これからも長いあいだ、時々引出《ひきだ》しては静かに繰ってみる様《よう》な、そんな本の一冊になりそうだ」、「どこがいい何処《どこ》が悪いと聞かれても、開き直った返事をする用意にかけてはとんと修行を積まぬ私だけれどあの孝標の女という人が、（中略）絶えず美と自責の間をさまよった娘だったことが、私のようなしろうとには却《かえ》って懐しく思いなされるのではあるまいか。今日ふと日記をつけてみる気になったのも、あの更級のお蔭なのだ」、「あの更級にしても、宮仕《みやづか》えに出てからあとの辺《あた》りは何か侘《わび》しい」。

神西清が『更級日記』から読み取ったのは、「美と自責」の間で揺れ動いた女の一生であり、「懐かしい」ものでもあり、「侘びしい」ものでもあった。この『見守る女』は、戦前の一九三四年一月に、『行動』という雑誌に発表されている。

神西は、旧制第一高等学校在学中、堀辰雄（一九〇四～五三）と親しくなった。その堀は、『更級日記』に題材を得た中編小説『姨捨《おばすて》』を書き、一九四〇年七月の『文藝春秋』に発表した。堀には、「姨捨記」というエッセイもある（『文学界』一九四一年八月）。それによれば、堀にとって『更級日記』は、「少年の日からの愛読書」であり、その面白さを教えてくれたのは、松村みね子だったという。堀は、この日記を読んでいて、「ひとりの古い日本の女の姿」が鮮やかに浮かんで来た、と述べている。「日本の女の誰でもが殆《ほとん》ど宿命的にもっている夢の純粋さ、その夢を夢と知ってしかもなお夢みつつ、最初から諦《あきら》めの姿態をとって人生を受け容れようとする、その生き方の素直さ」を読み取った。

堀辰雄の『姨捨』は、彼の「王朝物」の一つである『曠野《あらの》』と共通する女性像を描いている。『曠野』には、「そこには、自分が横切ってきた境涯だけが、野分《のわき》のあとの、うら枯れた、見どころのない、曠野のようにしらじらと残っているばかりであった」という、女の心象風景が描かれている。それがそのまま、『更級日記』の世界と重なる。

このように、神西清や堀辰雄など、昭和の戦前と戦後の過渡期を生きた文学者に、『更級日記』は不可欠の生命力を与えた。

ただし、このことは『源氏物語』がその後の日本文化のあらゆる領域に、圧倒的な影響力を与え続けたこととは、かなり違っている。それは、神西清や堀辰雄が、日本の近代文学の中で占めている位置とも、ある意味で連動している。

けれども、神西清は、ロシア文学やフランス文学の名翻訳家として、今もなお高い評価を受けている。堀辰雄も、フランス文学に深い造詣を持っていた。外国文学のエッセンスを我が物としている彼らが、日本の古典文学の中で愛惜置くあたわざる佳品とみなしたのが、『更級日記』であった。このことは、『更級日記』が、『源氏物語』とは別の意味での国際性、近代性、すなわち普遍性を持っていたことを証明するものである。

私が愛蔵している神西の『恢復期』は、中村眞一郎に献呈された本であるが、中村も、フランス文学に精通した視点から『源氏物語』などの王朝物語に新しい光を当てた。中村の『あまつ空なる…』（一九八七年）は、『更級日記』の作者である菅原孝標女が書いたとされる『浜松中納言物語』に想を得た戯曲である。

私自身、中村眞一郎の古典評論に影響を受け、『源氏物語』や擬古物語の世界に踏み入った。『更級日記』を読むと、巨大な重力を持つ『源氏物語』の世界に吸引されながらも、そこから抜けだそうと全力で抗う孝標女の必死さが、手に取るようにわかる。

菅原孝標女は、「散文」の一つの典型を作り上げた。『更級日記』の文章は、多数の『源氏物語』の痕跡を残しているものの、読み終わった読者の心の中には、「『源氏物語』とは別の文体が、ここにはある」という手応えが残るだろう。重厚長大な『源氏物語』は、「人生、いかに生きるべきか」を執拗に問い続けた結果、救いようのない、そして救われようのない「人間なるもの」の限界を露《あら》わにした。一方、『更級日記』のコンパクトで慎ましい作品世界が、どんなに諦めと侘びしさに満ちていたとしても、そこに救いの予感が漂っているのはなぜだろうか。

王朝から中世へと、歴史が大きく移り変わった時代に、藤原定家（一一六二～一二四一）は、『源氏物語』『古今和歌集』『伊勢物語』などの信頼できる「本文」を定め、それらを不朽の「古典」へと昇華させた。『枕草子』の書写や本文校訂を行っていたとする説もあるが、定家は『枕草子』の価値を高めなかった。その定家が、『更級日記』を書写している事実は、あまりにも大きい。『更級日記』は、まちがいなく藤原定家にとって「新古典」であった。ここで言う「新古典」とは、『源氏物語』以後に「古典」たりうる作品、という意味である。その現代性を発見するのが、私たちに課せられた使命である。

『更級日記』というタイトルは、『古今和歌集』や『大和物語』に見える和歌に因んでいる。

我《わ》が心慰《こころなぐさ》めかねつ更級《さらしな》や姨捨山《をばすてやま》に照《て》る月《つき》を見《み》て

「月」を眺めていると、自分の身体から、魂がさまよい出ようとしているのに気づいて、どうしようもなくなる、という歌である。人間には、魂が自分の身体から「あくがれ出《い》でた」と感じる瞬間がある。たとえば、自分が今生きている現実よりも、もっと素晴らしい世界が、どこかに存在すると知った瞬間。それは、ロマンチックな恋愛小説や、千年前の物語を夢中になって読んでいる時だったりする。

「今、ここ」で生きている自分には満足できず、自分にはもっと素晴らしい人生への扉が開かれていると確信した瞬間に、人間の魂は「今ではない時間」と「ここではない空間」を求めて、さすらいの旅へと出発する。

菅原孝標女という女性は、『源氏物語』に代表される「物語」を読むたびに、「我《わ》が心《こころなぐさ》慰めかねつ」という思いを深くしたのだろう。人間の求める幸福は、現実の世界、すなわち「今、ここ」には存在しない。だから、人間は物語を求めてやまない。

だが、物語にも、さまざまなタイプがある。現実世界のありようをまるごと否定する、荒唐無稽な夢物語。現実を愛するがゆえに、現実世界を徹底的に戯画化して風刺する笑劇《ファルス》。読了した後で、自分の生きている現実を、少しでも今読み終わったばかりの物語に近づけたいという意欲を掻き立ててくれる物語、……。

最良の物語は、現実に違和感を抱き、現実から逃避する人々を、「物語の力」によって現実世界に引き戻す。読者の「世界認識」と「現実認識」、さらには「自己認識」を一変させる力が、物語にはある。だからこそ、物語の中の物語である『源氏物語』は、それが書かれてから千年間も読み継がれてきた。身体からあくがれ出でた魂は、再び、懐かしい身体へと回帰してくる。

## 我《わ》が心慰《こころなぐさ》められつ紫式部《むらさき》の『源氏《げんじ》』の五十四帖《ごじふしでふ》を読《よ》みて

人間は、どこまでも現実世界から逃れられないからこそ、現実世界から逃れ出たいという願いを持っているし、我慢できる現実世界であればその中で生きていってもよい、いや、積極的に現実世界の中で生きて行きたいというのが本心だろう。それを描くのが、物語である。だが、物語文学の最高峰である『源氏物語』をもってしても、「その後の浮舟」を描くことはできなかった。『源氏物語』の読者は、誰であれ、よるべなき人生をさすらう「浮舟の子ども」たちである。『更級日記』の作者は、「浮舟の子ども」として歩んだ自分の人生を、「その後の浮舟」として書きたかったのではないか。物語を超え、物語を否定する文体で。それが、『更級日記』の特異な文体を生みだした。

自分の人生を書くからには、「日記」のスタイルを採用するしかない。けれども、自分が書きたいのは「究極の物語」、「さいはての物語」なのだ。菅原孝標女は、そのために、日記でも物語でも、さらには説話でもない、新しい「文体」を開発した。しかも、この文体には、物語も日記も説話も、渾然一体となっている。本書の「はじめに」で記した、凝縮力と集約力に富んだ文体である。この文体を味わいつつ、一文一文に込めた思いの丈《たけ》を可能な限り再現したいと願ったのが、本書の訳文である。

神西清や堀辰雄は、昭和の初期に、『更級日記』の種を発芽させて、新しい小説を構想した。現代でも、『更級日記』から、新種の文学と文体を発芽させることは、十分に可能だろう。藤原定家が『更級日記』を古典としたのは、いつの時代にもその時代に最もふさわしい「文化の種」になりうることを、確信していたからである。

本書が『新訳更級日記』と題したのは、与謝野晶子が最初に『源氏物語』を口語に置き換えた『新訳源氏物語』を意識したためである。口語訳という新しい文学ジャンルを創出した晶子の志を、二十一世紀に蘇らせたいと私は念願している。『新訳更級日記』は、私の古典新生の試みの第一歩である。

前著『和歌の黄昏　短歌の夜明け』に引き続き、本書も花鳥社の橋本孝氏のお力添えを得た。心から感謝する。また、本書の校正中に父が逝去した。父の病室で校正を続けたことは、私の一生の思い出である。本書を亡き父島内三郎に献げる。

二〇二〇年　元旦

著　者

# 島内景二（しまうち・けいじ）

一九五五年長崎県生
東京大学文学部卒業、東京大学大学院修了。博士（文学）
現在　電気通信大学名誉教授
二〇二〇年四月から二年間、ＮＨＫラジオ第二『古典講読・王朝日記の世界』を担当。

主要著書
『新訳更級日記』『新訳和泉式部日記』『新訳蜻蛉日記　上巻』（共に、花鳥社）
『和歌の黄昏　短歌の夜明け』（花鳥社）
『塚本邦雄』『竹山広』（コレクション日本歌人選、共に、笠間書院）
『源氏物語の影響史』『柳沢吉保と江戸の夢』『心訳・鳥の空音』（共に、笠間書院）
『北村季吟』『三島由紀夫』（共に、ミネルヴァ書房）
『源氏物語に学ぶ十三の知恵』（ＮＨＫ出版）
『大和魂の精神史』『光源氏の人間関係』（共に、ウェッジ）
『文豪の古典力』『中島敦「山月記伝説」の真実』（共に、文春新書）
『源氏物語ものがたり』（新潮新書）
『御伽草子の精神史』『源氏物語の話型学』『日本文学の眺望』（共に、ぺりかん社）
歌集『夢の遺伝子』（短歌研究社）
『楽しみながら学ぶ作歌文法・上下』（短歌研究社）

# 新訳更級日記

二〇二〇年三月三十一日　初版第一刷発行
二〇二一年六月三十日　初版第二刷発行

著者……島内景二
発行者……橋本 孝
発行所……株式会社 花鳥社
https://kachosha.com
〒一五三-〇〇六四 東京都目黒区下目黒四-十一-十八-四一〇
電話　〇三-六三〇三-二五〇五
FAX　〇三-三七九二-二三二三

装幀……花鳥社装幀室
組版……江尻智行
印刷・製本……モリモト印刷


ISBN 978-4-909832-17-7 C1095

# 新訳蜻蛉日記　上巻

好評既刊　島内景二著　『新訳』シリーズ

『蜻蛉日記』を、『源氏物語』に影響を与えた女性の散文作品として読み進む。『蜻蛉日記』があったからこそ、『源氏物語』の達成が可能だった。作者「右大将道綱の母」は『源氏物語』という名峰の散文作品の扉を開けたパイオニアであり、画期的な文化史的意味を持つ。

はじめに　『蜻蛉日記』への誘い　Ⅰ　序文　Ⅱ　天暦八年（九五四）　十九歳　Ⅲ　天暦九年（九五五）　二十歳　Ⅳ　天暦十年（九五六）　二十一歳　Ⅴ　天暦十一年＝天徳元年（九五七）　二十二歳　Ⅵ　応和二年（九六二）　二十七歳　Ⅶ　応和三年（九六三）　二十八歳　Ⅷ　応和四年＝康保元年（九六四）　二十九歳　Ⅸ　康保二年（九六五）　三十歳　Ⅹ　康保三年（九六六）　三十一歳　Ⅺ　康保四年（九六七）　三十二歳　Ⅻ　康保五年＝安和元年（九六八）　三十三歳　ⅩⅢ　跋文

四六判、全408ページ・本体1800円＋税

# 和歌の黄昏　短歌の夜明け

好評既刊　島内景二 著

**歌は、21世紀でも「平和」を作りだすことができるか。**
**日本の近代を問い直す！**

「『古今和歌集』から日本文化が始まる」という新常識のもと、千四百年の歴史を誇る和歌・短歌の変遷を丁寧にひもとく。「令和」の時代を迎えた現代が直面する、文化的な難問と向かい合うための戦略を問う。江戸時代中期に興り、本居宣長が大成した国学は、平和と調和を祈る文化的エッセンスである「古今伝授」を真っ向から否定した。『古今和歌集』以来の優美な歌では、外国文化と戦えないという不信感が『万葉集』を復活させたのである。強力な外来文化に立ち向かう武器として『万葉集』や『古事記』を持ち出し、古代を復興した。あまつさえ、天才的な文化戦略家だった宣長は、「パックス・ゲンジーナ」（源氏物語による平和）を反転させ、『源氏物語』を外国文化と戦う最強の武器へと組み換えた。これが本来企図された破壊の力、「もののあはれ」の思想である。だが、宣長の天才的な着眼の真意は、近代歌人には理解されなかった。『源氏物語』を排除して、『万葉集』のみを近代文化の支柱に据えて、欧米文化と渡り合おうとする戦略が主流となったのである。

A5判、全348ページ・本体2800円＋税